Die 50 schönsten RADFERNWEGE in Deutschland

50 tolle Touren
auf Deutschlands schönsten
Fahrradrouten

BikeMedia

Impressum

4. Auflage 2021

Touren/Texte: Oliver Kockskämper, Köln
Titelfoto: © IngaNielsen/iStock, Berenika_L/iStock
Fotos: www.tourismus.saarland.de (S. 5, 169, 171), ARochau – fotolia.com (S. 8), Gorm Casper (S. 13, 14, 15), SofieLayla Thal/ Pixabay (S. 17), Wolfgang Claussen/Pixabay (S. 18/19), Stephanie Albert/Pixabay (S. 21), Manfred Konstanti, Eckernförde (S. 22), der holgster – fotolia.com (S. 25), Grettir – fotolia.com (S. 26), Emsland Touristik GmbH (S. 29, 30), falco/Pixabay (S. 31), Alfred_Koop/Pixabay (S. 33), Karsten_Bergmann/Pixabay (S. 34), Demiahl/Pixabay (S. 35), Makalu/Pixabay (S. 37), Achim_ Scholty/Pixabay (S. 39), Tourismusverband Osnabrücker Land e.V. (S. 41-43), Tourismus Region Celle GmbH (S. 45, 46), Hans-Jürgen Fuß (S. 49-51), Elberadweg Nord (S. 53), Lars_Nissen/Pixabay (S. 54/55), Kur- und Touristikinformation Bad Karlshafen (S. 57), Kurverwaltung Land Wursten, Dorum (S. 58), Nicole_Klesy/Pixabay (S. 59), Meckpommi – fotolia.com (S. 61), Udo Kruse – fotolia.com (S. 62), Katherina_Ulrich/Pixabay (S. 65), DetBe/Pixabay (S. 66), Jörg Blobelt/wikimedia (S. 69), Walter Kärcher/Pixabay (S. 70), Herbert_Aust/Pixabay (S. 73), www.spreewald.de (S. 74), J-H_Janßen/wikimedia (S. 75), Marketing-Gesellschaft Oberlausitz (S. 77), fotograupner - Fotolia.com (S. 79), Tourismusverband Havelland e. V. (S. 81, 82), Linda Meyer – fotolia.com (S. 85), Louisa Knobloch – fotolia.com (S. 86), York – fotolia.com (S. 89), fuxart – fotolia.com (S. 90), Bernd Kröger – fotolia.com (S. 93), LianeM – fotolia.com (S. 94), Lutz_Peter/Pixabay (S. 97), Saale-Unstrut-Tourismus e.V. (S. 98), Arbeitsgemeinschaft Saale-Radweg (S. 99), Münsterland e.V. (S. 101, 103), Ruhr Tourismus, Ralph Schumacher und Joachim Lueger. (S. 105), Joerg_Braukmann/wikimedia (S. 107), Fred Loose (S. 109, 111), Dominik Ketz Fotografie, Rheinland-Pfalz Tourismus GmbH (S. 113, 114, 119, 158), Michael_Gaida/Pixabay (S. 117), Kreisstadt Siegburg (S. 121, 123), Archiv der Stadt Fritzlar (S. 125, 126), analogicus/Pixabay (S. 129), Ralf Roletschek/wikimedia (S. 131), WernerHilpert – fotolia.com (S. 133), fotowinnie – fotolia.com (S. 134), Peter Saeckel – fotolia.com (S. 135), Archive der Mitglieder des Radfernwegs Thüringer Städtekette (S. 137), A. Savin/wikimedia (S. 138), Dirk Schmidt/Pixabay (S. 139), Tralesta – fotolia.com (S. 141), Inka Schmidt – fotolia.com (S. 142/143), Ra_Boe/wikipedia (S. 145), Leander9999/wikipedia (S. 147), Lahntal Tourismus Verband e. V. (S. 149, 151), Ahr Rhein Eifel, Tourismus und Service GmbH (S. 153-155), Lasse Burell Produktion (S. 157, 166), Manfred Rakebrand, Naheland-Touristik GmbH, Quelle: Bilddatenbank der Rheinland-Pfalz Tourismus GmbH (S. 163), intention Werbeagentur GmbH –Bilddatenbank der Rheinland-Pfalz Tourismus GmbH (S. 165, 167), Landratsamt Main-Tauber-Kreis (S. 173, 175), Eva Hanisch (S. 177), Franzfoto (S. 179), Archiv Heilbronn Marketing GmbH (S. 181, 183), Michael Gaida_Pixabay (S. 182), Jürgen Kroder – fotolia.com (S. 185), Mayeco – fotolia.com (S. 186/187), DZT/BSB (S. 189, 190), www.krueckemeier-medien.de (S. 193, 194, 195), Kautz15 – fotolia.com (S. 197), melanieplusdaniel – fotolia.com (S. 198), c ricschmitz - Fotolia.com (S. 201), Richard Mayer (S. 203), Naturpark Altmühltal (S. 205, 206, 207), Siegfried Schnepf – fotolia.com (S. 209), Otto Durst – fotolia.com (S. 210), Rainer Leidl – fotolia.com (S. 213), Hendrik Schwartz – fotolia.com (S. 215), Tourist-Information Passauer Land (S. 217, 218), Michael Siebert_Pixabay (S. 221), Felix Mittermeier_Pixabay (S. 222/223)

Buch- und Umschlaggestaltung: www.krueckemeier-medien.de, Bielefeld

Kartografie: BVA BikeMedia

ISBN: 978-3-96990-064-2

Inhalt

Die 50 schönsten Radfernwege in Deutschland

Radfernwege in Deutschland

Radfahrer-Paradies Deutschland! Im Vergleich zu anderen europäischen Staaten ist Deutschland in Bezug auf das Netz von Radwegen bestens ausgestattet. Dabei sind kleine, regionale Radwege, die Ortsteile oder Gemeinden miteinander verbinden, genauso ausgeprägt wie Radfernwege, die über mehrere hundert Kilometer ganze Landschaften und Bundesländer erschließen.

Über diese Radfernwege handelt unser Buch. Wir möchten Sie mitnehmen auf eine Reise, die uns durchs ganze Land führt.

Allen voran sind die „Klassiker" unter den Radfernwegen zu nennen, die meist dem Verlauf von Flüssen folgen. An Altmühl, Donau, Elbe, Ems, Main, Mosel, Rhein, Ruhr, Saar, Spree oder Weser etwa finden wir hervorragend ausgebaute und perfekt ausgeschilderte Radwege. Die Infrastruktur ermöglicht es, entweder aneinander gereihte Streckentouren zu absolvieren, um den Fluss in seiner vollen Länge genießen zu können, oder mit öffentlichen Verkehrsmitteln zum Ausgangspunkt der Tagestour zurückzukehren.

Zu diesen traditionellen Routen gesellen sich in Deutschland noch etliche Radfernwege, die sich nicht minder reizvoll darstellen. Auch oder gerade weil sie noch nicht so stark frequentiert sind. Sie verlaufen oftmals ebenfalls durch Flusstäler, wodurch die Steigungen moderat bleiben oder ganz entfallen. Aber auch Radfernwege, die sich durch mehr oder weniger hügelige Landschaften schlängeln haben ihren Reiz und sollen nicht unerwähnt bleiben.

Bei der Auswahl der Touren wurde auf Familienfreundlichkeit besonderer Wert gelegt. Daher sind die Vorschläge bis auf wenige Ausnahmen so ausgewählt, dass sie problemlos auch von Kindern und ungeübten Radlern zu meistern sind. Gegebenenfalls ist ein Blick in die „50Touren Info" angebracht, denn hier geben wir nützliche Informationen über Streckenlänge und Wegbeschaffenheit. Soweit möglich, wird auf die Benutzung öffentlicher bzw. stark befahrener Straßen ebenso verzichtet, wie auf kraftraubende „Bergwertungen".

Sie sind an einem Fluss oder einem See unterwegs? Kombinieren Sie doch einfach das Nützliche mit dem Angenehmen und legen Sie einen Teil des (Rück-) Weges mit dem Schiff zurück – nicht nur für Kinder ist diese Mini-Kreuzfahrt ein Genuss.

Ihnen hat die Beschreibung Appetit auf Mehr gemacht? Sehr schön – der BVA Verlag hält zu allen in diesem Buch beschriebenen Touren umfangreiches Material bereit. Mit ADFC Regional- und Radtourenkarten, Radwanderkarten und Spiralo-Karten, in denen ausführliche touristische Informationen enthalten sind, dürfte die Streckenfindung kein Problem sein. Komplettiert wird das Programm durch Bücher „rund ums Rad".

Selbstverständlich besteht bei allen Touren auch die Möglichkeit der Anreise mit dem PKW. Damit Ihr Auto abends noch dort steht, wo Sie es morgens abgestellt haben und auch keine Parkgebühren in astronomischer Höhe anfallen, sollten Sie bei der regionalen Touristeninformation nach entsprechenden Parkplätzen fragen. Zu jeder Tour liefern wir Ihnen die entsprechenden Telefonnummern.

In diesem Zusammenhang noch ein Tipp aus eigener Erfahrung: Nichts ist schlimmer, als am Ende eines Radel-Tages – bei „Super-Gau" regnet es auch noch aus Kübeln –, als Probleme mit der Rückfahrt zu haben. Als Beispiel: Sie planen eine Streckentour am Fluss entlang. Am Ziel stellen Sie fest, dass Sie die Eindrücke entlang der Strecke völlig aus dem Zeitplan gebracht haben – der letzte Zug ist weg, ein Schiff verkehrt auch nicht mehr – was tun? Da kann ein eigentlich schöner Ausflug schnell zum Martyrium werden, denn die Alternativen schwanken dann zwischen (teurem) Taxi und (kraftraubender) Rückfahrt mit dem Rad. Der gut gemeinte Rat also: Parken Sie Ihren PKW am Etappenziel und fahren Sie morgens mit der Bahn zum Start – ihr Auto wird bestimmt auf Sie warten!

Warum Freizeit mit dem Rad?

„Mit dem Auto erlebt man Land und Leute wie im Kino, auf dem Rad ist man mittendrin und erfährt unzählige schöne Augenblicke und kleine Abenteuer" – diese Schwärmerei eines erfahrenen Reiseradlers trifft es auf den Punkt: Radfahren ist DIE Möglichkeit, unabhängig und frei von Ort zu Ort zu fahren und an den herrlichsten Stellen zu rasten. Wir lassen den hektischen Alltag, das Verkehrschaos der Städte hinter uns und genießen die Individualität der Freizeit.

Selbst die vermeintlichen Nachteile des Radfahrens bzw. eines Radurlaubes erweisen sich, wenn wir ehrlich darüber nachdenken, als Vorteile: Die Möglichkeit, bei einem Regenschauer pudelnass zu werden, oder bei Hitze den Schweiß über den Körper rinnen zu fühlen, lässt uns das Wetter viel intensiver wahrnehmen als beim Blick aus dem Fenster. Bei längeren Radreisen können wir nicht kofferweise Gepäck mitschleppen. Aber gerade die Beschränkung auf das Wesentliche lässt uns spüren, wie unwichtig die vermeintlich „dringend" benötigten Dinge des Alltags sind. Dabei ist es fast unerheblich, ob Sie Ihre Touren puristisch planen, sich also auch nachts mit Zelt und Schlafsack der Natur aussetzen, ob Sie von Hotel zu Hotel radeln, oder ob Sie Radelurlaub „deLuxe" mit externem Gepäcktransport planen. Eines ist Ihnen gewiss: Eine überschäumende Flut von Impressionen, die Sie hautnah wahrnehmen, viele Gleichgesinnte und abends der Stolz, etwas geleistet zu haben.

Dieses Buch

Auf diesen Seiten vermitteln wir Ihnen eine Übersicht über die schönsten Radfernwege Deutschlands, dabei sind die Touren in Nord-Süd-Richtung sortiert. Zusätzlich informieren wir Sie über die „beradelte" Region zu Beginn jeder Beschreibung. In der „50Touren Info" sind die wesentlichen Eckpunkte der Tour zusammengefasst: Distanz, Wegbeschaffenheit, Hinweise auf Steigungen, Beschilderungen, Start- und Zielpunkt sowie Telefonnummern und Internetadressen der Touristen-Informationen.

Die Kilometerangaben sind für die beschriebene Strecke ohne Abstecher definiert und dienen der Orientierung. Schon zwei oder drei „Schlenker" zu Sehenswürdigkeiten oder eine verpasste Abzweigung können Abweichungen von den Angaben bewirken.

Zu Gunsten der Übersicht ist jede Tour auf vier Seiten reduziert. Die Streckenbeschreibun-

1 - 50 = Die 50 schönsten Radfernwege Deutschlands
SCHWEDEN
DÄNEMARK
OSTSEE
NORDSEE
Kiel
Stralsund
Lübeck
Hamburg
Lüneburg
Elbe
Bremen
NIEDER-
LANDE
POLEN
Berlin
Weser
Hannover
Oder
Münster
Göttingen
Dortmund
Leipzig
Dresden
Rhein
Köln
B
Mosel
Frankfurt/M.
Main
TSCHECHIEN
L
Nürn-
berg
Saarbrücken
Passau
Stuttgart
FRANK-
REICH
Donau
München
Freiburg
ÖSTERREICH
SCHWEIZ

gen wurden bewusst knapp gehalten, denn die beschriebenen Routen sind perfekt ausgeschildert, so dass ein „Verfransen" kaum möglich ist.

Ausführlicher werden die Sehenswürdigkeiten beschrieben – denn wir radeln ja nicht (nur) des Radelns wegen, sondern um die Gegend kennen zu lernen.

Die Tipps weisen den Weg zu ausgefalleneren Attraktionen, die wir eventuell verpassen würden, weil sie etwas abseits liegen, nicht beschildert oder einfach wenig bekannt sind.

Kinder, Kinder

Wer mit Kindern reist, plant seinen Urlaub anders. Zwar sind die Touren mühelos auch mit kleineren Kindern zu bewältigen, doch verlangt der Nachwuchs auch nach anderen Beschäftigungsmöglichkeiten.

Dies gilt vor allem dann, wenn Kleinkinder in entsprechenden Sitzen oder in einem Anhänger transportiert werden. Vergessen Sie niemals, die Kinder auf diesen Mitfahrgelegenheiten entsprechend zu sichern – der Helm dürfte ebenso selbstverständlich sein wie die Gurte. Vor allem in den Mitfahrgelegenheiten können sich die Kleinen nicht ausreichend bewegen, was bei niedrigen Temperaturen auch zu Unterkühlung führen kann – häufigere Pausen sind also angesagt!

In vielen Orten liegen immer wieder gut ausgestattete Spielplätze direkt am Wegesrand. Pausen werden ohnehin eingelegt, warum also nicht gleich hier? Die Burgen auf den Bergrücken locken die Kinder natürlich ganz besonders. Vergessen Sie aber nicht, dass die Burg eben meist auf einem Berg liegt – und dort hinauf zu gelangen, ist mit Fahrrädern eben meist eher mühselig. Aber es gibt noch viel mehr zu entdecken: Interessante alte Orte, die Spuren unserer Vorfahren, historische Technik und regionale Lebensarten in Museen, Tiere in Parks und Zoos und natürlich Badespass in den Frei- und Hallenbädern der Region. Auf viele dieser Aktivitäten wird im Buch hingewiesen.

Wenn der Nachwuchs selbst radelt, ist zu beachten, dass kleinere Kinder nicht auf Straßen, sondern auf dem Bürgersteig fahren müssen und dass die Räder deutlich kleiner, oftmals auch einfacher ausgestattet sind. Weshalb diese Binsenweisheit? Nun, nicht selten werden Familien gesichtet, bei denen die Eltern mit 26«-Mountainbikes oder 28«-Tourenrädern und einer 21-Gang-Schaltung vorweg brausen und die Kinder auf ihren kleinen Rädern mit Dreigang-Schaltung hinterher hecheln. Hier ist der Ärger vorprogrammiert, und genau den wollen wir ja mit diesem Familienausflug vermeiden!

Sie werden sehen: Wenn wir auf die Kinder eingehen, werden diese schnell Spaß an der sportlichen Betätigung mit Mama und Papa an der frischen Luft finden.

Reisezeit, Klima

Unsere Radfernwege können ganzjährig gefahren werden, wobei der Winter die von Radfahrern am wenigstens geschätzte Reisezeit sein dürfte. In einigen Mittelgebirgs- oder Voralpenregionen könnte es zudem auch Probleme mit der Witterung geben.

Ab Beginn des Frühlings kommt man vielfach bereits in den Genuss unseres milden Klimas – in den höher gelegenen Regionen und am stürmischen Meer kann es allerdings noch „frisch" werden. Dennoch ist der Frühling eine der optimalen Reisezeiten, vor allem wegen der nachstehenden Umstände:

Im Sommer gibt es eine höhere Wettergarantie. Es kann mitunter recht heiß werden, vor allem, wenn wir durch enge Täler radeln. Ein Nachteil der Sommer-Radeltour ist sicherlich, dass wir nun wahrlich nicht alleine unterwegs sind. In der Hauptferienzeit, hier verstärkt noch an Wochenenden, wimmelt es auf manchen Wegen nur so von Radfahrern. Zu nennen sind hier vor allem wieder die „Klassiker" entlang der Flüsse und Seen. Es macht nur noch wenig Vergnügen, wenn wir ständig Acht geben müssen, uns nicht aus den Augen zu verlieren und mit keinem zu kollidieren. Der entspannte Plausch entfällt dann auch, denn nebeneinander radeln können Sie zur „Rush-Hour" getrost vergessen. Daher der Tipp: Im Sommer auf die Wochentage ausweichen und an den Wochenenden auf die touristisch weniger überlaufenen Wege ausweichen – in diesem Buch werden Sie dafür reichlich „Stoff" finden.

Der Herbst ist als Radelzeit beliebt und empfehlenswert zugleich. Die Wege sind lange nicht mehr so überladen mit Menschenmassen, die Temperaturen sind im „goldenen Herbst" zumeist ideal. In vielen Orten finden – wie schon im Mai / Juni – nach Ausklang der Sommerferien Feste statt, was unsere Touren noch kurzweiliger ausfallen lässt. Besonders beliebt sind Stadtfeste, Märkte, Schützenfeste, Kirchweihfeste und in den Weinregionen natürlich die unzähligen Weinfeste. Doch Vorsicht: Auch auf dem Rad wird die Fahrtüchtigkeit durch den Genuss von Alkohol erheblich eingeschränkt. Nicht verschwiegen werden darf, dass im Herbst auch die Zeit der organisierten Reisen gekommen ist. So ist es z.B. nicht gerade einem entspannten Stadtbesuch zuträglich, wenn gerade mehrere Reisebusse ihre Ladung über den Ort ergossen haben.

Wer es zeitlich einrichten kann, sollte sich bei den Touristen-Informationen nach Radel-Aktionstagen erkundigen, die sich in immer mehr Regionen großer Beliebtheit erfreuen. Dabei werden weite Straßenzüge, Bundesstraßen, teils sogar ganze Täler für den Autoverkehr gesperrt und nur für Radler und Skater freigeben. An diesen Tagen locken die Orte an der Strecke mit Attraktionen wie Straßenfesten o.ä., so dass der ungetrübte Radel-Genuss garantiert ist.

Reiseveranstalter

Der Trend zum Radurlaub ist den Reiseprofis nicht verborgen geblieben. So drängen immer mehr Veranstalter auf den Markt, die Ihnen auf Wunsch alles (bis auf das Fahren) abnehmen. Der Vorteil der organisierten Reise liegt in dem Umstand, dass Sie sich weder um den Rad- noch um den Gepäcktransport kümmern müssen. Auch die Übernachtungen sind hier ebenso vorgebucht wie die Verpflegungen unterwegs. Unterscheiden kann man bei organisierten Reisen die individuelle und die Gruppen-Radreise. Die Kosten einer solchen Tour variieren natürlich je nach gebuchtem Standard deutlich. Das „Rundum-Sorglos-Paket" geht freilich zu Lasten der Spontanität – SIE entscheiden nicht, wo Sie übernachten, sondern die Reiseplanung. Verschiedene Reiseveranstalter bieten inzwischen auch E-Bikes zum Verleih an – in gebirgigen Regionen ist dies durchaus eine gute Alternative zur Muskelkraft.

Der Rat zum Rad

Die meisten der beschriebenen Touren stellen keine besonderen Ansprüche an Mensch und Material. Da die Vielzahl der Radwege bestens ausgebaut und nur wenige Steigungen zu verzeichnen sind, reicht ein City- oder Tourenfahrrad mit drei Gängen aus. Für längere Strecken, mit Gepäck oder bei gelegentlichen Steigungen ist es allerdings angenehm, ein paar mehr Gänge zur Verfügung zu haben. Wer einmal mit 20 kg Gepäck eine längere Steigung absolviert hat, weiß dies zu schätzen. Wichtiger noch als die Anzahl der Gänge ist die Robustheit des Rades – was nützen die Gänge, wenn alle paar Kilometer Reparaturen vorgenommen werden müssen? In den meisten größeren Städten, die wir tangieren, gibt es zwar Rad-Werkstätten, doch eine Panne tritt „bestimmt" während deren Mittagspause, nach Geschäftsschluss oder am Wochenende auf.

Dass sich das Fahrrad in verkehrssicherem Zustand befindet, sollte Voraussetzung für jede Radeltour sein. Dazu gehören z.B. intakte Bremsen und Reifen, geschmierte Kette, Beleuchtung, Reflektoren, Schutzbleche, etc.

Vor dem Fahrtantritt sollten Sie Ihr Fahrrad kurz durchchecken – es kostet sie vor der Fahrt gerade einmal 5 Minuten, eine Panne kann den ganzen Tag kaputt machen. Hier die einfachen Handgriffe:

- Vorder- und Hinterrad abwechselnd vom Boden heben und daran rütteln bzw. seitlich wackeln, um festen Sitz und Lagerspiel zu testen
- Am Sattel drehen und ziehen – er muss absolut fest sitzen
- Kontrollieren, ob die Schnellverschlüsse der Bremsen geschlossen sind, ferner, ob die Bremshebel sich nicht bis zum Lenker ziehen lassen und selbständig zurückgehen
- Die Bremsbeläge auf Verschleiß prüfen
- Vorderbremse ziehen und das Rad nach vorne Schieben, um das Steuerlager auf Spiel zu testen
- Durchtesten aller Gänge im Reparaturständer
- Luftdruck in den Reifen prüfen

Wenn es bei aller Vorbereitung doch zur Panne kommt, muss folgendes Bordwerkzeug mitgeführt werden:

Faltdecke (»Mantel«)	☐
Schläuche	☐
Pumpe	☐
Inbusschlüsselsatz	☐
Nippeldreher	☐
Ventilverlängerung	☐
Öl	☐
Deckenheber	☐
Flicken	☐
Gummilösung	☐
Flickzeug	☐

Noch ein Tipp zu diesem Thema: lassen Sie sich doch einfach von der Werkstatt Ihres Vertrauens mit den wichtigsten Handgriffen vertraut machen.

Hoffen wir, dass Sie es niemals brauchen, aber ein kleines Erste-Hilfe-Täschchen gehört IMMER ins Gepäck, auch bei jedem noch so kleinen Ausflug.

Bekleidung

Ein Blick in die Textilecke des Fahrradladens reicht aus, um zu erkennen: Das Angebot der Fahrradbekleidung ist unüberschaubar! Seit einigen Jahren bieten auch Discount-Märkte rechtzeitig zur Saison entsprechende Artikel an. Was Sie wählen, hängt nicht zuletzt auch von Geschmack und Geldbeutel ab, doch unbedingt zu empfehlen ist folgende Ausstattung:

- Helm (absolut unverzichtbar!)
- Radhose in kurzer und langer Version
- Radtrikot in kurzer und langer Version
- Handschuhe
- Radbrille (gegen UV-Strahlung und Insekten)
- Leichte, faltbare Regenjacke / -hose

Darüber hinaus gibt es weitere sinnvolle Accessoires, wie z.B. Funktionsunterwäsche, Radschuhe (mit Klickplättchen gegen das Abrutschen von den Pedalen), Windweste, Armlinge und Beinlinge.

Gepäck / Ausrüstung

Auf einer längeren Tour werden Sie Gepäck mit sich führen wollen. Was dies umfasst, ist nicht zuletzt abhängig von der Art der Tour. Für eine kurze Sonntagsfahrt reicht es sicherlich aus, einen Flaschenhalter mit Trinkflasche und eine Sattelstützentasche für Werkzeug und Erste-Hilfe-Material mit sich zu führen. Als Alternative haben sich hier Fahrradrucksäcke bewährt, die etwas Gepäck aufnehmen können und einen Trinkvorrat beinhalten. Mehr als dies sollten Sie keinesfalls auf dem Rücken transportieren – erhebliche Rückenschmerzen wären sonst die Folge!

Als durchaus Ernst zu nehmende Alternative für größere Touren bietet sich der Fahrradanhänger an, der in vielen Versionen angeboten wird. Dieser kann deutlich mehr Gepäck aufnehmen als Packtaschen und beeinflusst das Fahrverhalten deutlich weniger.

Am häufigsten werden Lenkertaschen, Packtaschen (hinten) und Lowrider (vorne) verwendet. In die Lenkertasche sollten nur leichte Gegenstände. Optimal ist eine Lenkertasche mit Schnellverschluss, denn so können Sie hier Wertgegenstände deponieren, die Sie beim Verlassen des Fahrrads mit sich Führen möchten. In die Lowrider-Taschen sollten ebenfalls möglichst leichte Gegenstände, denn diese beeinflussen das Lenkverhalten erheblich, zudem werden höhere Anforderungen an die Arm- und Nackenmuskulatur des Fahrers gestellt. Für den Gepäckträger werden unterschiedliche Systeme angeboten, wobei sich Einzeltaschen offenbar durchsetzen. Hier gilt: Schweres Gepäck möglichst unten verstauen.

Bei allen Gepäckstücken sollten Sie darauf achten, dass diese wasserdicht sind oder sich schnell mit Regenhauben abdecken lassen. Nichts ist schlimmer, als die verschwitzte Rad-Kleidung auszuziehen und in andere feuchte Kleidung schlüpfen zu müssen.

Die menschlichen Grundbedürfnisse – Essen, Trinken, Schlafen

Viele der im Buch vorgestellten Regionen stellen alles andere als touristisches Entwicklungsland dar. Vielmehr lebt häufig ein Großteil der Bevölkerung vom Geld der Besucher. Die Verpflegung ist aber auch in den eher ländlichen Gebieten kein Problem – in jedem größeren Ort gibt es Einkehr- und Einkaufsmöglichkeiten. Das Angebot reicht von Hausmannskost in rustikalem Ambiente bis zum Nobelrestaurant. In der Hochsaison kann es zu Wartezeiten kommen, vor allem, wenn gerade eine Busgesellschaft über das Restaurant hergefallen ist.

Nicht versäumen sollten Sie den Besuch der für die Region typischen Gaststätten, um die kulinarischen Genüsse der Gegend kennen zu lernen – nicht selten speist man hier sogar noch günstiger.

Bei der Übernachtung sollten Sie in der Hochsaison kein Risiko eingehen und rechtzeitig reservieren. Die Fremdenverkehrsbüros (s. Infoblock) sind bei der Suche gerne behilflich. Wie bei den Restaurants ist das Angebot breit gefächert und reicht vom einfachen Privatzimmer bis zum Luxushotel. Jugendherbergen sind in vielen Regionen ebenfalls zu finden, allerdings nicht flächendeckend vorhanden. Für diejenigen, die als „echte" Radpuristen mit dem Zelt unterwegs sind, stellt sich nicht die Frage, ob noch ein freies Bett gefunden wird. Wildes Camping ist grundsätzlich in Deutschland verboten – Campingplätze sind allerdings so verbreitet, dass es keine größeren Probleme geben dürfte. Falls doch, wird sich bestimmt in der Nähe ein Bauer finden, der Ihnen gerne ein Fleckchen Erde zur Verfügung stellt.

GPS

Auch für dieses Buch möchten wir Ihnen als zusätzliche Hilfestellung die Nutzung auf ihrem GPS-Gerät anbieten: Für jede der im Buch aufgeführten Touren finden Sie auf unserer Internetseite entsprechende Track-Daten für Ihr Mobilgerät. Mit Hilfe des Zugangscodes **RFID-04-064-519-RF** stehen Ihnen die Daten auf der Seite **www.fahrrad-buecher-karten.de/gps-tracks** kostenlos zum Download zur Verfügung.

Helfen Sie mit!

Die in diesem Buch enthaltenen Informationen wurden sorgfältig nach bestem Wissen und Gewissen zusammengetragen. Dennoch gibt es in unserer schnelllebigen Zeit ständig Veränderungen: Straßennamen und Wegführungen werden verändert, ebenso Anschriften und Öffnungszeiten. Helfen Sie uns mit, dieses Buch ständig aktuell zu halten, in dem Sie uns etwaige Änderungen mitteilen. Ihre Anregungen nehmen wir gerne unter buecher@bva-bikemedia.de entgegen. Unser Dank ist Ihnen so gewiss wie der Dank der anderen Leser!

Zum Abschluss bleibt nur noch eines:

VIEL SPASS BEIM RADELN!

Tour

1 Grenzroute und Nordsee-Ostsee-Radweg

Von Flensburg nach Höjer

50 Touren Info

130 km Grenzroute, **66 km** Nordsee-Ostsee-Radweg, durchgehende Beschilderung mit eigenem Symbol in beide Richtungen. Abgesehen von Deichen keine Steigungen. Die Route führt meist abseits des Straßenverkehrs über separate Rad- oder Feldwege, daher perfekt für Familien.

Start: Flensburg

Ziel: Höjer oder die nahe Nordseeküste

Info: Gebietsgemeinschaft Grünes Binnenland, Tel. 04638/898404, www.grenzroute.com

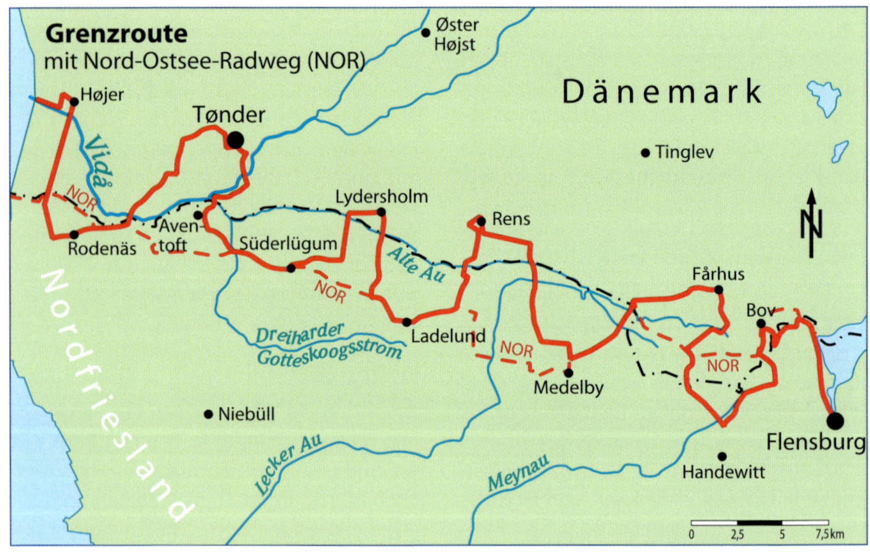

Als die Entscheidung fiel, das Buch „von Nord nach Süd" zu strukturieren, war die Nummer 1 unserer Radfernwege gesetzt. Denn die Grenzroute verbindet im Zick-Zack-Kurs die Ost- und die Nordsee, während sie sich zugleich an der deutsch-dänischen Grenze orientiert. Einheitliche Logos weisen uns zielsicher den Weg in beide Richtungen. Wegen der recht übersichtlichen Streckenlänge kommt schnell die Überlegung auf, an einem Tag hin und am anderen Tag wieder retour zu radeln.

Flensburg ist mehr – nein, viel mehr – als nur der Sitz der deutschen Verkehrssünderdatei. Fjordartig gräbt sich die Ostsee tief ins Landesinnere – am Ende erhebt sich die Flensburger Innenstadt malerisch über dem Wasser – gekrönt von der **Kirche St. Nicolai** mit seiner bekannten **Rennaissance-Orgel**. Die Kirche dient als Ausgangspunkt für die Stadterkundung, die über die Straßenzüge Holm, Große Straße und Norderstraße führt. Wer die prunkvollen **Handelshöfe** und **Patrizierhäuser** bestaunt hat,

Nordermarkt in Flensburg

kann den hiesigen Tieren und Pflanzen im **Naturwissenschaftlichen Museum** auf die Spur kommen.

Flensburg ohne Wasser? Geht gar nicht! Also hinunter zum **Museumshafen**, in dem wir herrliche alte Segelschiffe bewundern können. Kleiner, aber nicht minder interessant sind die Modelle im benachbarten **Schifffahrtsmuseum**.

Tipp: Ein Flensburg-Besuch ist nicht komplett ohne Spickaale und Flensburger Rum zu verkosten. Am stilvollsten geht das in den Höfen am Südermarkt. Mehr über Hochprozentiges erfahren wir im einzigartigen Rum-Museum. Kennen Sie die Comic-Figur „Werner"? Der ist auch hier oben zuhause und genießt gerne „Flens". Das süffige Bier wird noch in Bierflaschen mit „Brömpel" angeboten… Was das nun wieder ist, finden Sie am Besten selbst heraus.

Los geht´s in Flensburg – wir rollen zunächst in Wassernähe entlang der Förde bis in dänisches Gebiet. Bov, zu deutsch „Bau", empfängt uns jenseits der Grenze. Unser erster größerer Ort Padborg, in dem viele Speditionen zuhause sind. Unsere Route macht ihrem Namen alle Ehre, denn wir kreuzen in der Folge immer wieder die Grenze – bis zur Nordsee insgesamt 13 Mal.

Unsere nächsten Orte sind mehr oder minder bekannt – wir tangieren auf deutschem Gebiet zunächst **Handewitt**, das vor allem durch seine Handball-Mannschaft bekannt wurde. Weniger bekannt, aber weithin sichtbar ist die **Kirche** auf dem **Langberg**. Vom dänischen **Farhus** aus rollen wir weiter ins deutsche Medelby. Die **St.-Matthäus-Kirche** wurde schon 1200 aus Feldsteinen erbaut.

Tipp: Am Wegesrand tauchen immer wieder Tafeln auf, die nicht nur Übersichtskarten, sondern auch viele Infos zu Land und Leuten in beiden Sprachen präsentieren. Es gibt gleich 40 davon entlang unserer Route. Wenn das Wetter mal nicht mitspielt, können wir uns in den Wetterschutzhütten aufwärmen und trocken speisen.

Gejla Bro

Tipp: Kennen Sie die „Clausen-Linie"? Der dänische Historiker Clausen schrieb 1891 die „Sprach- und Gesinnungsgrenze" nieder, um in dieser Region eine Art kulturelle Trennlinie festzulegen. Er orientierte sich dabei an der jeweiligen Ausprägung der dänischen und der deutschen Sprache. Rund 80 Jahre lang hatte diese Grenze in der Tat bestand, ehe Europa nach dem Schengen-Abkommen zusammenwuchs.

Weiter geht´s durchs dänische Rens ins deutsche Ladelund.

Schon 1352 wurde Ladelund erstmals erwähnt. Die KZ-Gedenk- und Begegnungsstätte erinnert an den dunkelsten Teil der regionalen Geschichte.

Weiter geht´s im „Nationen-Wechsel" via Lydersholm, Süderlügum und Aventoft nach Tönder.

Im letzten Drittel unserer Radreise haben wir ohne Frage einen der Höhepunkte erreicht. **Dänemarks älteste Reichsstadt** tauchte schon 1017 in den Geschichtsbüchern auf. Rund um den **Marktplatz** finden wir herrliche **alte Gebäude**, darunter prunkvolle **Patrizierhäuser**, und eine Fußgängerzone zum Flanieren. Auch das Einkehren ist kein Problem – Möglichkeiten hierfür gibt es auch

Kaufmannshof

heute noch zuhauf: Ende des 19. Jhds. gab es nirgendwo auf der Welt mehr **Gaststätten** pro Einwohner als hier!

Tipp: Jedes Jahr im August steigt in Tönder das größte internationale Folk-Festival Europas. Wer sich bei der Radreise näher gekommen ist, kann eine weitere Attraktion Tönders nutzen: Nur wenige Formalien sind nötig, um hier zu heiraten.

Weiter geht´s über Rodenäs ins dänische Höjer, wo unsere Reise an der Nordsee endet.

Höjer hatte einen wichtigen Vorteil gegenüber dem größeren Tönder – einen echten **Nordseehafen**. Kein Wunder, dass es immer wieder zum Streit kam, da Tönder Höjer als eigenen Außenhafen ansah. 1920 dann kam es zum Eklat: Obwohl Abstimmungen eindeutig eine Zugehörigkeit zu Deutschland ergaben, ging Höjer an Dänemark. Ziegel, Tuff und Granit – das alles wurde in der **Kirche St. Petri** gemeinsam verbaut. Was merkwürdig klingt, ergab dann doch ein sehenswertes Gotteshaus, dessen Besuch genauso lohnt wie der der **Windmühle**. Wenn wir am „echten" Radwegende an der Nordseeküste stehen, können wir einen herrlichen Blick über das **Wattenmeer** genießen. Der Blick schweift auch über den **Hindenburgdamm** hinüber nach **Sylt**.

Kartentipp:
ADFC-Regionalkarten 1:75.000 (siehe vordere Umschlagklappe):
„Schleswig-Holsteinische Nordseeküste"; „Schleswig/Flensburg"
Digital für Smartphones und Tablets:
www.fahrrad-buecher-karten.de/rk-digital

2 Radroute Nord-Ostsee-Kanal

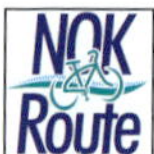

Von Brunsbüttel nach Kiel

50 Touren Info

325 km, inklusive Abstecher, durchgehende Beschilderung mit eigenem „NOK"-Symbol in beide Richtungen. Keine Steigungen, außer einigen kleinen Hügeln bei Abstechern. Die Route führt meist abseits des Straßenverkehrs über separate Rad- oder Feldwege, daher perfekt für Familien. Beachten sollte man den Wind, der das Radeln richtig anstrengend machen kann – da es meist Westwind gibt, sollte die Route von Brunsbüttel Richtung Kiel beradelt werden.

Start: Brunsbüttel

Ziel: Kiel oder die Kieler Bucht

Info: Touristische Arbeitsgemeinschaft Nord-Ostsee-Kanal, Rendsburg, Tel. 04331/23373, www.nok-route.de

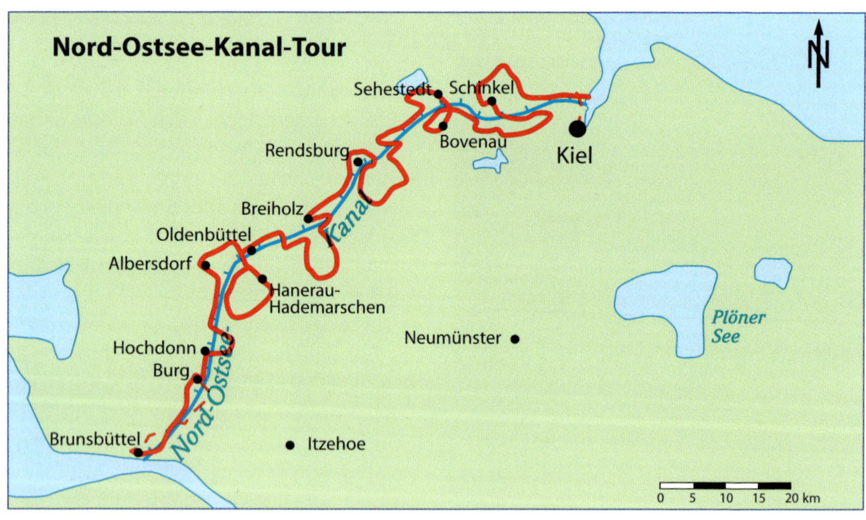

Auf der meistbefahrenen Wasserstraße der Welt, dem Nord-Ostsee-Kanal, begleiten uns bei unserer Tour auf dem dazugehörigen Radfernweg große und „richtig große" Schiffe, seien es Luxusliner oder Frachtschiffe. Doch auch abseits des Wassers gibt es viel zu sehen!

1286 gelobten die Bürger von Brunsbüttel feierlich dem Erzbischof von Bremen, die Hamburger Kaufleute nicht mehr auszurauben. Spannend, dass dies die erste Erwähnung des Ortes in den Geschichtsbüchern war. Ob es daran lag, oder am komplizierten Namen Brunsbüttel-Eddellaker-Koogs, dass es erst 1948 die Stadtrechte gab? Uns kann´s egal sein, denn heute werden wir hier bestimmt nicht ausgeraubt. Vielmehr empfängt uns eine herrliche **alte Stadt** mit offenen Armen. Egal ob es das efeuumrankte **Rathaus**, das im **Fachwerkstil** erbaute **Matthias-Boie-Haus** oder die typisch roten **Kirchen** Paulus, Jacobus oder Maria Meeresstern sind, sie verführen uns alle zu einem längeren Auf-

Nord-Ostsee-Kanal

enthalt. Die meisten Touristen finden wir aber genau an der Stelle, wo der **Kanal** die großen Schiffe in die Elbe freigibt – die Geschäftigkeit in den **Kanalschleusen** lässt die Zeit im Nu verfliegen.

Tipp: Eine echte Institution sind die „Dithmarscher Kohltage“, die jedes Jahr im September stattfinden. Dieser Bauernmarkt ist überregional bekannt dafür, dass bei guter Musik schmackhafte Kohlgerichte verspeist werden können. Dabei sitzen wir an der „längsten Kohltafel der Welt“.

Los geht´s in Brunsbüttel – von hier folgen wir dem Verlauf des Nord-Ostsee-Kanals, den wir auf den ersten Kilometern immer fest im Blick haben. Gleich zu Beginn werden wir – wie auch später noch mehrfach – mit Schildern ins Umland geleitet. Der erste Abstecher führt durch die Wilstermarsch. Diese „Entdeckertörns“ sollten Sie sich auf keinen Fall entgehen lassen, denn sie sind das Salz in der Suppe dieses Fernradwegs. Via Hochdonn steuern wir auf Oldenbüttel zu.

Der 100 km lange **Nord-Ostsee-Kanal** wurde 1895 als Kaiser-Wilhelm-Kanal eröffnet. Die Wasserstraße erspart den Schiffen eine rund 900 km längere Reise um Dänemark herum. Dementsprechend stark wird sie frequentiert. Die Kapitäne müssen perfekte Arbeit abliefern, denn bei 162 m Kanalbreite liegt die Wassertiefe bei nur 11 m.

Das markanteste Bauwerk Hochdonns ist die 42m hohe **Eisenbahnbrücke**, die als „Marschbahn“ über den Kanal verläuft. Zweifelsohne profitierte die ehemalige Bauernschaft ebenso wie Oldenbüttel einst vom Bau des Kanals, der neue Wirtschaftskraft mit sich brachte.

Tipp: Haben Sie sich schon einmal gefragt, woher die Endung „-büttel“ in Ortsnamen stammt? Im Nordgermanischen trug Büttel die Bedeutung von „Siedlungsgebiet“ oder „Haus und Hof“.

Weiter geht´s am Kanal entlang und in zwei großen Schleifen nach Rendsburg.

Der Yachthafen in Kiel

Rendsburg ist ohne Frage eines der Highlights dieser Tour. Berühmt ist Rendsburg für seine **Hochbrücke** über den Kanal, die noch heute als Meisterleistung der Ingenieure gewertet werden darf. Unterhalb der Hochbrücke finden wir eine **Schwebefähre**. Sie braucht deutlich weniger Energie als eine normale Fähre und kann auch bei vereistem Wasser ihren Dienst leisten. In Deutschland gibt es nur noch zwei, weltweit nur noch acht dieser Fähren. Für den Kanal gilt Rendsburg als wichtigster Binnenhafen.

Da der Stadtkern im Krieg weitgehend verschont blieb, empfängt uns Rendsburg mit einem herrlichen alten Stadtbild. Die schönsten Gebäude finden wir am **Altstädter Markt**, am **Schiffbrückenplatz** und rund um die **Marienkirche**. In der **ehemaligen jüdischen Synagoge** wurde 1988 ein **Jüdisches Museum** eröffnet, das sich u.a. den Werken verfolgter jüdischer Künstler widmet. Ein ebenfalls nicht alltägliches Museum finden wir im Ortsteil Büdelsdorf. In der dortigen ehemaligen **Carlshütte** ist das **Eisenkunstguss-Museum** untergebracht.

Tipp: Besorgen Sie sich die „blue-line-Karte". Dieser „blaue Weg" führt Sie gezielt zu den wichtigsten Sehenswürdigkeiten der Stadt. Er beginnt am Rathaus, wo wir nach dem Glockenspiel um 10 Uhr unsere Expedition starten können.

Weiter geht´s via Sehestedt und Schinkel zur Ostsee-Metropole Kiel.

Kiel ist die Landeshauptstadt Schleswig-Holsteins und bildet zugleich das Ende der **Kieler Förde**, die mit Fug und rechts als Fjord bezeichnet werden darf. Schon im 13. Jahrhundert wurde hier die Stadt erbaut, deren Blütezeit 1865 kam, als die preußische Flotte hierher verlegt und 30 Jahre später der Kanal eröffnet wurde.

In Kiel können wir uns lange aufhalten, denn es gibt viel zu sehen. Rund um den **Alten Markt** mit seiner **Nikolaikirche** erstreckt sich eine sehenswerte **Altstadt**. Die langgezogene **Fußgängerzone** lädt zum Shoppen und Schlemmen ein.

Etwas außerhalb liegt **Schilksee** am Nordufer der Förde. Das **Olympia-Zentrum** von 1972, das **Meerwasser-Hallenbad** und der quirlige **Yachthafen** machen diesen Ausflug lohnenswert. Am „anderen Ende" der Förde können wir in **Laboe** ein echtes Ostseebad bewundern. Neben alten Gebäuden und Kureinrichtungen gilt es hier, mit dem Fahrstuhl auf die 72 m hohe Aussichtsplattform des **Marine-Denkmals** zu fahren, das den gefallenen Marine-Soldaten der Kriege gedenkt. Direkt gegenüber liegt das **Unterseeboot U 996** „auf dem Trockenen". Eine Besichtigung macht deutlich, unter welch beschwerlichen Umständen die Soldaten damals an Bord ihren Dienst verrichten mussten.

Kartentipp:

ADFC-Regionalkarten 1:75.000 (siehe vordere Umschlagklappe):
„Schleswig-Holsteinische Nordseeküste"; „Schleswig/Flensburg"; „Hamburg - Kiel - Neumünster"

Digital für Smartphones und Tablets:
www.fahrrad-buecher-karten.de/rk-digital

3 Mönchsweg

Von Bremen nach Fehmarn

50 Touren Info

530 km (in Deutschland), durchgehende Beschilderung. Weitgehend ohne Steigungen, wenige Steigungen in der Holsteinischen Schweiz. Die Route führt meist abseits des Straßenverkehrs über separate Rad- oder Feldwege, daher perfekt für Familien.

Start: Bremen

Ziel: Puttgarden, Fehmarn

Info: Zentrale Infostelle Mönchsweg, Tel. 0431/12850873, www.moenchsweg.de

Einmalig ist dieses Projekt zwischen vier Landkreisen und der Ev. Luth. Kirche, aus dem der Mönchsweg entstand. Wir folgen der Christianisierung des Nordens und kommen dabei durch viele bekannte, aber auch durch eher weniger berühmte Orte, die allesamt überquellen vor Sehenswertem. Das Projekt-Thema ist auf unserer Tour allgegenwärtig: Wir radeln vorbei an 78 evangelischen, 21 katholischen und 3 ökumenischen Kirchen sowie an einer Baptistengemeinde.

Wer kennt sie nicht, die weltberühmten **Bremer Stadtmusikanten**? Wir starten mit unserer Tour mitten in der Altstadt, und genau dort, neben dem imposanten **Rathaus**, stehen auch die vier: Esel, Hund, Katze und Hahn. Lassen auch Sie sich von deren Geschichte bezaubern, bevor wir uns dem nur wenig entfernten **Roland** widmen, der auch viel zur Stadtgeschichte zu berichten weiß. Zum Pflichtprogramm gehört natürlich der Besuch des **Domes St. Petri** und der Stadtwaage. Klein, urig und wunderschön sind das **Schnoorviertel** mit tollen kleinen

Bremer Roland auf dem Marktplatz

Häuschen sowie die **Böttcherstraße**. Hier findet sich auch schnell ein Souvenir, das in die Radtaschen passt.

Los geht´s natürlich an einem Gotteshaus: Am Dom St. Petri von Bremen. Die Radwegschilder lotsen uns zielsicher mitten durch die Stadt vorbei am Bürgerpark und dem „Universum". Auf dem Land angekommen, radeln wir über Fischerhude, Wilstedt, Vorwerk, Horstedt, Gyhum, Elsdorf, Zeven, Heeslingen, Ahlerstedt, Harefeld, Horneburg und Mittelnkirchen nach Grünendeich, wo wir auf die Elbe treffen. Der folgen wir ein Stück, ehe es wieder landeinwärts geht via Stade, Himmelpforten, Engelschoff und Großenwörden nach Wischhafen. Hier setzen wir mit der Fähre über nach Glückstadt. Nach einem kleinen Abstecher gesellen wir uns ans Ufer der Stör, die uns via Itzehoe nach Kellinghusen führt.

Wir radeln durch Teile des **Alten Landes**, das zur richtigen Reisezeit in einem Blütenmeer versinkt. Wer sich von der Farbenpracht losreißen kann, entdeckt immer wieder herrliche Fachwerkhäuser – die meisten natürlich in Rot.

Und Rot ist auch die dominierende Farbe in Stade. Die Hansestadt ist ohne Frage eines der Highlights unserer Rad-Reise. Rund um den Hansehafen finden wir eine herrliche **Altstadt**, die immer wieder zur Einkehr verführt. Eine Übernachtung sollte hier eingeplant werden, denn nur so können wir uns die **Alte Stadtwaage**, das Johanniskloster und das Rathaus in Ruhe ansehen. Dann bleibt auch noch Zeit, sich dem **Schwedenspeicher-Museum** zu widmen.

Am Nordufer der Elbe mussten erst große Deiche angelegt werden, damit der Häuserbau von Glückstadt überhaupt beginnen konnte. Bei der Gründung 1617 gab es den Plan, dem wachsenden Hamburg Paroli zu bieten, weshalb Glückstadt mit mächtigen **Festungsanlagen** versehen wurde. Mittelpunkt der 6-eckig angelegten Stadt war und ist der **Marktplatz**, an welchem – wie es sich gehört – auch **Rathaus** und **Kirche** zu finden sind.

Auf unserer Radroute wandeln wir auf den Spuren des **Missionars Vizelin**, der 1090 in Hameln geboren wurde. Er wurde hierher entsandt, um den Norden zu missionieren.

Tipp: Zu einem Besuch Glückstadts gehört auch, mindestens einen Matjes zu kosten. Seit 1893 wird von hier aus Hering gefangen, um aus ihm den bekannten Matjes zu

Seeblick auf den Eutiner See

machen. Er galt damals als „Arme-Leute-Essen", heute gehört er zu den kulinarischen Genüssen der Region. Probieren Sie ihn mit Birnen, Bohnen und Speck!

Itzehoe wird von seinem **Zisterzienser-Kloster** und der mächtigen **St. Laurentii-Kirche** geprägt. Überregional bekannt sind auch das **Theater** und das **Wenzel-Hablik-Museum**, welches sich dem Leben des böhmischen Künstlers widmet. Es steht direkt neben dem strahlend weißen **Rathaus**.

Jetzt sind wir schon richtig weit geradelt, und selbst hier in Kellinghusen, so weit im Landesinneren, wird der Wasserstand der Stör noch von den Gezeiten beeinflusst. Im Ort sollten wir uns die St. Cyriacus-Kirche und das pittoreske **Rathaus** ansehen.

Weiter geht´s ins Landesinnere hinein und weg von der Stör. Zum Glück bleiben wir trotzdem von größeren Steigungen verschont. Bad Bramstedt, Wahlstedt und Bad Segeberg sind die wohlklingenden Namen unserer nächsten Stationen.

Seit 1693 wacht der **Steinerne Roland** darüber, dass Bad Bramstedts **historische Gebäude** erhalten bleiben. Allen voran die 1316 erstmals erwähnte rote **Maria-Magdalenen-Kirche** und das Torhaus. Es entstammt dem ehemaligen Gut Bramstedt.

In Wahlstedt treffen wir wieder auf „unseren" Vizelin – er beurkundete 1150 hier die Zehntenverteilung.

Zwischen dem Großen Segeberger See und der Trave liegt zu Füßen des 91 m hohen **Kalkberges** die Kreisstadt **Bad Segeberg**. Weit über die Landesgrenzen hinaus bekannt sind die seit 1952 stattfindenden **Karl-May-Festspiele**. Mit ganzen 25.000 DM als Budget startete das Vergnügen, das inzwischen zu DEM Erfolgsfaktor der ganzen Region geworden ist und schon unzählige Gaststars auf die Bühne brachte.

Die Geschichte Bad Segebergs ist eng mit dem Kalkberg verbunden, auf dem es schon 1128 erste Pläne für eine **Burg** gab. Heute zeugt von der glorreichen Zeit der hiesigen Burgen noch der 84 m tiefe **Brunnen**, der von Strafgefangenen in den Fels geschlagen wurde. Auch der Kalkberg selbst hat gelitten: Durch den Abbau von Gips schrumpfte er in der Höhe um rund 19 m.

Den Beinamen „Bad" bekam Segeberg 1924 durch seine **Solequellen**. Wir können heute in Moor- und Solebädern unsere müden Radler-Muskeln regenerieren. Zu sehen gibt es auch eine Menge – so z.B. die schön situierte **Marienkirche** oder die 1588 erbaute **Rantzau-Kapelle**.

Tipp: Sehr ausgefallen ist ein Besuch im Noctalis. Hier erfahren wir auf rund 560 qm alles über Fledermäuse. Das „Noctarium" ist eine spezielle Einrichtung, in der wir die nachtaktiven Tiere beobachten können.

Weiter geht's in kurviger Fahrt Richtung Norden, ehe wir mitten durch die Seenplatte durch Plön, Bad Malente und Eutin an die Ostsee kommen.

„Plune" – „eisfreies Wasser" – wurde die erste Siedlung auf der Insel im See genannt. Nehmen Sie sich Zeit für Plön, denn schon das strahlend **weiße Schloss** ist eine echte Augenweide! Einen phantastischen Blick über Land und Seen haben wir nach dem Besteigen des 20 m hohen und 1888 erbauten **Parnass-**

Turms. Ebenfalls hoch hinaus ragt der ehemalige **Wasserturm**, der heute als ausgefallene Wohnstätte dient.

Nicht nur der Große Plöner See, sondern auch die anderen kleinen **Seen** der Holsteinischen Schweiz, die am Wegesrand liegen, locken immer wieder zu einer Abkühlung. Unser nächstes Ziel hingegen, Eutin, lädt wieder zum Verweilen ein: Am besten eignen sich dafür die **Seepromenade** oder der **Marktplatz** mit herrlichen alten Häusern, der von der **Kirche St. Michaelis** beschützt wird. Nicht vergessen dürfen wir, dem **Eutiner Schloss** (17./19. Jahrhundert) und seinem Park einen Besuch abzustatten.

Weiter geht´s zur Ostsee – Grömitz ist einer der wohlklingenden Ostsee-Namen, die unseren weiteren Weg geleiten, ehe wir via Oldenburg i.H. und Heringsdorf nach Heiligenhafen kommen. Spektakulär geht es hinüber nach Fehmarn, das wir einmal quer durchradeln bis Puttgarden.

Wie ein Fjord liegt der Hafen von Neustadt i.H. in der Lübecker Bucht. Herausragend ist der **Pagodenspeicher** unter den vielen historischen Gebäuden der Stadt. Auf der Halbinsel Wagrien liegt das Ostseebad Grömitz am Nordrand der Lübecker Bucht. Schon um 1400 gab es in Grömitz einen Hochseehafen, was dem Ort schnell zur Blüte verhalf. Touristisch profitiert der Ort aber von seinem Status als **Seebad**, den er seit 1813 innehat. So spielt sich das Leben auch an der langen **Uferpromenade** ab, die in der 398 m langen **Seebrücke** ihren Höhepunkt findet.

Tief in die Vergangenheit tauchen wir in Oldenburg i.H. ein. Um 700 errichteten die Slawen eine Burganlage, von der noch heute der sogenannte **Oldenburger Wall** erhalten ist. Wir treffen auch wieder auf unseren „Vizelin", der hier als Missionar tätig war. Schließlich wurde Oldenburg in Holstein für einige Zeit Bischofssitz. Zu dieser Zeit entstand auch die **St.-Johannis-Kirche**, die als erste große Backsteinkirche Nordeuropas gilt.

Auch der Ort Heringsdorf wurde von Slawen gegründet. Er besteht im Wesentlichen aus den Teilen **Gut Siggen**, **Gut Augustendorf** und **Gut Görtz**. Erholen können wir uns im Ortsteil Süssau, der eine schmucke **Uferpromenade** mit **Seebrücke** bereithält.

An der Nordspitze unserer Halbinsel Wagrien liegt das im 13. Jahrhundert erstmals erwähnte Heiligenhafen. Ob der Ortsname nun von „heilig" oder „Hallig" abgeleitet wurde, kann uns egal sein, wenn wir uns am weitläufigen **Marktplatz** einer guten Tasse Kaffee mit Kuchen widmen.

Dann geht es hinüber zur drittgrößten deutschen Insel. Fehmarn ist bei 185 qkm Größe eine vielseitige Insel – **Kliffe**, **Strandseen** und **Dünen** prägen ihr Gesicht. Auf unserem Weg rollen wir auch durch Burg, was als Hauptstadt der Insel anzusehen ist. Unübersehbar ragt die **Kirche St. Nicolai** von 1230 empor. Flanieren ist auf der Breiten Straße, der Hauptstraße angesagt, die von **Backsteinhäusern** umgeben ist.

In Puttgarden geht unsere Reise entlang des Mönchsweges zu Ende. Und wie, muss man sagen, denn hier liegt der Fährbahnhof der **Vogelfluglinie**. So bezeichnet man den Straßen- und Eisenbahnverkehr zwischen Dänemark und Deutschland. Es ist beeindruckend, das Be- und Entladen der riesigen Fähren zu beobachten. Möglich, dass dies eines Tages kaum noch nötig sein wird, denn angedacht ist eine Fehmarnbelt-Querung nach Rödby, eine 19 km lange Brücke.

Kartentipp:
ADFC-Regionalkarten 1:75.000 (siehe vordere Umschlagklappe):
„Kieler Förde/Fehmarn/Holsteinische Schweiz"; „Hamburg - Kiel - Neumünster"; „Cuxhaven/Bremerhaven"; „Landkreis Rotenburg (Wümme)",
Digital für Smartphones und Tablets:
www.fahrrad-buecher-karten.de/rk-digital

4 Ochsenweg

Von Flensburg nach Wedel

50 Touren Info

246 km (östliche Variante) oder **243 km** (westliche Variante), durchgehende Beschilderung. Viele kleine Steigungen in hügeliger Landschaft. Die Route führt meist abseits des Straßenverkehrs über Wirtschaftswege, teils befestigt, teils sandig. Die sandigen Passagen sind recht schwer zu fahren, es gibt befestigte Alternativen. Für Familien bedingt geeignet, die Kinder sollten sicher fahren können und eine Grundkondition mitbringen.

Start: Wedel

Ziel: Flensburg oder Harrislee

Info: Schleswig-Hostein Binnenland Tourismus e.V., Itzehoe, Tel. 04821/600838, www.schleswig-holstein-binnenland.de oder www.ochsenweg.de. Informationen zu Flensburg finden Sie bei Tour 1.

Wenn man´s genau nimmt, radeln wir „schon wieder" zwischen Nord- und Ostsee. Dieses Mal aber in Nord-Süd-Richtung. Genau so, wie über 100 Jahre lang der Heer- und Ochsenweg verlief. Viehtreiber, aber auch Pilger, Laufleute und Soldaten wählten diese als sicher geltende Route, die sich an den Viehmärkten orientierte.

Unterwegs haben wir die Qual der Wahl – es gibt eine östliche Variante über Bad Bramstedt und Neumünster sowie eine westliche Variante via Itzehoe. Auch im weiteren Verlauf haben wir oft Alternativrouten zur Verfügung, so dass einer spannenden Radtour nichts im Wege steht.

Los geht´s entweder schon an der dänischen Grenze oder in Flensburg. Unser Ochsenweg verläuft direkt am Hafen bzw. am Hauptbahnhof vorbei. Via Oeversee und Sieverstedt gelangen wir nach Idstedt.

Ein **„Österreicher-Denkmal"** in dieser Region? Der Grund dafür geht auf den 6. Februar 1864 zurück, als die mit Preußen verbündeten Österreicher den Dänen eine Gefechtsniederlage beibrachten.

Unbedingt ansehen sollten wir uns die **St.-Georg-Wehrkirche** aus dem 12. Jahr-

Flensburger Yachthafen

hundert, die über einen runden Feldsteinturm verfügt.

Hinter den Häusern von „Kellerbude“ finden wir einen **Jagdstein**. Wie ein Grenzstein sollte dieser einst das Jagdrevier abgrenzen. Dieser hier war mit 2,30 m Höhe bestimmt nicht zu übersehen.

Etwas abseits des Weges können wir bei Idstedt **Grabhügel** aus der Bronzezeit und einen **dänischen Feldherrenhügel** entdecken.

Weiter geht´s hinter Idstedt mit einer Entscheidung: Links biegen wir ab, um durch Schleswig nach Dannewerk weiterzuradeln, rechts geht es weniger spektakulär und kürzer über Lürschau und Schuby nach Dannewerk.

Bei Lürschau gibt es in der Nähe der Lürschauer Heide einen gut erhaltenen Teil des originalen **Ochsenweges**. Ganz in der Nähe lieferten sich 1043 Slawen und Wikinger eine blutige Schlacht.

Auch in Schuby wird der alte Ochsenweg aktuell: In einem herrlichen alten **Fachwerkhaus** war einst der **Decker-Krug**, eine Raststätte des Weges, untergebracht. Noch weiter zurück reichen die **Steinkreise** aus der älteren Bronzezeit und das **Großsteingrab** aus der Jungsteinzeit.

Am westlichen Ende der Schlei liegt das 804 als Sliasthorp erstmals erwähnte Schleswig. Wenn wir auf die Stadt zurollen, fällt zunächst der **Dom St. Petri** auf, dessen Turm gerade einmal rund 100 Jahre alt ist. Rund um den **Rathausmarkt** erstreckt sich eine sehenswerte **Altstadt**, wobei das **Rathaus** mit seinem alten **Ständesaal** selbst schon ein echter „Hingucker“ ist.

Tipp: Am Südufer der Schlei liegt die Wikingerstadt Haithabu mit ihrem Wikinger-Museum. Es repräsentiert jene Zeit, als König Gudfred ab 808 die bestehende Siedlung zu einem wichtigen Handelsplatz ausbauen ließ.

Wikingerstadt Haithabu

Weiter geht´s nach der „Vereinigung" der beiden Routen-Alternativen ab Dannewerk via Klein Rheide, Kropp, und Fockbek nach Rendsburg. Nachdem wir im Fußgängertunnel den Nord-Ostsee-Kanal unterquert haben, rollen wir nach Jevenstedt.

Tipp: In Jevenstedt haben wir schon wieder die Qual der Wahl, dieses Mal aber mit „weitreichenden" Folgen: Links herum radeln wir über Nortorf, Neumünster, Hardebeck und Bad Bramstedt nach Uetersen. Die rechte Variante führt über Nienbostel, Hohenwestedt, Hohenlockstedt, Itzehoe, Lägerdorf und Elmshorn nach Uetersen.

Zunächst zur Ost-Route:
Rendsburg s. Tour 2. Der Marktflecken Nortorf wurde 1317 erstmals erwähnt – die Weihen zur Stadt wurden ihm aber erst 1909 zuteil. Zwei **Fachwerkhäuser**, wie sie im 18. Jahrhundert den Ackerbürgern gehörten, finden wir in der großen Mühlenstraße

In Timmaspe müssen wir genau hinsehen, denn der **ehemalige Ochsenweg-Krug** namens Goldener Ochse ist heute nicht mehr in Betrieb.

Am **Tierpark** von Neumünster kommen wir direkt vorbei. Wer sich von den Tieren loseisen kann, rollt automatisch auf den **Marktplatz** auf dem seit dem 14./15. Jahrhundert alle Straßen zusammengeführt werden. Weitere hübsche Gebäude finden wir an den Straßenzügen **Groß- und Kleinflecken**, die auf unserem Weg liegen.

Etwas abseits unseres Weges steht in Fuhlendorf ein **Granit-Meilenstein**, der das Monogramm des dänischen Königs trägt.
Bad Bramstedt und Itzehoe s. Tour 3.

Ein kleiner Exkurs führt über Bramstedt, wo wir im **Museum** der ehemaligen Grafschaft Rantzau vieles über die Region

erfahren können. Unweit davon steht eine **Wassermühle mit Müllerhaus** aus dem 19. Jahrhundert.

West-Variante:
In Hohenwestedt treffen wir wieder unsere „Tour-Namensgeber“: Es gibt eine Figurengruppe namens **Ochsentränke**. In Jahrsdorf ist es ähnlich, hier ist eine **steinerne Viehtränke** zu sehen. Noch viel älter sind die **Grabhügel** und das **ehemalige Urnengräberfeld** aus der Bronzezeit. Beides liegt direkt am Weg. Itzehoe s. Tour 3.

Hinter Itzehoe streifen wir weitläufige **Moore**, in denen noch heute Torf gewonnen wird. Die **Horster Kirche** ist ein interessanter Rechteckbau mit barocken Elementen. Nahebei gab es früher einen **Ochsenrastplatz.**

Wir radeln mitten durch Elmshorn. Vor dem Einbiegen nach links Richtung Bahnhof sollten wir aber rechts und dann links abbiegen, um den **Alten Markt** zu erreichen, an dem auch die Nikolaikirche von 1733 bzw. 1881 steht. Die **Fußgängerzone** lädt zum Relaxen ein, hier gibt es viele weitere sehenswerte Gebäude zu bestaunen.

In Uetersen laufen beide Routen wieder zusammen – Grund genug, hier eine Pause einzulegen – **Einkehrmöglichkeiten** gibt es dazu genug. In Schönheit schwelgen können wir im **Rosarium**, das am Mühlenteich zu finden ist.

Weiter geht´s zum Finale – die letzten paar Kilometer bis Wedel sind durch die Felder und an den Holmer Sandbergen vorbei schnell geschafft.

Am **Marktplatz** von Wedel endet unsere Tour entlang des **Ochsenweges** direkt am **Wedeler Roland**. Hier fand einst der Ochsenmarkt statt. Und – man höre und staune – es gibt den Markt immer noch, allerdings nun an der Schulauer Straße, und zwar an jedem 3. Mittwoch im April.

Tipp: Lust auf etwas Ausgefallenes? Dann besuchen Sie vor Tourenende noch das Buddelschiffmuseum am Schulauer Fährhaus.

Kartentipp:
ADFC-Regionalkarten 1:75.000 (siehe vordere Umschlagklappe): **„Schleswig/Flensburg“; „Hamburg - Kiel - Neumünster“**
Digital für Smartphones und Tablets:
www.fahrrad-buecher-karten.de/rk-digital

5 Emsland-Route

Von Rheine nach Papenburg

50 Touren Info

Hauptroute 285 km, inklusive Verbindungswege und Nebenrouten 900 km durchgehende Beschilderung, auch mit Kilometrierung für die Verzweigungen. Keine größeren Steigungen. Die Route führt meist abseits des Straßenverkehrs über separate Rad- oder Feldwege, daher perfekt für Familien.

Start: Rheine

Ziel: Papenburg oder Rheine

Info: Emsland Touristik GmbH, Meppen, Tel. 05931/92509-00, www.emsland.com

Das Emsland ist ein ausgesprochenes Fahrradland. Alles ist bretteben, es gibt ein hervorragend ausgebautes Radwegenetz, das alle größeren und kleineren Orte miteinander verbindet und es gibt keine nennenswerten Steigungen. Hinzu kommt eine abwechslungsreiche Landschaft, die durch sehenswerte Orte und Städte unterbrochen wird. Schlösser und Kirchen säumen genau so unseren Weg wie Wiesen, Weiden und Moore. Die Emsland-Route ist als Rundfahrt ausgelegt, d.h. auf unserer Fahrt von Rheine nach Papenburg brauchen wir nichts doppelt befahren, wenn wir den Rückweg auch per Rad planen. Durch Querverbindungen, Nebenstrecken, etc. können wir die erstaunliche Strecke von 900 km auf der Emsland-Route zurücklegen.

Eine Furt durch die Ems war der Grund dafür, dass an der Stelle des heutigen Rheine ein Ort entstand. Rund um den **Falkenhof** entwickelte sich im Laufe der mehr als 1.100 Jahre eine moderne Stadt mit **Shopping-Meile**, die noch zum Münsterland zählt. Der Falkenhof dient heute als **Museum**, in dem wir die Historie Rheines nachvollziehen können. Das Aushängeschild der Stadt ist ohne Frage der **Marktplatz** mit seinen tollen **Giebelhäusern**. Etwas außerhalb liegt **Schloss Bentlage** mit seinen **Erholungseinrichtungen**, der **Saline** und dem **Naturzoo**.

Tipp: In Rheine ist über das ganze Jahr hinweg etwas los. Ob Straßenparty, das Ems-Festival „Märchenhaftes Rheine" oder Deutschlands größter Kinderflohmarkt, ein

Blick auf die Homepage lohnt sich, um festzustellen, warum gerade so viele Menschen hier auf den Beinen sind.

Los geht´s am Bahnhof Rheine hinaus zum Ufer des Dortmund-Ems-Kanals, dem wir einige Kilometer nach Norden folgen, ehe wir nach Spelle abknicken. Wir rollen durch Beesten, Freren und Lengerich nach Haselünne.

Unsere ersten Kilometer sind sehr landschaftlich geprägt. Orte wie Spelle mit seinem **Fachwerk-Hof Wöhle**, der **Burg Venhaus** und dem **Moorlehrpfad Speller Dose** sorgen für Abwechslung. Auch beschilderte Exkurse wie nach Lünne sind zu empfehlen, denn dort gibt es eine **Landhausbrauerei** und einen **Bürgerpark mit Wasserrad**. Ein weiterer Abstecher führt von Freren nach Thuine zum **Großsteingrab** in der Kunkenvenne.

Wassermühle in Hüven

Direkt am Wegesrand können wir uns am Saller See erholen, in dem wir die **Kneippanlage** nutzen oder einfach in den See springen.

Ein saftig blühender **Bauerngarten** lockt in Gersten zur näheren Betrachtung, ehe wir im Zick-Zack-Kurs durch die Felder rollen nach Haselünne, der alten Korn- und Hansestadt, rollen. Die **Burgmannshöfe** in der Innenstadt sind der steinerne Beweis für die lange Tradition dieser Stadt. Traditionell auch im „hochprozentigen" Bereich: Die Produktion der **Kornbrennerei** können wir besichtigen und uns mit der ein oder anderen Flasche eindecken – aber bitte nicht zuviel probieren beim Radeln!

Weiter geht´s von Haselünne via Lähden und Hüven nach Sögel. Vorbei an Moorgebieten passieren wir Börger, ehe wir durch das Erholungsgebiet Börgerwald nach Papenburg kommen.

Die **Hüvener Mühle** müssen wir uns ganz genau ansehen, denn deren Kombination aus Wasser- und Windmühle findet man in Europa äußerst selten.

Sögel hat eine uralte Geschichte – davon zeugen die **Großsteingräber**, die aus der Steinzeit stammen. Durch geschickte Wegführung kommen wir direkt am Highlight des Ortes vorbei: **Schloss Clemenswerth**. Tolle

5

Woehlehof in Spelle

Alleen und Pavillions rahmen das barocke Jagdschloss ein.

In Börgerwald ist nicht nur für Familien mit Kindern eine große Pause angesagt, denn das Erholungsgebiet „Surwold´s Wald" hat mit Sommerrodelbahn, Märchenwald, Riesenrutsche, Minigolf und Klettergarten für Groß und Klein etwas zu bieten.

Dann wird´s schnurgerade. Parallel zum Splittingkanal kreuzen wir den Küstenkanal, rollen am **Papenbörger Hus** und am **Freilichtmuseum Von-Velen-Anlage** vorbei und gelangen ins Herz der nördlichen Ems-Metropole. 40 km lang ziehen sich die Kanäle durch die Stadt – überall gibt es **Klapp- und Zugbrücken**, die im Sommer liebevoll mit Blumen verschönert werden.

Allein das Bild, welches das **Museumsschiff Brigg Friederike** vor dem alten Rathaus abgibt, ist ein Traum. Nicht nur hier, sondern auch auf anderen Kanälen liegen **historische Schiffe** oder deren Nachbauten vor Anker. Das Zentrum mit **Amtsgericht**, **Heimatmuseum**, **Meyers Mühle**, **Forum Alte Werft** und **Bockwindmühle** machen einen ausgedehnten Aufenthalt notwendig.

International bekannt ist die **Meyer Werft**: Hier, in dem 370 m langen Trockendock, werden jene Schiffe gebaut, die Kreuzfahrer-Gefühle aufkommen lassen. Volksfest ist immer dann angesagt, wenn eines der riesigen Schiffe, wie z.B. aus der AIDA-Reihe, durch den engen Kanal ins offene Meer übergeleitet werden.

Tipp: Wer in Papenburg übernachtet, kann einen spannenden Ausflug mit dem Katamaran nach Borkum machen. Dafür brauchen wir nicht ans Meer – der Anleger ist hier im Papenburger Hafen.

Weiter geht´s entlang der Ems. Wir kommen durch Rhede, Heede, Lathen und Haren nach Meppen.

Wir rollen durch das **Naturschutzgebiet Emsauen**, das vielen bedrohten Tieren das Überleben sichert. Das **Landwirtschaftmuseum Rhede** ist symbolisch für diese Region. Es ist, wie so viele Häuser in dieser Gegend, in Backsteintönen gehalten. Das gilt auch für die alte Rheder Gedächtniskirche.

Ein kleiner Schlenker führt weg von der Ems durch den netten Ortskern von Heede. Am anderen Ufer lockt ein Abstecher zum **Informationszentrum Transrapid**.

An Lathen führt die Teststrecke der Magnetschwebebahn vorbei, so dass es auch hier

Venedig des Nordens – Papenburg

ein Besucherzentrum gibt. Wer sich eher für historische Sehenswürdigkeiten begeistern kann, findet im Ortskern einen klassizistischen **Marktbrunnen**.

In Haren ist wieder ein längerer Stopp angesagt, denn hier steht der wunderschön verschachtelte **Emsland-Dom** namens **St. Martinus**. Wie es sich für eine Schifferstadt gehört, gibt es auch ein **Schifffahrtsmuseum**, in dem es insgesamt 170 See- und Küstenschiffe sowie 50 Binnenschiffe zu bewundern gibt.

Wo Ems, Hase und Dortmund-Ems-Kanal zusammentreffen, liegt Meppen, das rund um sein altes **Rathaus** eine abwechslungsreiche Altstadt und die alte **Hubbrücke** zu bieten hat. Eines der schönsten Motive gibt die **Höltingmühle** ab. Wer´s noch älter mag, besucht das **Archäologiemuseum** in der Koppelschleuse.

Weiter geht´s von Meppen aus am Freizeitbereich Hackengraben und am Geester See vorbei nach Lingen. Nachdem wir nahe des Kraftwerks die Ems überquert haben, kommt eine kurze, schwer zu fahrende Passage ehe wir ganz relaxt durch die Felder an Emsbüren vorbei zurück nach Rheine gelangen.

Nachdem wir uns im Wassersport-Eldorado des **Geester Sees** erholt haben, erreichen wir Lingen. Das strahlend weiße **Rathaus** steht in exponierter Lage am **Marktplatz**. Nach mehr als 1.025 Jahren Geschichte ist Lingen heute die größte Stadt im Emsland. Kein Wunder, dass wir hier diverse kulturelle Einrichtungen, aber auch eine schöne Innenstadt zum Verweilen finden.

Emsbüren entführt uns zum Abschluss unserer Rundreise nochmal ins Reich der Natur. **Europas größtes Gewächshaus** bietet die Erlebniswelt Emsflower, am **Heimathof** erfahren wir im Garten alles über die Wirkung von Heilkräutern.

Kartentipp:
ADFC-Regionalkarte 1:75.000 (siehe vordere Umschlagklappe):
»Emsland/ Grafschaft Bentheim«
Digital für Smartphones und Tablets:
www.fahrrad-buecher-karten.de/rk-digital

6 Nordseeküstenradweg

Von Leer nach Ruttebüll

50 Touren Info

907 km, durchgehende Beschilderung. Keine Steigungen. Die Route führt meist abseits des Straßenverkehrs über separate Rad- oder Feldwege bzw. auf Nebenstraßen. Ohne Gegenwind gut für Familien.

Start: Leer oder niederländische Grenze

Ziel: Ruttebüll bzw. dänische Grenze

Info: Nordsee-Tourismus-Service GmbH, Husum, Tel. 04841/8975-0, www.nordseekuestenradweg.de oder www.northsea-cycle.com

Bei dem Prädikat „Die längste Radroute der Welt" war klar: Der Nordseeküstenradweg gehört unbedingt mit hinein in dieses Buch. Allerdings freilich nur der deutsche Teil, aber auch der ist schon stattliche 907 km lang. Addiert man die Abschnitte in Schottland, England, Belgien, Niederlande, Dänemark, Norwegen und Schweden hinzu, kommt eine unglaubliche Länge von 6.000 km zusammen. Wer Glück hat und nicht gegen den Wind radelt, erlebt unbeschwerte und leicht zu fahrende Radelträume, die sich meist in Küstennähe abspielen. Von Cuxhaven nach Hamburg radeln wir durchs Landesinnere, doch das berühmte „Alte Land" ist mehr als nur eine Alternative.

Leer nennt sich gerne „Das Tor Ostfrieslands". An der Emsmündung gelegen war Leer einst eine geschäftige Leineweberstadt, ehe sie sich auch als Hafenstadt etablierte. Mehr über die lange Tradition erfahren wir im **Heimatmuseum**. Das Stadtbild ist in den obligatorischen Backsteinfarben gehal-

Westerhever Leuchtturm

ten, typisch ist aber auch das Wasser, denn es gibt 750 ha Wasser in der Stadt! Das **Rathaus** steht direkt am kühlen Nass und gibt mit seinem Turm und den vielen Fenstern ein tolles Motiv ab. Ansehen sollten wir uns auch das **Hafentor**, die **Museumsschiffe** und die **Große Kirche**.

Los geht´s an der niederländischen Grenze oder in Leer. An der Emsmündung entlang radeln wir nach Emden, dann am Dollart entlang zur Nordsee. Auf unseren weiteren Kilometern geht es ab Norden / Norddeich immer an der Küste entlang, die Nordseeinseln fallen uns immer wieder ins Auge. Hinter Wilhelmshaven umrunden wir den Jadebusen und treffen nach einer kleinen Überfahrt in Bremerhaven auf die große weite Welt.

Emden besitzt den westlichsten deutschen **Seehafen** – hier werden vor allem Autos verschifft. Dass Emden nicht nur das kulturelle Zentrum Ostfrieslands, sondern auch noch eine der sehenswertesten Städte der Region ist, erkennen wir z.B. am Ratsdelft, wo sich das **Alte Rathaus** erhebt. Dessen Turm können wir besteigen und weit ins Land oder aufs Meer hinausblicken. Freunde der Muse sollten unbedingt die **Kunsthalle** ansteuern, denn hier gibt es interessante Gemälde und Plastiken zu betrachten, die von „Stern"-Verleger Henri Nannen zusammengetragen wurden.

Tipp: In Emden haben wir viele Möglichkeiten, einen Tag mit dem Element Wasser zu verbringen. Auf den Hafen- und Kanalrundfahrten brauchen wir nur zu staunen, wenn wir uns ein Kanu oder ein Tretboot leihen, müssen wir uns dabei selbst anstrengen. Auch Surfbrett oder Segelboot bieten sich als sportliche Alternativen an. In der Friesentherme können die Kinder im Erlebnisbereich toben, während sich die Eltern bei Wellness oder in der Sauna entspannen.

In Greetsiel können wir fangfrische Krabben genießen und / oder uns die „Greetsieler Zwillinge" ansehen, zwei Windmühlen aus den Jahren 1856 und 1921.

Norddeich ist eines der bekanntesten Seebäder der Region. Mindestens ebenso bekannt ist die Seehund-Aufzuchtstation. Etwas im Landesinneren liegt Norden mit seinem pittoresken alten **Stadtkern**, der vom **Schöninghschen Haus** und dem **Rathaus** dominiert wird.

Die nächsten Küstenorte enden häufig auf „Siel". Hinter dem Begriff verbirgt sich ein Entwässerungssystem, das hinter dem Deich gelegen ist.

Speicherstadt in Hamburg

Wilhelmshaven ist schon seit der Zeit des Kaisers ein wichtiger **Marinehafen**, zudem wird heute im Hafen viel Öl umgeschlagen. Am Hafen finden wir auch die **Kaiser-Wilhelm-Brücke**, die mit 159 m Länge die größte Drehbrücke Europas ist.

Der **Jadebusen**, den wir umradeln, ist ein von Sturmfluten verschont gebliebener Rest Land. Riesige Wellen sorgten bereits im Mittelalter dafür, dass ganze Landstriche abgespült wurden.

Bremerhaven entstand als Vorhafen Bremens, als die Weser flussaufwärts versandete. Die lange Geschichte Bremerhavens wird im **Deutschen Schifffahrtsmuseum** und im **Morgensternmuseum** dargestellt. Wer nach den vielen Radel-Kilometern Lust hat auf Essen, Trinken und Shoppen, ist in Bremerhaven genau an der richtigen Adresse. Wer eher die Natur sucht, geht in den **Zoo am Meer**. Hier finden wir Tiere, die nur in nordischen Regionen heimisch sind. Dasselbe gilt für die Lebewesen im **Nordsee-Aquarium**.

Weiter geht´s am Wattenmeer entlang nach Cuxhaven. Dann wenden wir uns erstmal ab vom Meer und rollen durch wundervolle Natur durchs Landesinnere via Stade nach Hamburg.

Das Nordseebad Cuxhaven ist einer der bedeutendsten **Fischereihäfen** Deutschlands. So ist es auch nicht verwunderlich, dass es Fischer und Lotsen waren, die ab 1570 hier an der 15 km breiten Elbmündung eine Siedlung etablierten. Ein Fischbrötchen oder andere maritime Leckereien zu genießen gehört in Cuxhaven ebenso dazu, wie sich die **Altstadt** und das **Schloss Ritzebüttel** anzusehen.

Tipp: In der Nordecke des Hafenbeckens von Cuxhaven ist die „Alte Liebe" gelegen. Als Landungsbrücke erbaut, dient sie heute als Aussichtsplattform. Wer mag, kann von hier auch Ausflüge nach Helgoland unternehmen.

Stade ist ohne Frage eines der Highlights unserer Nordsee-Tour. Denn hier präsentiert sich eine gut erhaltene **Altstadt**, die noch heute von den **Festungswällen** aus der Schwedenzeit umgeben ist. Fachwerkhäuser, die in engen Gassen stehen, Prachtbauten wie der **Schwedenspeicher** am Alten Hafen, das **Bürgermeister-Hintze-Haus**, der **Holzkran** am Hafen – all das und noch viel mehr können wir bewundern.

In Buxtehude finden wir ebenfalls Reste einer **Stadtmauer**, die eine **Altstadt** umschließen. Im Jugendstil ist das Rathaus gehalten, während der 75 m hohe Turm der **St. Petri-Kirche** das Bild prägt.

Zu **Hamburg** könnte man ohne Frage mehrere Bücher füllen, ohne erschöpfend auf alles Sehenswerte eingegangen zu sein. Die zweitgrößte Stadt Deutschlands wurde im 7. Jahrhundert erstmals erwähnt und legte nicht

Sand soweit das Auge reicht – St. Peter Ording

zuletzt als Hansestadt eine rasante Entwicklung hin. Nur wenige Orte Deutschlands werden stärker touristisch frequentiert. Die meisten Gäste zieht es zu den **St. Pauli-Landungsbrücken**, zum **Fischmarkt**, zur **Speicherstadt**, zum **Hamburger Dom**, zur Kunsthalle oder (abends) auf die Reeperbahn. Aber auch einfach das Flair an **Binnen- und Außenalster** oder in den vielen Grünanlagen der Stadt zu genießen, gehört zu einem Besuch der Metropole dazu. Ebenso natürlich eine Hafenrundfahrt, denn schon seit dem 12. Jahrhundert ist Hamburg das „Tor zur Welt", in dem täglich tausende Tonnen an Waren umgeschlagen werden. In den kleinen Barkassen starten wir an den Landungsbrücken unsere Tour und sind immer wieder beeindruckt von den Dimensionen der Ozeanriesen.

Weiter geht´s an der Elbe bzw. an der Nordseeküste entlang gen Norden. Berühmte Ortsnamen wie Elmshorn, Brunsbüttel oder Husum begleiten unseren weiteren Weg bis zur dänischen Grenze.

Elmshorn s. Tour 4, Itzehoe s. Tour 3, Brunsbüttel s. Tour 2.

Nachdem wir den Nord-Ostsee-Kanal passiert haben, durchradeln wir mehrere bekannte Nordseebäder wie **Büsum** mit seiner Krabbenfischerei, Tönning mit den alten Giebelhäusern, **St. Peter-Ording** mit seinem 12 km langen Strand oder **Friedrichstadt**, das Herzog Friedrich III. von Schleswig-Gottorf für Glaubensflüchtlinge aus den Niederlanden gründete. Daher darf es nicht verwundern, wenn uns die Grachten hier an Holland erinnern.

Theodor Storm nannte seine Heimatstadt Husum einst „graue Stadt am Meer", was am tristen Zementanstrich der damaligen Zeit lag. Heute begrüßen uns eine Reihe farbenfroher **Bürgerhäuser**, die den Auslöser unserer Kamera surren lässt.

Niebüll kennen viele als Verladestation der Autos auf den Zug nach Sylt. Dabei vergessen viele, das sehenswerte **Richard-Heizmann-Museum** zu besuchen, das im ehemaligen Rathaus untergebracht ist.

7 Alte Salzstraße

Streckentour von Lüneburg nach Travemünde

50 Touren Info

116 km, durchgehende Beschilderung als Radweg Alte Salzstraße, keine Steigungen. Die Route führt meist abseits des Straßenverkehrs über separate Rad- oder Feldwege. Für Familien bestens geeignet.

Start: Bahnhof Lüneburg

Ziel: Bahnhof Lübeck oder Travemünde

Info: Tourismus-Agentur Schleswig-Holstein GmbH, Tel. 0431/600583, www.sh-tourismus.de

Nur etwa 116 km lang ist der Fernradweg „Alte Salzstraße" dennoch ist er einer der absoluten „Muss-Radwege" für Tourenfahrer. Warum? Na, ganz klar: Die Strecke ist bestens ausgebaut und beschildert, fast komplett eben und autofrei. Und zu sehen gibt es auch noch eine ganze Menge: Die beiden Touristen-Magneten Lüneburg und Lübeck rahmen unsere Route ein, während wir unterbrochen von historischen Orten und Industriedenkmälern immer am Kanal entlang rollen. Radlerherz – was willst Du mehr?

Es fällt wirklich schwer, sich auf die Räder zu schwingen und los zu radeln, denn Lüneburg ist einfach großartig: Die Hansestadt blieb im Krieg verschont, so dass wir heute ein komplett intaktes **mittelalterliches Stadtbild** genießen können. Rund um das stattliche und reich verzierte Rathaus erstreckt sich eine Altstadt mit wunderbaren Fachwerkhäusern. Zu unserem Vergnügen ist auch fast alles vom Autoverkehr befreit. Als Wahrzeichen der Stadt gilt der **Alte Kran**, wobei als Keimzelle der Schulterknochen eines Wildschweines gilt. Ja, Sie haben richtig gelesen: Jäger, die das Tier einst erlegten, sollen Salzkristalle in seinem Fell gefunden haben. Und das Salz wurde fortan zum wichtigsten Rohstoff der damaligen Zeit, weil es zur Konservierung genutzt werden konnte. Bis zu 54 Siedehütten wurden hier in der Region betrieben, um das Weiße Gold zu gewinnen. Große Mengen wurden nach Lübeck transportiert – natürlich auf „unserer" **Alten Salzstraße**! An der Küste nutzte man dann 1 Fass Salz, um 5 Fässer Heringe zu konservieren. So konnten auch Menschen von dem schmackhaften Fisch kosten, die nicht direkt an der Küste

Hansestadt Lüneburg

wohnten. Der Wohlstand der Region ist also – zumindest der Erzählung nach – einem Wildschwein zu verdanken. Grund genug also, seinen Schulterknochen im Rathaus in Ehren zu halten. Im **Museum Lüneburg** oder im **Salzmuseum** erfahren wir noch viel mehr über die Historie der Hansestadt.

Fotomotive haben wir in Lüneburg reichlich: An vielen Stellen spiegeln sich die alten Hausfassaden im Wasser, das **Alte Kaufhaus** begeistert mit einem Barockgiebel und rund um den **Stintmarkt** gibt es nicht nur was zu sehen, sondern auch zu trinken – angeblich haben wir hier die höchste Kneipendichte Deutschlands.

Los geht´s am Bahnhof von Lüneburg, den wir nach rechts verlassen. Mit links-rechts Abbiegen rollen wir zuerst parallel zur Bahn und B 209 hinaus aus der Stadt. Die Radwegschilder „Alte Salzstraße" weisen uns zuverlässig den leicht ansteigenden Weg durch Erbstorf zum Ufer des Elbe-Seitenkanals. Wir radeln immer in Kanalnähe und überqueren hinter Fischhausen den Kanal. Ein paar Pedaltritte später sind wir in Lauenburg.

Kaum losgeradelt, gibt es schon wieder Grund, von den Rädern zu steigen: Mit einer spannenden Führung können wir erleben, wie die Benediktinerinnen einst das **Kloster Lüne** bewirtschafteten.

Am Kanal angelangt, sehen wir schon den nächsten Höhepunkt unserer Reise: Das **Schiffshebewerk Scharnebeck** ist eine Meisterleistung der Ingenieurskunst. Zwei 100 m lange Tröge sorgen dafür, dass Schiffe einen Höhenunterschied von 38 m ausgleichen können. Als die Anlage 1972 eröffnet wurde, war es die größte seiner Art weltweit. Ein Besuch der Ausstellung ist also Pflicht!

Völlig entspannt lässt es sich neben dem Kanal fahren: Brettl-eben, autofrei und immer wieder mit Blicken auf´s Wasser.

Die Altstadt Lauenburgs lockt dann wieder zu einer längeren Rast, denn sie konnte auch weitgehend erhalten werden. Hier sind wir in der südlichsten Stadt Schleswig-Holsteins – und zugleich an der Elbe angekommen. Wie in dieser Region üblich, sehen wir „rot", denn der rote Stein dominiert auch hier die Hausfassaden. Mittendrin ragt der spitze Turm der **Maria-Magdalenen-Kirche** empor. Nicht allzu viel Mühen kostet der „Aufstieg" zum Schloss, von dem aus wir eine tolle Sicht auf Stadt und Elbe genießen können. Hier oben finden wir auch noch den Schlossturm von 1656 und das Amtshaus von 1708. Im **Elbeschifffahrtsmuseum** erfahren wir, dass Lauenburg eine alte Schifferstadt ist und kön-

7

nen das auf dem Museumsdampfer „Kaiser Wilhelm" auch noch hautnah nachvollziehen.

Tipp: Wer genug Zeit im Gepäck hat, übernachtet in Lauenburg und unternimmt einen kleinen Tagesausflug mit dem Rad an der Elbe entlang. Der perfekt ausgebaute und beschilderte **Elberadweg** bringt uns ins 20 km entfernte Geesthacht. Die Stadt hat eine lange Industriegeschichte – was wir beim Vorbeifahren am Atommeiler Krümmel bereits erahnen können. Alfred Nobel gründete in Geesthacht im Jahre 1865 die erste Fabrik der Welt, in der Dynamit hergestellt wurde. Der gute Alfred hatte übrigens stets die friedliche Nutzung seiner Erfindung im Sinn. Als er bemerkte, dass die Militärs den Sprengstoff nutzen, um massenhaft Menschenleben zu vernichten, legte er in seinem Testament fest, dass mit seinem Vermögen Friedensbemühungen und andere Wohltaten für die Menschheit belohnt werden sollen. Das und noch vieles mehr erfahren wir im **GeesthachtMuseum**, das in einer alten **Fachwerkkate** untergebracht ist.

Weiter geht´s meist abseits des Straßenverkehrs und völlig ohne Steigungen von Lauenburg via Buchhorst, Dalldorf, Büchen und Siebeneichen nach Mölln.

Bei Büchen lohnt sich ein kleiner Abstecher auf die andere Kanalseite, denn in Büchen Dorf gibt es seit 1649 eine **Priesterkate**, die heute als Kulturtreff genutzt wird. Direkt daneben steht die **Marienkirche** mit wertvollen Deckenmalereien.

Im Jahre 1350 soll Till Eulenspiegel in Mölln verstorben sein – im Ort werden wir oft an ihn erinnert. So z.B. am **Marktplatz**, den ein Gedenkstein schmückt, oder im **Eulenspiegel-Museum**. Zu Füßen des **historischen Rathauses** können wir durch kleine Gassen schlendern und uns schöne alte Häuser, darunter viele mit Fachwerk, ansehen.

Tipp: Wer genug hat vom Sport, aber dennoch radeln möchte, geht ins **Museum „erlebnisreich"**, denn hier können wir eine virtuelle Radtour unternehmen und die Region kennenlernen.

Lübecker Stadtansicht

Weiter geht´s von Mölln nun am Ufer des Stecknitz- bzw. Elbe-Lübeck-Kanals entlang vorbei an der Donner- und der Behlendorfer Schleuse nach Berkenthin. Krummesse und Oberbüssau passieren wir noch, ehe wir in die Innenstadt von Lübeck gelangen. Wer mag, folgt der Willy-Brandt-Allee, kreuzt den Stadtgraben und folgt dem Radweg noch weiter bis Travemünde.

Der Stecknitzkanal sorgt nun für unbeschwertes Radel-Vergnügen. Erbaut wurde die Wasserstraße, die Lauenburg und Lübeck verbindet, ab 1392. Bei Berkenthin können wir wiedermal kurz das Ufer wechseln und uns die **Maria-Magdalena-Kirche** ansehen. Die Namensgeberin war die Schutzheilige der Stecknitzfahrer, die folgerichtig auf dem hiesigen Friedhof beigesetzt wurden. Wie beschwerlich deren Arbeit war, können wir auf dem historischen **Salzprahm** hautnah erleben.

Krummesse überrascht: Bezogen auf die Gesamtfläche verfügt der Ort über die längste Stadtgrenze Deutschlands. Da wir dies nur schwer nachvollziehen können, widmen wir uns lieber der **Kirche St. Johannis** und der alten **Kornbrennerei**.

Dann gelangen wir nach Lübeck. Das **Holstentor** ist DAS Wahrzeichen der Stadt – kaum eine andere Sehenswürdigkeit wird im Norden so oft fotografiert. Ähnlich bekannt ist ohne Frage **Café Niederegger**: Marzipan, Nougat, Trüffel und noch viele andere Leckereien mehr können wir hier in wohlschmeckender Perfektion genießen. So gestärkt machen wir uns auf, die Innenstadt zu erkunden, denn das **Rathaus** mit seiner Schaufassade aus Backsteingotik, die historischen Salzspeicher, das Burgtor und das schneeweiße **Buddenbrookhaus** müssen wir unbedingt gesehen haben. Die Türme der Marienkirche sind zwei der Sieben Türme, die in Lübeck „offiziell in den Himmel ragen".

Tipp: Es sind nur 20 km – genauer gesagt 20 wunderbare Radel-Kilometer, die uns noch von der Ostseeküste trennen. Also machen wir uns auf und rollen durch den Waldhusener Forst nach Travemünde. Wir umrunden die St.-Lorenz-Kirche und stehen ganz unvermittelt an der Mündung der Trave in die See. Die Sehenswürdigkeiten sind hier ganz anders als bisher auf unserer Reise: Am **Skandinavienkai** schauen wir uns die großen Fähren an und legen beeindruckt den Kopf in den Nacken, um den Blick nach oben auf das **Maritim-Hochhaus** zu riskieren. Das 125 m hohe Hotel sorgte dafür, dass das Licht des **Alten Leuchtturms** für die Schiffe nicht mehr zu sehen war. Den Leuchtturm gibt es aber immer noch. Bleibt nur die Frage: Beenden wir hier unsere Tour, oder gegenüber an der **Viermastbark „Passat"**? Oder doch lieber an der **Strandpromenade**?

Kartentipp:
ADFC-Regionalkarten 1:75.000 (siehe vordere Umschlagklappe):
„Hamburg und Umgebung"; „Lübeck und Umgebung"
Digital für Smartphones und Tablets:
www.fahrrad-buecher-karten.de/rk-digital

8 Brückenradweg

Von Osnabrück nach Bremen

50 Touren Info

Ostroute **141 km**, Westroute **159 km**, durchgehende Beschilderung. Nur zu Beginn bzw. am Ende der Tour einige kleinere Steigungen, die anstrengend sind, aber keine größeren Probleme darstellen sollten. Danach keine Steigungen. Die Route führt meist abseits des Straßenverkehrs über separate Rad- oder Feldwege, daher perfekt für Familien.

Start: Osnabrück

Ziel: Bremen oder Osnabrück

Info: Tourismusverband Osnabrücker Land e.V., Osnabrück, Tel. 0541/3234567, www.osnabruecker-land.de, Bremer Touristik-Zentrale, Bremen, Tel. 0421/3080010, www.bremen-tourism.de

Marsch, Moor und Geest – das sind die Landschaften, die uns auf unserem Weg von Osnabrück nach Bremen begleiten werden. Damit die Moore durchquert werden konnten, mussten Brücken gebaut werden. Heute sind sie Thema eines spannenden Radweges, der sogar zwei Alternativen für uns parat hält. Der Abwechslung wegen können wir auf dem Hinweg nach Bremen die eine, für den Rückweg nach Osnabrück die andere Route wählen. Langeweile kommt so garantiert nicht auf!

Wer hätte noch nicht von Osnabrück, der „Stadt des Westfälischen Friedens" gehört? Im Oktober 1648 wurden hier in Münster jene Friedensverträge unterzeichnet, die das Ende des 30jährigen Krieges besiegelten. Der Schauplatz dafür hätte besser nicht gewählt werden können: Noch heute ist das **Rathaus** mit seinem davor liegenden **Marktplatz** das Aushängeschild der Stadt. In dieses Ensemble gehören auch das **Erich-Maria-Remarque-Friedenszentrum**, die stolze **Marienkirche** und der **Dom St. Peter**. Ansehen müssen wir uns auch die Gemälde von **Felix Nussbaum**, einem jüdischen Maler, der im KZ Auschwitz starb. Nach soviel Kultur haben wir uns etwas Entspannung in der Fußgängerzone verdient, die sich direkt an die Altstadt anschließt.

Tipp: Mehr Natur und weniger Kultur finden wir im Zoologischen Garten, der 1936 als Heimattierpark entstand. Blühende Pracht

Römerbrücke bei Hunteburg

und üppiges Grün erwarten uns auf dem Westerberg. Hier gibt es einen Botanischen Garten, der auf 5,6 ha zu ausgedehnten Spaziergängen einlädt.

Los geht´s in Osnabrück. Für die Hinfahrt nach Bremen wählen wir die Ostroute, für die Rückfahrt die Westroute. Also rollen wir durch Belm. Nach einigen kleineren, aber doch anstrengenden Hügeln, weiten Feldern und Wiesen passieren wir Westerfeld und Hunteburg, rollen am Dümmer See vorbei und erreichen Diepholz.

In Belm können wir von den Rädern steigen, um die alte **Belmer Mühle** und die **Kirche St. Dionysus** zu besuchen.

Unsere Waden zwicken ab und an bei den Anstiegen, dafür wird die Seele mit herrlichen Ausblicken belohnt, ehe es hinunter geht Richtung Osterkallen, wo wir ein erstes beeindruckendes **Eisenbahnviadukt** bestaunen können. Schließlich sind wir ja auf dem Brückenradweg!

Bei Westerfeld haben wir die Möglichkeit, uns in den kühlen Fluten des **Kronensees** abzukühlen. Das gilt freilich auch für den **Dümmer See**, dessen Größe die des Kronensees noch bei Weitem übertrifft. Zwischendurch betrachten wir bei Hunteburg die alte **Römerbrücke**.

Genau parallel zur Bahnlinie erreichen wir Diepholz, das wir dann durch Abbiegen nach links genau in seiner Mitte besuchen. Auch hier gibt es ein reizvolles Stadtbild mit dem Alten und dem **Neuen Rathaus** sowie dem **Haus Münte**. Das strahlend weiße **Schloss Diepholz** weiss sich zudem mit seinem eckigen Turm in Szene zu setzen.

8

Barenaue

Weiter geht´s durch weites Marschland via Barnstorf, Twistringen, Bassum und Stur nach Bremen.

In Barnstorf steht die aus Backsteinen gefertigte spätromanische **Saalkirche St. Veit**, während wir in Twistringen die nächste historische Brücke bestaunen können. Ganz in der Nähe finden wir auch das exotische **Museum für Strohverarbeitung**.

Fachwerkträume werden in Bassum wahr, wenn wir die **„Freudenburg"** besuchen. Auch die Abtei ist in Fachwerk gehalten, die Einrichtung gibt es bereits seit 858. An der **Stiftskirche**, die schon seit dem 13. Jahrhundert hier steht, erkennen wir, dass Bassum das älteste Stift in Niedersachsen ist.

Die gotische **Backsteinkirche** und die **Wassermühlen** von Stuhr sind die letzten größeren ländlichen Sehenswürdigkeiten, ehe wir am Flughafen vorbei nach Bremen rollen. Wie es sich für den Brückenradweg geziemt, fahren wir über mehrere Brücken ins Zentrum. Einer der schönsten **Marktplätze** Deutschlands ist Ausgangspunkt für unsere Entdeckungstour durch die Hansestadt, die unzählige Sehenswürdigkeiten zu bieten hat. Die beiden wichtigsten, das **Rathaus** und die **Roland-Statue**, wurden zum UNESCO-Welterbe erklärt. Zur Besichtigung gehören auch die **Bremer Stadtmusikanten**, der **Dom St. Petri** und die herrlichen Fassaden an der **Böttcherstraße** und im **Schnoorviertel**.

Tipp: Eine außergewöhnliche Entdeckungsreise können wir in Barnstorf mit Jan Spieker, einer Eisenbahn auf Rädern, unternehmen. Sie entführt uns in den Naturschutzbereich und rollt auf 12 km durch Wälder, Wiesen und Moore. Wer lieber per pedes unterwegs ist, begibt sich auf den archäologischen Lehrpfad.

Weiter geht´s von Bremen wieder Richtung Süden. Hinter Kirchseelte zweigen wir nach rechts ab und nehmen die Westroute über Harpstedt, Hölingen und Goldenstedt nach Vechta.

In Goldenstedt lohnt ein kurzer Abstecher nach links, denn dort überspannt die hübsche **„Goldene Brücke"** die Fluten der Hunte. Ein Abzweig zum „Naturzentrum Haus am Moor" zeugt davon, dass wir durch ausgedehnte **Moorlandschaften** rollen, ehe wir Vechta erreichen. Diese Stadt tangiert unser Radweg zwar nur, ein Exkurs ins Zentrum lohnt sich aber, um sich den **Zitadellenpark**, die Nepomukbrücke, das **Rathaus** und **Gut Füchtel** anzusehen.

Weiter geht´s von Vechta über Lohne und Steinfeld nach Damme. Über Campemoor, Engter und Wallenhorst radeln wir dann wieder retour ins Zentrum von Osnabrück.

Unser Brückenradweg lotst uns eigentlich um Lohne herum, doch ist die Alternative „mittendurch" sehr „lohnenswert", denn die

Lindenallee

Innenstadt mit ihrem **Industriemuseum** lädt zum Verweilen ein und die **Wasserburg Gut Hopen** liegt ohnehin am Wegesrand. Nachdem wir wieder ein Stück der Bahnlinie gefolgt sind, geht es durch Mühlen, wo es eine Seefahrerschule zu sehen gibt. Steinfeld hat in seinem Ortskern überraschend viel zu bieten, so auch die Pfarrkirche St. Johannes oder die Lohgerberei. Etwas abseits ist das Kutschenmuseum zu finden.

Wem es nun warm geworden ist durch´s Radeln, kann bei Dümmerlohausen links nach Olgahafen abbiegen und in den Dümmer See springen.

Unser nächster großer Ort heißt Damme. Wuchtig wird er bewacht vom Turm der Pfarrkirche St. Victor. Ins Stadtmuseum Eintretende erfahren, dass in Damme lange Zeit Bergbau betrieben wurde – Erze wurden hier abgebaut.

Nach ein paar Schlenkern geht es schnurgerade durch das Dammer Moor und vorbei an einer alten Wasserburg.

Beim Mittellandkanal treffen wir auf Kalkriese, wo einst die Varusschlacht getobt haben soll. Hermann der Cherusker schafft es im Herbst des 9. Jahrhundert den zahlenmäßig weit überlegenen Römern eine entscheidende Niederlage beizubringen. Heute gibt es zu dieser bedeutsamen Geschichte ein Museum und einen Park.

Das Gebiet um Wallenhorst ist schon lang besiedelt, wovon ein Großsteingrab und die Wittekindsburg, eine Wehranlage aus dem frühen Mittelalter, zeugen.

Kartentipp:

ADFC-Regionalkarten 1:75.000 (siehe vordere Umschlagklappe)**:**
„Bremen und Umgebung“; „Bremen-Minden/Mittelweser“;
„Osnabrücker Land“

Digital für Smartphones und Tablets:
www.fahrrad-buecher-karten.de/rk-digital

9 Aller-Radweg

Von Seehausen (Magdeburger Börde) nach Verden

50 Touren Info

260 km, durchgehende Beschilderung ab der niedersächsischen Landesgrenze, von der Quel. Keine Steigungen. Die Route führt meist abseits des Straßenverkehrs über separate Rad- oder Feldwege, daher perfekt für Familien. Zu beachten ist, dass der Radweg im ersten Teil ab und an über schwer zu fahrende Feldwege führt.

Start: Allerquelle bei Seehausen, Magdeburger Börde

Ziel: Verden

Info: Tourismus Region Celle, Tel. 05141/909080, www.allerradweg.de

Die Aller ist ein Fluss, der noch weitgehend unbekannt ist. Zu Unrecht, denn mit 260 km Länge und 15.600 qkm Einzugsgebiet ist die Aller einer der längsten und wichtigsten Flüsse Deutschlands. Schon seit längerem gibt es daher auch einen gut ausgebauten Radweg, auf dem wir eine Lücke zwischen Elbe und Weser schließen können.

Nutzen wir diese Verbindung, sind es 285 km, beradeln wir nur den Aller-Radweg, sind es 260 km. Und die haben es in sich, denn mit Wolfsburg, Gifhorn, Celle Winsen und Verden sowie mit vielen anderen hübschen Orten haben wir eine ganze Reihe an Kunst und Kultur „abzuarbeiten“.

Los geht´s an der Allerquelle nahe Seehausen in der Magdeburger Börde. Durch kleinere Orte wie Hakenstedt, Weferlingen oder Oebisfelde gelangen wir nach Wolfsburg. Von hier aus ist es nicht mehr weit nach Gifhorn.

Hakenstedt geht auf ein Stiftungsgut zurück. Im Jahre 1142 wurde der Ort erstmals in Urkunden erwähnt.

Zusammenfluss von Aller und Leine

Allen Unkenrufen zum Trotz ist Wolfsburg eben DOCH mehr als „nur VW"! Die Vororte Fallersleben und Emmen tauchten in der Geschichtsschreibung schon 942 auf und eine Wolfsburg wurde als Sitz eines Adelsgeschlechtes Bartensleben 1302 erstmalig erwähnt. Das imposante Schloss entstand aus der Burg und erhielt um 1580 sein heutiges Aussehen im Stile der Weserrenaissance mit seinem markanten Zwiebelturm und den Ziergiebeln. Im hier ansässigen Heimatmuseum erfahren wir alles über die Geschichte von Schloss und Stadt, aber auch über Grafen, Ritter und Gespenster. Die **städtische Galerie** und der **Kunstverein** komplettieren das Angebot und garantieren Kurzweil. „Fallersleben" wird vielen ein Begriff sein – und wirklich: Hoffmann von Fallersleben, dessen berühmtestes Werk die deutsche Nationalhymne ist, stammte tatsächlich von hier. Klar, dass wir ihn hier in seinem **Museum** besuchen können, das wir im **Schloss Fallersleben** vorfinden. Recht neu und nicht nur auf Grund der außergewöhnlichen Architektur spektakulär ist **„Phaeno"**, die Experimentierlandschaft. Wissenschaft und Lust am Ausprobieren sind die Basis für 250 interaktive Experimentierstationen, Besucherlabore, Ideenforum und Wissenschaftstheater. Nicht nur Kinder können hier ihren Forscherdrang stillen. Noch mehr Lust auf Naturwissenschaft? Dann auf ins **Planetarium**, das für Kinder wie für Erwachsene verschiedene Programme bereithält. Musisch Veranlagte werden sich eher für das **Kunstmuseum** entscheiden, das Exponate verschiedenster Disziplinen beherbergt.

Tipp: Nicht komplett ist ein Wolfsburg-Besuch ohne Besuch der Autostadt. Die markanten Autotürme sind Selbstabholern neuer PKW vorbehalten, doch wir können in jedem Fall das (VW-) Automuseum ansteuern. Auf dem weitläufigen Gelände der Autostadt finden wir eigene Häuser mit verschiedenen Modellen der Marken Audi, Bentley, Lamborghini, Seat, Skoda und VW. Wer

9

Kloster Wienhausen

ausreichend Geduld oder vorgebucht hat, kann an einer Werkstour teilnehmen.

Gifhorn lag nicht nur günstig am Mündungswinkel von Aller und Ilse, sondern auch am Schnittpunkt der Alten Salzstraße und der Kornstraße – kein Wunder, dass es schon 1196 erwähnt wurde und sich im Laufe der Jahrhunderte zu einer ansehnlichen Kleinstadt mit einer sehenswerten Altstadt entwickelte. Die wichtigsten Sehenswürdigkeiten der Stadt liegen dicht beieinander. Vom **Mühlensee** aus war bereits das 1525 erbaute **Welfenschloss** zu sehen. Im **Kommandantenhaus** erfahren Sie alles Wichtige über dessen Geschichte und die Historie der Stadt. Jenseits der Konrad-Adenauer-Straße finden wir den **Marktplatz**, an dem alte und neue Gebäude direkt nebeneinander stehen. Schmuckstück ist das Alte (Fachwerk-) **Rathaus** aus dem Jahre 1562, in dem wir uns auch stärken können. Etwa aus derselben Zeit stammt das gegenüber liegende **Höfersche Haus**, das als Kauf- und Handelshaus entstand. Eher schlicht wirkt die **St. Nicolai-Kirche**, die um 1740 im protestantischen Barock errichtet wurde, in dessen Innern uns aber ein reich verzierter Kanzelaltar erwartet. Dass ein leitender Hofbeamter (Schlosshauptmann) zu den besser gestellten Bürgern gehörte, können wir eindrucksvoll am **Kavalierhaus** von 1546 sehen, in dem heute ein Museum für Wohnkultur untergebracht ist. Gleich zweimal können wir einen imposanten Blick über Stadt und Umgebung erhaschen – einmal vom südlich gelegenen **Wasserturm** (auf Wunsch mit Verpflegung im Panorama-Café) oder vom 54 m hohen **Aussichtsturm auf dem Katzenberg**. Da er 1900 in Memorandum an einen ehemaligen Bürgermeister erbaut wurde, nennt man ihn auch Müller-Turm. Auch der Name des „Berges“ hat eine Bedeutung: So wie die Katze ein kleines Haustier ist, kommt auch der Katzenberg eher klein daher.

Weiter geht´s durch Müden und Wienhausen nach Celle.

Celle ist wirklich eine Reise wert – es bietet soviel Abwechslung und Sehenswertes, dass Sie sich dafür reichlich Zeit nehmen sollten – ganz gleich, ob vor oder nach der Tour. An der

Ecke zum Schlossplatz liegt nicht nur das alte **Reithaus**, hier beginnt auch geradeaus die **Fußgängerzone** und rechter Hand erstreckt sich der **französische Garten**, in dem man herrlich entspannen kann. Er wurde als Nutz- und Lustgarten in der höfischen Gartentradition des 17. Jahrhunderts angelegt. In einer Ecke des Gartens finden wir im ehemaligen Orangeriegebäude das **Bieneninstitut**, welches sich vor allem Forschungsaufgaben widmet.

Das bedeutendste Bauwerk der Stadt ist das **Herzogschloss**. Die Anlage wurde bereits im 13. Jahrhundert gegründet und im Laufe der Jahrhunderte mehrfach umgestaltet, so dass uns heute ein interessanter Stil-Mix erwartet. In den Staatsgemächern residierte einst das Herzogpaar, die Möbel kamen teilweise nach einer aufwändigen Renovierung um 1980 herum dazu. Auch dem Theater wurde neues Leben eingehaucht, dem Können des hauseigenen Ensembles ist in einem der ältesten erhaltenen Hoftheater beizuwohnen. In der Nähe liegt das **„Erste 24-Stunden-Museum der Welt“**, das zu jeder Tages- und Nachtzeit Begegnungen mit moderner und zeitgenössischer Kunst ermöglicht. In der **Kalandgasse** wurden alle Gebäude von 1601 bis 1603 errichtet und mit interessanten Schnitzereien und lateinischen Bibelsprüchen verziert. Die Stechbahn war einst Turnierplatz und wird u.a. von der **Löwenapotheke** gesäumt. Vor diesem Haus finden wir ein Hufeisen im Pflaster: Genau hier soll 1471 Herzog Otto der Großmütige während eines Turniers zu Tode gekommen sein. Das Rathaus entstand 1292 nach Plänen Herzogs Otto des Strengen.

Weiter geht´s durch Winsen, Schwarmstedt, Hodenhagen und Rethem zur Mündung der Aller in die Weser bei Verden.

Haben Sie´s schon gemerkt? Winsen a.d.Aller ist anerkannter Luftkurort. Die größte Seenlandschaft der Lüneburger Heide, dazwischen Wälder und Heideflächen – Radlerherz, was willst Du mehr? In **Gut Sunder**, einem Herrenhaus aus dem 16. Jahrhundert bekommen wir im **NABU-Info-Zentrum** Hintergrundwissen über die Teich- und Moorlandschaft geliefert. Sehenswertes? Klar, auch das hat Winsen a.d.Aller zu bieten: Die **St. Johanniskirche** oder das **Stechinelli-Tor** zum Beispiel. Nicht nur den farblichen Mittelpunkt bildet das **Rathaus**: Rundherum gibt es einige schöne Häuser und noch mehr Cafés und Biergärten zu entdecken. Das Highlight liegt etwas abseits auf dem Galgenberg: Der **Winser Museumshof** stellt eine typische Hofanlage aus dem 17. bis 19. Jahrhundert dar, die uns zeigt, wie beschwerlich das Leben früher auf dem Lande war. Neu hier aufgebaut wurde **„Dat Grote Hus“** von 1795 – es dient heute als kultureller Mittelpunkt der Stadt. Nur ein paar Minuten entfernt steht das Wahrzeichen der Stadt, die **Bockwindmühle** aus dem Jahre 1732. Neben dem Mahlwerk können wir auch das restliche „Innenleben“ besichtigen.

Hodenhagen ist für seinen **Serengetipark** über die Landesgrenzen hinaus bekannt. Da wir kein Auto dabei haben, können wir mit einem der Safaribusse durch die Tiergehege fahren.

Die mehr als 1.000 Jahre alte Stadt Verden ist bei Pferdefreunden ein Begriff. Pferdeschauen und Auktionen gibt es hier gleich mehrere im Jahr, ebenso wie Turniere. Kein Wunder, dass es hier auch ein **Pferdemuseum** gibt. Nicht zu übersehen ist der wuchtige **Verdener Dom**, der schon um 1270 entstand.

Kartentipp:
ADFC-Regionalkarten 1:75.000 (siehe vordere Umschlagklappe):
„Landkreis Rotenburg (Wümme)“; „Hannover und Umgebung“;
„Braunschweig und Umgebung“; „Magdeburg und Umgebung“
Digital für Smartphones und Tablets:
www.fahrrad-buecher-karten.de/rk-digital

10 Elberadweg Teil 1

Von Bad Schandau bis Magdeburg

50 Touren Info

348 km, durchgehende Beschilderung. Keine nennenswerten Steigungen. Die Route führt meist abseits des Straßenverkehrs über separate Rad- oder Feldwege, daher perfekt für Familien. Zu beachten: Gelegentlich schwer zu fahrende Böden wie Spurwege oder Pflaster.

Start: Bad Schandau

Ziel: Magdeburg

Info: Koordinationsstelle Elberadweg Süd, Pirna, Tel. 03501/470147, Koordinationsstelle Elberadweg Mitte, Magdeburg, Tel. 0391/738790, www.elberadweg.de

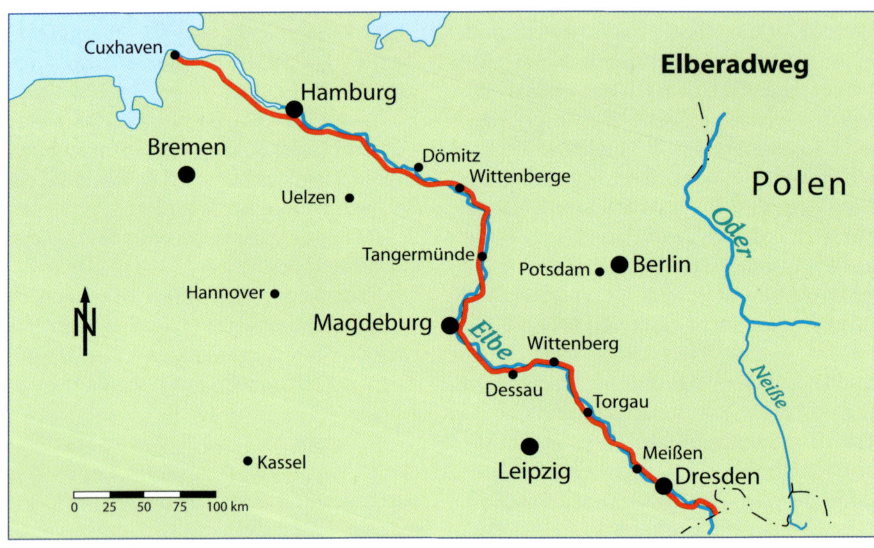

Aus dem Riesengebirge kommt sie und riesig wird sie auch noch in ihrem weiten Lauf bis zur Nordsee. Labe, so lautet ihr Name an der Quelle auf tschechischem Boden in 1383 m Höhe. Insgesamt legt die Elbe 1091 km zurück, die meisten davon auf deutschem Boden. Kaum hat sie die Grenze überschritten, schon plätschert sie durch einen der spektakulärsten Abschnitte des Elbsandsteingebirges. Und genau hier, in Bad Schandau, beginnt unsere Elbe-Radwanderung. Bis Magdeburg lernen wir nicht nur historische Orte und Städte, sondern auch ursprüngliche Landschaften kennen, die auf 40 km Länge zum UNESCO-Biosphärenreservat erklärt wurden.

Bad Schandau ist seit 1920 wegen seiner Heilquelle anerkannter Erholungsort. Im **Nationalparkhaus Sächsische Schweiz** erfahren wir mehr über diese einzigartige Region. Etwas außerhalb liegt der 1904 erbaute **Personenaufzug**, der in einem 50 m hohen Turm aus Stahl hinauf zu alten Holzvillen führt.

Blick auf den Meißener Burgberg

Schon nach wenigen Radel-Metern gibt es einen guten Grund, mit der Fähre aufs andere Ufer zu wechseln und einen anstrengenden Aufstieg zum 361 m hohen Tafelberg zu unternehmen – oben prangt seit 1200 mit der **Festung Königsstein** eine der größten und imposantesten Burgen Europas. In den 22 Gebäuden finden wir u.a. das Militärhistorische **Museum** und auch der 152 m tiefe **Brunnen** will entdeckt werden.

Tipp: Kennen Sie schon „Liquid Sound"? Hier, in der Toskana Therme von Bad Schandau können wir es kennen lernen, das Baden in Licht und Musik. Lassen Sie sich davon und von den anderen Attraktionen wie Wellnessbereich, Saunalandschaft oder Waterworld überraschen. So tanken Sie entspannt Kraft für die Tour entlang des Elbufers!

Los geht´s in Bad Schandau. Unterhalb der Festung Königsstein her folgen wir zwei Flussschleifen und passieren Pirna und Heidenau. Nach Dresden ist es nur noch ein Katzensprung.

Pirna gilt als „Tor zur sächsischen Schweiz" und glänzt rund um die **Stadtkirche St. Marien** mit einer sehenswerten **Altstadt** mit dem **Canalotto-Haus** und der **Postdistanzsäule**.

Unterwegs lockt ein Abstecher zum **Schloss Pillnitz**, das von gleich fünf Parks umgeben ist. Überregional bekannt ist die **japanische Kamelie** auf dem Weg zur **Orangerie**.

Die **Schifferkirche „Maria am Wasser"** begleitet unseren weiteren Weg zum **„Blauen Wunder"**, jener Brücke, die seit 1893 durch ihren hellblauen Anstrich begeistert. An den Hängen des gegenüberliegenden Ufers erspähen wir die drei **Elbschlösser**, ehe wir in Dresden von Sehenswertem praktisch übermannt werden.

Seit jeher ist Dresden eine der schönsten deutschen Städte – die vielen Gäste können nicht irren. Die **Altstadt**, die sich malerisch am Elbufer erhebt, bietet so viel Sehenswer-

10

Blaues Wunder

tes, dass man hier Tage verbringen könnte. **Semperoper**, **Zwinger**, **Brühlsche Terrasse**, Albertinum, **Katholische Hofkirche** und die wieder aufgebaute **Frauenkirche** lassen den Mund immer wieder offen stehen.

Weiter geht´s von Dresden über Radebeul und Meißen nach Riesa. Hinter Strehla wird es immer übersichtlicher und naturverbundener. Wir radeln durch Mühlberg, Belgern,Torgau, Dommitzsch und Pretsch, ehe wir Wittenberg erreichen.

Wir radeln durch den Dresdner Ortsteil Kaditz, der sich rund um die **Emmauskirche** seinen dörflichen Charakter bewahren konnte. In Radebeul sollten nicht nur Winnetou-Fans das **Karl-May-Museum** besuchen.

1709 gelang J.F. Böttger die Herstellung des ersten weißen Porzellans – schon ein Jahr später stand hier in Meißen die erste **Porzellanmanufaktur**, deren Produkte mit den gekreuzten Schwertern immer noch weltberühmt sind. Die Altstadt Meißens besteht aus dem Ensemble von **Burg**, **Dom**, **Bischofsschloss**, **Burgkeller** und **Frauenkirche**. Mehrere Jahrhunderte lang saßen hier die drei Gewalten Markgraf, Bischof und kaiserlicher Burggraf eng beieinander.

Im engen Elbtal grüßt uns das malerische Weindorf Seußlitz mit seinem **Barockschloss**, bevor es in Riesa wieder städtisch wird. Die Stadt ging aus einem 1119 gegründeten Kloster hervor – kein Wunder, dass das **Kloster** noch heute neben dem **Rathaus** eine der ersten Adressen für jeden Besucher ist.

Schon von weitem sehen wir **Schloss Strehla**, das aus dem 16. Jahrhundert stammt. Am Marktplatz steht nicht nur das **Rathaus**, sondern auch eine **Postmeilensäule**. Von historischer Bedeutung ist das 1993 errichtete **Elbedenkmal**, das an den 25. April 1945 erinnert, als sich hier das erste Mal amerikanische und sowjetische Truppen begegneten.

Das eher kleine Mühlberg lockt mit seiner **Klosterkirche**, dem **Schloss** und vielen historischen Gebäuden zu einem weiteren ausgedehnten Stopp.

Das gilt genauso für Torgau, wo schon das Tor zum **Schloss** sehenswert ist. Rund um den weitläufigen **Marktplatz** können wir uns z.B. das **älteste Spielwarengeschäft Deutschlands** ansehen, ehe wir uns im **Braumuseum** mit Hochprozentigem beschäftigen.

Auch in Pretsch haben wir ein **Schloss** zu besichtigen, ehe wir in Wittenberg in die Vergangenheit reisen. Hier ist natürlich das **Lutherhaus** mit dem **Reformatorischen Museum** die erste Adresse. Aber auch das Rathaus, die **Stadtkirche St. Marien** und die **Schlosskirche** sollten wir uns nicht entgehen lassen.

Tipp: Wir können in Riesa das 1. Deutsche Nudelmuseum besuchen, das sich im Nudelcenter der Teigwaren Riesa GmbH befindet.

Wer sich telefonisch anmeldet, kann auch die gläserne Produktion besuchen.

Villa Hamilton im Wörlitzer Park

Weiter geht´s von Wittenberg über Wörlitz und Dessau nach Aken. Mit optionalen Abstechern nach Barby und Schönebeck gelangen wir nach Magdeburg.

Wir radeln durch das **UNESCO-Biosphärenreservat „Mittlere Elbe"**, was atemberaubende Natur garantiert. Ein kleiner Abstecher führt nach Oranienbaum mit seinem **Schloss**, dann lassen wir unsere Räder stehen, um die **Wörlitzer Anlagen** zu besuchen: Eine unglaubliche Zusammenstellung von Bauwerken, Kunst und Gärten, die sich rund um den Wörlitzer See ziehen und im Schloss ihren Höhepunkt finden.

Dessau gibt es schon seit 1213, das im Ortsteil Waldersee gelegene **Schloss Luisium** erst seit 1780. In der Stadtmitte Dessaus entwarf Walter Gropius um 1926 das **Bauhaus**, ein Schul-, Werkstatt- und Ateliergebäude. Da es damals ein wichtiges Werk für die klassische Moderne war, gehört es inzwischen zum UNESCO-Welterbe. Gar nicht weit entfernt liegt das **Technikmuseum Hugo Junkers** mit einer Ju52/3.

„Prinzesschen" heißt der **Befestigungsturm**, der in Barby einst zur fränkischen Grenzfeste gehörte. Dazu gehört freilich auch ein Prinz – der ist allerdings ein barockes **Teehäuschen**. Unsere Schlössertour setzt sich auch in Barby fort – hier findet sich ein zweigeschossiges **Barockschloss** von 1715.

Gar nicht viel später kommen wir in Dornburg an einem weiteren **Schloss** vorbei. Die von 1758 stammende Anlage gilt als einer der schönsten Spätbarockbauten Deutschlands. Zu Schönebeck gehört auch der Kurort Bad Salzelmen, wo sich unsere Lungen am **Gradierwerk** erholen können. Beim Bau 1765 war es mit 1837 m wohl das längste der Welt. Klar, dass heute auch ein **Kurpark** und ein **Soleturm** nicht fehlen dürfen.

Es war um 805, als an einer Furt durch die Elbe Magadaburg (Mädgeburg) entstand, das sich an der Kreuzung wichtiger Handelsstraßen schnell zu einem wichtigen Standort entwickelte. Otto von Guericke, der im 17. Jahrhundert aktive Naturforscher und ehemalige Bürgermeister, hat vor dem neuen Rathaus heute alles im Blick. So auch die einladende **Fußgängerzone**, die gleich durch mehrere Shopping-Center ergänzt wird. Herausragend in jeder Beziehung ist der **Dom St. Katherina und Mauritius**, der zwischen 1209 und 1520 entstand und wie durch ein Wunder im Bombenhagel des 2. Weltkrieges verschont blieb. Ganz anders, aber nicht minder interessant ist die **„Grüne Zitadelle"**: Der österreichische Künstler Friedesreich Hiundertwasser schuf hier sein letztes Werk und sorge damit wie gewohnt für lebhafte Diskussionen. Wenn Sie einmal ganz außergewöhnlich nächtigen mögen, können Sie das im Ambiente des Hotels im Hundertwasserhaus tun.

Kartentipp:
ADFC-Radreiseführer 1:75.000
Elberadweg Süd, Spiralbindung

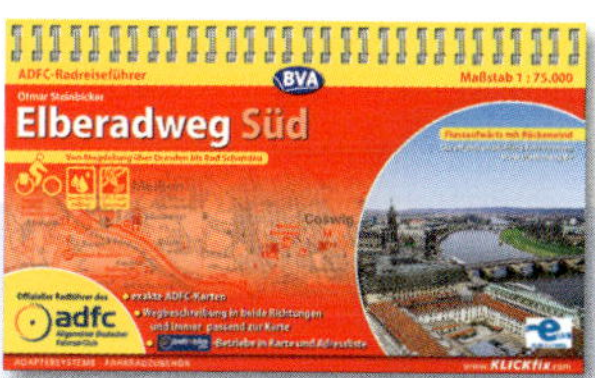

10 Elberadweg Teil 2

Von Magdeburg bis Cuxhaven

50 Touren Info

512 km, durchgehende Beschilderung. Keine nennenswerten Steigungen. Die Route führt meist abseits des Straßenverkehrs über separate Rad- oder Feldwege, daher perfekt für Familien. Zu beachten: Gelegentlich schwer zu fahrende Böden wie Spurwege oder Pflaster.

Start: Magdeburg

Ziel: Cuxhaven

Info: Koordinationsstelle Elberadweg Mitte, Magdeburg, Tel. 0391/738790, Koordinationsstelle Elberadweg Nord, Elbschloss Bleckede, Tel. 05852/951495, www.elberadweg.de

Unterschiedlicher könnten die Umgebungen nicht sein, in denen wir auf dem zweiten Teil unseres Elbe-Radweges unterwegs sind: Nach dem Start in Magdeburg geht es zunächst durch ruhige Landschaften, die teils unter besonderem Schutz stehen. Schon nach kurzer Zeit haben wir die Qual der Wahl, ob wir rechts oder links der Elbe radeln. Nachdem wir bei Boizenburg den ehemaligen Checkpoint des „Eisernen Vorhangs" passiert haben, tauchen wir bald ein ins quirlige Hamburg, das wir an den Highlights vorbei passieren. Dann müssen wir uns entscheiden, ob wir unsere Radreise rechtselbisch in Brunsbüttel oder linkselbisch in Cuxhaven enden lassen.

Gleich zu Beginn unserer Radreise sehen wir ein Meisterwerk der Ingenieurskunst: 2003 wurde das **Wasserstraßenkreuz** eröffnet. Eine 918 m lange Stahlwanne lotst die Schiffe auf dem Mittellandkanal über die Elbe – ganz ohne Ampeln!

Los geht´s in Magdeburg. Via Rogätz, Parey,Tangermünde Arneburg und Werben gelangen wir nach Wittenberge, wobei wir oftmals zwischen zwei Radwegen beiderseits der Elbe wählen können.

Seit dem 12. Jahrhundert war Jerichow Heimstatt eines **Prämonstratenserstiftes**. Durch die lutherischen Reformen wurde das Kloster im 16. Jahrhundert aufgelöst. Für uns bleibt ein bis heute sehenswertes **Backstein-Ensemble**, das von einer 1 km langen Mauer beschützt wird.

Zur Elbe hin zeigt sich Tangermünde von seiner Paradeseite. Über die wuchtige, um 1300 erbaute Stadtmauer schauen die Tore, die **Burg** sowie die **Kirche St. Stephan** heraus. Der Grund für die wunderschönen alten Gebäude liegt darin, dass Kaiser Karl IV. seine Nebenresidenz hierher verlegte und damit Tangermünde zur Reichshauptstadt krönte. Als er nur 5 Jahre später starb, war dieser Status schon wieder Geschichte.

978 sprach man im ottonischen Reich von einer Adlerburg. Aus ihr erwuchs eine schmucke Kleinstadt, die wir heute als Arneburg durchradeln. Der Aufstieg zum **Burgberg** lohnt sich, um die Mauerreste zu bestaunen, vor allem aber, um die Aussicht auf die Elbe zu genießen.

Über die roten Dächer der Havelberger Häuser schaut der **Dom St. Marien**, der im 12. Jahrhundert auf dem „Marienberg" erbaut wurde.

Auch Werben ging einst aus einer Burg hervor – die Stadtrechte bekam es schon 1151 verliehen. Zu Recht, denn vom 13. bis zum 16.

Reetdachhaus in Baalje Krummdeich

Jahrhundert gehörte Werben zu den 80 deutschen Reichsstädten. Dies waren jene Städte, in denen die Reichstage, die Versammlungen der Kaiser und Könige, gehalten wurden.

Rühstädt hat mit dem **Schloss**, der **Dorfkirche** und dem **Wasserturm** ebenfalls Historisches zu bieten. Die Highlights schweben aber hoch über den Dächern der Stadt: Viele **Jungstörche und Storchenpaare** haben diesen Ort zu ihrer Heimat auserkoren.

In Wittenberge zeugt der Stahlbetonbau des ehemaligen **Singer-Werkes** davon, dass hier ab 1903 die größte und modernste Manufaktur Europas für Nähmaschinen entstand. Nach dem 2. Weltkrieg arbeiteten im Nachfolgebetrieb „Veritas" bis zu 2.000 Menschen, um 1990 wurde die Fertigung eingestellt.

Tipp: Jedes Jahr wird am letzten Juli-Wochenende in Rühstädt das Storchenfest gefeiert. Doch nicht nur zu dieser Zeit ist ein Besuch des NABU-Besucherzentrums mit einer „Live-Schaltung ins Nest" empfehlenswert.

Weiter geht´s von Wittenberge nach Schnackenburg und weiter über Besandten, Hitzacker, Neu Darchau, Bleckede und Boizenburg nach Lauenburg.

Wir radeln durch das ehemalige „Grenzgebiet, was sich in Schnackenburg, Niedersachsens kleinster Stadt, bemerkbar macht. „Halt! Hier Grenze" lautet die Schrift auf dem Schild vor dem **Grenzlandmuseum**, das in einem alten **Fischerhaus** untergebracht ist. Zum Museum gehört auch die **Gedenk- und Begegnungsstätte Stresow**. Von 1972 bis 1974 wurden die Einwohner dieses Dorfes in der Aktion „Ungeziefer" zwangsumgesiedelt und die Häuser zugunsten des DDR-Schutzstreifens eingeebnet.

Dömitz war lange Zeit die stärkste mecklenburgische **Grenzfeste**. Dafür wurden Erdwälle mit Eckbastionen in Form eines Fünfecks angelegt. Ein Besuch der mächtigen Anlage lohnt sich auch, um dessen Geschichte im Museum zu erfahren.

Dünen mitten im Land? Bei Klein Schmölen finden wir eine 2 km lange und bis zu 600 m breite **Wanderdüne**, die aus der letzten Eiszeit übrig geblieben ist.

Alle Deutschen freuten sich über die Deutsche Einheit – die Einwohner von Rüter-

Hafenstadt Cuxhaven

berg dürften sich aber ganz besonders gefreut haben, denn die 150 Menschen waren jahrelang zwischen zwei Grenzzäunen eingepfercht und konnten ihr Dorf nur über ein von Grenzern bewachtes Tor verlassen. Und das auch nur bei Tag – nachts war die Passage verschlossen.

In Hitzacker kommen Weintrinker auf ihre Kosten. Hier finden wir den **nördlichsten Weinberg Deutschlands**. Wer sich anderen Genüssen hingeben mag, besucht das **archäologische Zentrum**, die **Kirche St. Johannis**, die **Drawehner Torschänke** oder das **alte Zollhaus**.

Von einem romantischen Wassergraben ist das **Elbschloss Bleckede** umgeben. Die zweiflüglige Anlage bietet reichlich Platz für das **Infozentrum Elbtalaue**. Auch der Ort Bleckede selbst ist mit seinen Fachwerkhäusern einen Besuch wert.

Das Stapelrecht führte in Lauenburg zu großem Wohlstand. Immerhin lag die Stadt nach der Eröffnung des **Stecknitzkanals** 1398 am wichtigen Handelsweg von Lübeck nach Hamburg. Der Kanal wurde damals „nasse Salzstraße" getauft und Lauenburg bekam das Stapelrecht zugeschrieben. Heute finden wir eine sehenswerte **Altstadt** vor.

Tipp: Inmitten der Fachwerk-Altstadt von Boizenburg finden wir das „erste deutsche Fliesenmuseum". Es basiert auf der hier im Jahre 1903 begonnen Produktion von Wandfliesen.

Weiter geht´s von Lauenburg über Geesthacht mitten hinein in die Hamburger Innenstadt.

Wir radeln vorbei an der Holländer-Windmühle und der **Kirche St. Nikolai** von Artlen-

burg. Hinter der Staustufe Geesthacht passieren wir das Zollenspieker Fährhaus und später die **St. Pankratius-Kirche**. Letztere steht schon auf Hamburger Stadtgebiet. An einigen der wichtigsten Sehenswürdigkeiten Hamburgs wie z.B. den Landungsbrücken radeln wir direkt vorbei.
Hamburg s. Tour 6

Weiter geht´s von Hamburg aus entweder am rechten Elbeufer entlang über Wedel, Elmshorn und Glückstadt nach Brunsbüttel, oder wir fahren ab Hamburg linkselbisch via Jork, Stade, Krautsand, Freiburg und Otterndorf nach Cuxhaven.

Kartentipp:
ADFC-Radreiseführer 1:75.000
Elberadweg Nord, Spiralbindung

Wenn wir unsere Elbe-Tour am linken Elbufer fortsetzen, radeln wir den Nordseeküsten-Radweg in entgegengesetzter Richtung als in Tour 6 beschrieben. Infos zu den Städten und Sehenswürdigkeiten sind in jenem Kapitel beschrieben.

Alternativ können wir rechts der Elbe weiterradeln. Hier finden Sie weiterführende Informationen in den Tourenbeschreibungen 3 und 4.

11 Weser-Radweg

Von Hannoversch Münden bis Bremerhaven

50 Touren Info

425 km, durchgehende Beschilderung. Nur zwei kleinere Steigungen. Die Route führt meist abseits des Straßenverkehrs über separate Rad- oder Feldwege, daher perfekt für Familien.

Start: Hannoversch Münden
Ziel: Bremerhaven
Info: WeserKontor GmbH, Bremen, Tel. 0421/5980800, www.weser-radweg.de

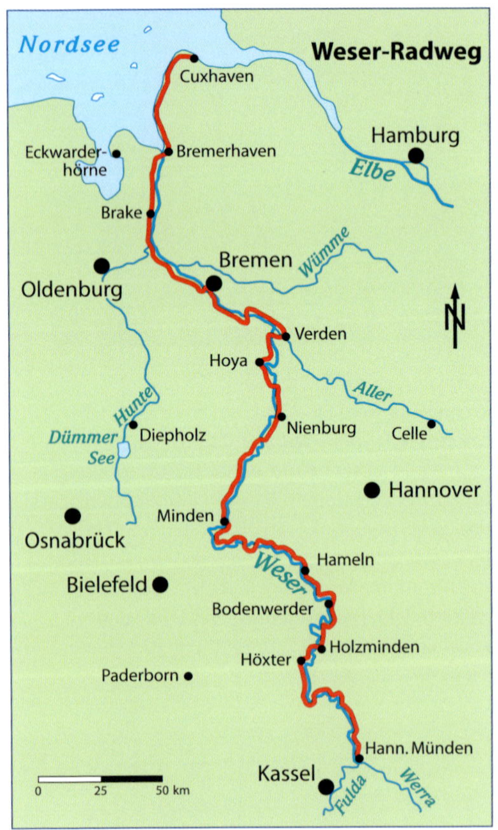

Seit 1899 ist folgender Reim auf dem Weserstein in Hannoversch Münden zu lesen: „Wo Werra und Fulda sich küssen, sie ihre Namen büßen müssen. Und hier entsteht durch diesen Kuss, deutsch bis zum Meer der Weser Fluss". Hier beginnt die 440 km lange Reise der Weser, die zunächst durch das Mittelgebirge des Weserberglandes, dann durch das Geest- und Marschland führt. Ab Bremen bestimmen die Gezeiten den Pegelstand des Flusses, ehe er bei Bremerhaven in die Nordsee mündet. Ein bestens ausgebauter Radweg begleitet die Weser auf ihrer gesamten Länge. Die „Macher" des Radwegs haben es geschafft, uns bis auf zwei kleinere Steigungen jegliche größeren Anstrengungen zu ersparen, so dass einer entspannten Radreise nichts im Wege steht.

Der Weser-Radweg hält für uns gleich zu Beginn einen „Knaller" bereit: Am Zusammenfluss von Werra und Fulda erheben sich die altehrwürdigen Gebäude von Hannoversch Münden. Aus einer großen Anzahl schmucker **Fachwerkhäuser** ragt die **St. Aegidien-Kirche** empor, die 1626 zerstört wurde, als nebenan ein **Pulverturm** explodierte.

Das danach errichtete Bauwerk konnte in den meisten Teilen in die heutige Zeit gerettet werden. Unser Streifzug durch die Innenstadt führt u.a. vorbei am **Welfenschloss**, das im Stil der Weserrenaissance erbaut wurde. Unter einer der ältesten und schönsten **Steinbrücken** Deutschlands fließen seit 1230 die letzten Tropfen der Werra.

Bad Karlshafen

Tipp: Zunächst kurbeln wir auf den 220 m hohen Rabanenkopf hinauf, dann führen 129 Stufen zur Tillyschanze, von wo aus wir einen beeindruckenden Blick über die Gegend genießen können. Seit 1885 gibt es diesen burgartigen Aussichtsturm. Kohlenhydrate können wir gleich hier oben in der gleichnamigen Waldgaststätte „tanken".

Los geht´s in Hannoversch Münden. Hinter Reinhardshagen tauchen wir ein in den wohl spektakulärsten Teil des Radwegs – hohe Berge und viele Flusswindungen begleiten unseren Weg über Bodenfelde, Bad Karlshafen, Beverungen, Höxter, Holzminden und Bodenwerder nach Hameln.

1342 entstand der kleine Ort Veckerhagen mit einer barocken **Dorfkirche** inmitten alter **Fachwerkhäuser**. Ebenfalls im Barockstil ist das **Jagdschloss** gehalten.

Etwas abseits vom Radweg und durch eine Steigung zu erreichen liegt die **Sababurg**. Sie gilt im Reinhardswald als „Dornröschenschloss" der Gebrüder Grimm. Ursprünglich wurde sie 1334 auf Geheiß des Mainzer Erzbischofs erbaut.

An der Mündung der Diemel gründeten Hugenotten um 1699 die Stadt „Sieburg". Nachdem wenig später durch die Initiative des Landgrafen Carl mit dem Bau eines Kanals begonnen wurde, sprach man schnell von einem Carlshafen. Die Kanalarbeiten wurden alsbald wieder beendet, die Stadt jedoch wuchs immer weiter, vor allem um das **Rathaus** herum, das ebenso wie viele andere schmucke **Barockgebäude** am Hafenbecken entstand. Den Beinamen „Bad" trägt der Ort, weil heilende Sole gefunden wurde.

Beverungen lohnt ebenfalls eine längere Pause, nicht nur wegen seiner **Fachwerkhäuser**, aber auch: Ein besonders schönes Exemplar ist das **Cordt-Hostein-Haus** von 1662.

Höxter, eine der ältesten Städte Norddeutschlands, hat eine Menge Sehenswertes zu bieten. In der Altstadt finden wir das historische Rathaus, die Dechanei, die Kiliankirche und viele weitere Prachtbauten. Das Highlight Höxters erwartet uns, wenn wir aus der Stadt heraus radeln: Das **Kloster Corvey** gibt

Krabbenkutter Wremen

es an dieser Stelle schon seit 830. Mit dem Westwerk (885), der **Barockkirche** (1674), dem **Schloss**, der **Bibliothek** mit 7.000 Bänden, dem **Museum** und dem Schlossgarten mit Restaurant wird es uns mehrere Stunden in seinen Bann ziehen.

Das Zentrum Holzmindens wird vom baumgesäumten **Marktplatz** angezeigt, an dem sich die **Luther-Kirche** und sehenswerte Fachwerk-Bauten empor recken. Der Hausberg der Stadt ist der **„Monte Bello"**, der kahlköpfige, 503 m hohe Köterberg.

In Bodenwerder dient der einstige Stammsitz derer von Münchhausen heute als **Rathaus**. Kein Wunder, dass der phantasievolle Geschichtenerzähler wie z.B. im **Erinnerungszimmer** oder am **Münchhausenbrunnen** allgegenwärtig ist. Auch die **Kanonenkugel** darf natürlich nicht fehlen.

Die historische Altstadt Hamelns ist vom Radweg aus bequem zu erreichen. Aufgrund der Touristenscharen sollte das Sightseeing aber besser per pedes erfolgen. Ganze Busladungen von Besuchern folgen dem Flötenspiel durch die Stadt und horchen der Rattenfängersage. Vergessen SIE aber nicht, die wahre Geschichte zu erfahren! Mit Kindern folgen Sie am Besten den aufgemalten Ratten und lernen mit aufgestellten Tafeln alles Wissens- und Sehenswerte. Es geht vorbei am **Rattenkrug**, Bürgerhus, **Lückingschem Haus**, **Hochzeitshaus** und **Marktkirche**.

Weiter geht´s von Hameln über Hessisch Oldendorf und Rinteln hinein ins Westfalenland. Via Vlotho, Bad Oeynhausen, Porta Westfalica und Minden streben wir dann mit der Weser gen Norden. Petershagen, Nienburg, Hoya und Verden (Aller) geleiten uns in die Hansestadt Bremen.

Bei Hessisch Oldendorf können wir die **Schaumburg** und **Paschenburg** kaum übersehen, die uns vom Berg aus grüßen.

Der Marktplatz von Rinteln ist dicht bestanden mit historischen Gebäuden, allen voran das **Rathaus**, das **Bürgerhaus** und die **Kirche St. Nikolai**.

Auch in Vlotho gibt es Fachwerk, aber auch „tolles Blech" zu sehen: Im Motortechnica-Museum warten auf uns über 1.000 Ausstellungsstücke, darunter 220 Motorräder, 120 Autos, Schienenfahrzeuge und vieles mehr.

Als Oberbergrat Karl Freiherr von Oeynhausen 1839 Bohrungen durchführen ließ, um ein Salzsteinlager zu finden, stieß man auf eine Solequelle – dies war die Initialzündung für diesen Ort. Aus den vereinzelten Bauernhöfen wurde ein bis heute beliebter und etablierter Kurort. Der Besuch des **Kurparks** mit seinem **Badehaus** ist Pflicht.

Berühmter als die alten Häuser des Kneippkurortes Porta Westfalica ist nur das **Kaiser-Wilhelm-Denkmal**, das 203 m über uns prangt.

In Minden ist wieder Stadtfeeling angesagt: Die einladende Fußgängerzone führt uns u.a. vorbei an **Marien- und Martinikirche**, **Heeresbäckerei**, **Proviantmagazin** und

Klimahaus in Bremerhaven

Museumszeile. Letztere besteht aus sechs ehemaligen Bürger- und Kaufmannshäusern und beherbergt das Mindener **Museum für Gesichte, Landes- und Volkskunde**. Das imposanteste Bauwerk der Stadt ist der **Dom St. Peter**, dessen Ursprünge bis ins 11. Jahrhundert zurückreichen. Kurz hinter Minden kommen wir am **Wasserstraßenkreuz** vorbei, einem Meisterstück der Ingenieurskunst.

In Petershagen können wir im **Schloss Petershagen** regenerieren, denn hier ist heute ein Hotel mit Restaurant-Café untergebracht. Wer´s lieber rustikaler mag, kann auch „Rast im Knast" machen und im denkmalgeschützten Gefängnis übernachten.

Die Erkundung von Nienburg hat man uns einfach gemacht: Wir können auf 3 km den Spuren eines Braunbären folgen. Diese führen uns zu den wichtigsten Stationen wie **St. Martins-Kirche**, **Rathaus**, **Stadtkontor**, **Posthof**, **Fresenhof** oder **Quaet-Faslem-Haus.** Den Hunger können wir im Café-Restaurant St. Martin stillen – hier stehen 102 Varianten von Pfannkuchen zur Auswahl.

Verden s. Tour 9, Bremen s. Tour 8.

Tipp: Ein kurzer, aber durch den Berg anstrengender Abstecher führt von Rinteln zum Besucherbergwerk Kleinenbremen. Hier gondeln wir gemütlich mit einem feuerroten Triebwagen in die stillgelegte Eisenerzgrube Wohlverwahrt und erfahren alles über die mühselige Arbeit vergangener Tage.

Weiter geht´s von Bremen gen Nordsee, die wir über Vegesack, Elsvleth, Brake und Nordenham bei Bremerhaven erreichen.

Bremerhaven s. Tour 6.

Kartentipp:

ADFC-Regionalkarten 1:75.000 (siehe vordere Umschlagklappe): **„Cuxhaven/Bremerhaven"; „Bremen und Umgebung"; „Bremen-Minden/ Mittelweser"; „Weserbergland"**

Digital für Smartphones und Tablets:
www.fahrrad-buecher-karten.de/rk-digital

12 Mecklenburgischer Seen-Radweg

Von Lüneburg bis Usedom

50 Touren Info

664 km, durchgehende Beschilderung. Gelegentlich kleinere bzw. leichte Steigungen. Die Route führt meist abseits des Straßenverkehrs über separate Rad- oder Feldwege. Der Bodenbelag variiert von Asphalt über Sand bis Pflaster. Kinder sollten daher sicher auf dem Rad sein.

Start: Lüneburg

Ziel: Usedom

Info: Tourismusverband Mecklenburg-Vorpommern e.V., Rostock, Tel. 0381/4030550, www.auf-nach-mv.de

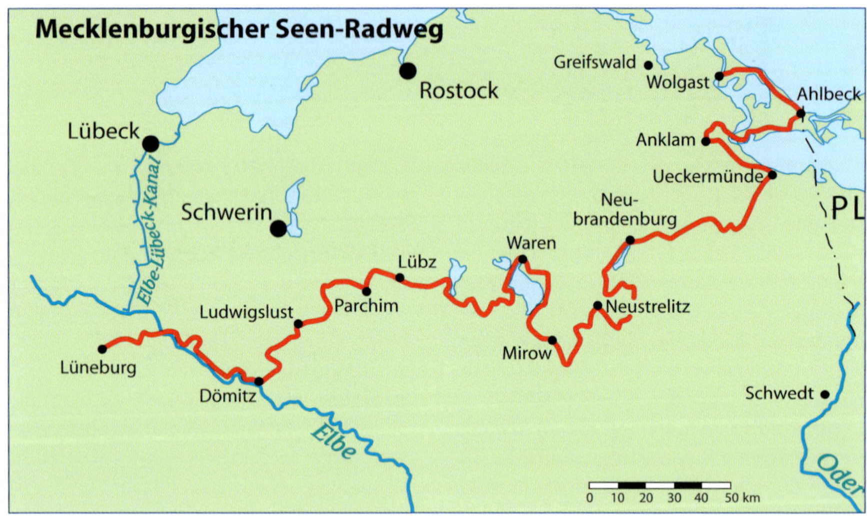

Das Motto des Mecklenburgischen Seen-Radwegs lautet: „Immer dem Wasser nach". Und auch das „Begleitprogramm" kann sich mehr als sehen lassen: Nach dem Start in der alten Salzsiederstadt Lüneburg folgen wir ein Stück lang der Elbe bis zur Festungsstadt Dömitz. Entlang der Elde bzw. deren Kanal kommen wir vorbei an den Binnendünen von Klein Schmölen und Schloss Ludwigslust, ehe wir in die berühmte Mecklenburgische Seenplatte einrollen. Von Anklam aus geht es schließlich in einem weiten Bogen über die Insel Usedom, um die lange Tour schließlich bei Wolgast zu beenden.

Lüneburg bietet eine solche Fülle von Sehenswertem, dass wir Tage hier verbringen könnten: Wahrzeichen der Stadt ist der **Kran** am **Fischmarkt**, neben dem der ehemalige **Heringsspeicher** und die **Lüner Mühle** empor ragen. Weiter an der Ilmenau entlang treffen wir auf die **St. Johannis-Kirche** und den **Wasserturm**, der an der Stelle einer alten **Wehranlage** steht. Ein wenig außerhalb liegt das **Deutsche Salzmuseum**, das an jene Zeit erinnert, in der das „weiße Gold" Lüneburg zu großem Wohlstand verhalf. Der zentrale Platz „Am Sande" wird von **Patrizierhäusern** umrahmt. Das größte aus

dem Mittelalter erhaltene **Rathaus** finden wir am Markt.

Los geht´s in Lüneburg. Am Schiffshebewerk kreuzen wir den Elbe-Seitenkanal, um Bleckede an der Elbe zu erreichen. Entspannt rollen wir an der Elbe entlang, die wir bei Dömitz wieder verlassen. Gemeinsam mit dem Radfernweg Elbe-Ostsee radeln wir über Ludwigslust, Neustadt-Glewe, Parchim und Lübz nach Plau am See.

Das **Schiffshebewerk Scharnebeck** hebt mit Gegengewichten die Schiffe in nur drei Minuten auf- und abwärts. Dieses mächtige Schauspiel können wir von einer Plattform aus beobachten.

Die fünfeckige **Flachlandfestung** von Dömitz gilt als eine der am Besten erhaltenen in Europa (s.a. Tour 10-2). Wenn wir auf den Festungsturm steigen, können wir nicht nur die Ausmaße der Anlage, sondern auch einen herrlichen Rundumblick in drei Bundesländer genießen. Bis zu 30 m hoch sind die **Binnen-Wanderdünen** bei Klein Schmölen – dies ist in Europa einzigartig.

Mit **Ludwigslust** erreichen wir unbestritten einen der Höhepunkte unserer Radreise. „Mecklenburgisches Versailles" ist nicht untertrieben, denn das in Barock gehaltene Schloss ist ähnlich reichhaltig ausgestattet. Dass viele der Details aus „Ludwigsluster Karton" gefertigt sind, spielt keine Rolle, denn die Skulpturen, Büsten und anderen Ausstattungen entführen uns in längst vergangene, prunkvolle Tage. Das gilt freilich auch für den 123 ha großen **Schlosspark**. Mit seinen Wasserspielen, Kaskaden, usw. gilt er als einer der größten und schönsten Gärten Norddeutschlands.

Die am besten erhaltene mittelalterliche **Wehranlage** Mecklenburgs finden wir in Neustadt-Glewe. Zwei **Torhäuser** schützten die Stadt, die in einer Schleife der Elde angelegt wurde. Am **„Neuen Schloss"** baute man rund 100 Jahre, die Gründe dafür waren der sumpfige Untergrund und die Wirren des 30jährigen Krieges. Die **Fachwerkhäuser** von Parchim stammen aus dem 16. / 17. Jahrhundert und strahlen uns mit schmucken Giebelseiten an. In anderem Stile sind das alte Rathaus und die **Kirchen St. Marien** sowie **St. Georgen** gehalten.

12

Schloss Ludwigslust

Von der 1308 erbauten Lübzer **Eldenburg** ist heute nur noch der Wehrturm erhalten. Ebenso konnten verschiedene alte **Bürgerhäuser** in die heutige Zeit gerettet werden. Im **Stadtmuseum** erfahren wir mehr über die Historie Lübz´, wobei die Darstellungen kindgerecht gestaltet wurden, indem vieles auch be-„greif"-bar ist.

In Benzin gibt es keinen Sprit, sondern mit der alten Lehmziegelei ein technisches Denkmal zu sehen.

Erholung pur können wir uns im Luftkurort Plau am See gönnen. Der gleichnamige See ist der drittgrößte Deutschlands. Die **Altstadt** von Plau wurde komplett unter Denkmalschutz gestellt. Wer sich hier losreißen kann, rollt zur **„Hühnerleiter"**: Dies ist die 1917 gebaute höchste Hubbrücke Mecklenburgs.

Tipp: „Kleines Fest im großen Park" nennt sich das Fest, welches Anfang August in **Schloss Ludwigslust** startet. Auch in den anderen Wochen ist in Ludwigslust immer wieder´ was los, wie z.B. beim Lindenfest (Stadtfest), bei den Sandbahnrennen oder den Sommerkonzerten.

Weiter geht´s von Plau am See nach Bad Stuer und in „zackiger Fahrt" durch ruhige Natur nach Röbel. Weiter am Müritzsee vorbei kommen wir nach einer kleinen anstrengenden Steigung durch Waren und Rechlin. Hinter Mirow macht unser Seen-Radweg seinem Namen alle Ehre, ehe wir die Städte Neustrelitz und später Neubrandenburg erreichen.

Die eisenhaltigen Quellen in einer **Kaltwasser-Badeanstalt** ließen Stuer zum einzigen „Bad" der Seenplatte werden.

Mit 117 qkm ist die **Müritz** der größte Binnensee Deutschlands. Dass sie „weiblich" ist, liegt daran, dass das Meer im Slawischen Sprachgebrauch ebenfalls weiblich ist. „Morce" nannten die Slawen diesen See – „kleines Meer".

Röbel weiß mit einer **mittelalterlichen Stadtanlage** zu gefallen, die aus Fischer- und **Ackerbürgerhäusern** besteht. Wer sehen will, wie die Route weitergeht, steigt auf den 58 m hohen Turm der **Marienkirche**.

Waren (Müritz) s. Tour 18.

Nachdem wir den Überblick verloren haben, an wie vielen Seen wir bereits vorbei geradelt sind, erreichen wir Neustrelitz am **Zierker See**. Die Stadt wird dominiert vom **Schloss** mit seinem weitläufigen Park nach englischem Vorbild, in dem auch eine **Orangerie** nicht fehlt. In einem nachgestellten Slawendorf erfahren wir mehr darüber, wie hier die Menschen einst Landwirtschaft und Handwerk betrieben.

In Neubrandenburgs größter **Wehranlage** waren einst 57 Wiekhäuser und Wachtürme eingefügt. Den Zugang zur Altstadt vermittelten vier **Backstein-Stadttore**. Sehenswert sind auch die **St. Marien-Kirche**, das **Regionalmuseum**, die **Vierrademühle** und der **Modellpark Mecklenburgische Seenplatte**.

Tipp: Wer sich zwischendurch einmal vom Radeln erholen und dennoch dem Ziel näher kommen mag, kann die **Fähren** auf dem Müritzsee nutzen. Als Zugabe gibt es noch eine unterhaltsame „Seereise".

Weiter geht´s von Neubrandenburg durch kleine Örtchen mit zum teil anstrengender Wegoberfläche. Via Ferdinandshof gelangen wir nach Ueckermünde am Stettiner Haff. Mit einem Bogen durch Anklam entern wir die Insel Usedom mit der gleichnamigen Stadt. Die berühmten Badeorte Ahlbeck, Heringsdorf, Bansin und Koserow geleiten uns zum Ziel unserer Tour, nach Wolgast.

In Ueckermünde haben wir die Ostsee erreicht. Vorher sollten wir uns aber noch in der Stadt das **Schloss** der Pommerschen Herzöge ansehen, das auf den Überresten einer Burg erbaut wurde. Im 30 m hohen **Schlossturm** ist das Haffmuseum untergebracht, das einen weiten Ausblick über die Natur ermöglicht, mit der sich die Einrichtung befasst.

Das Highlight der Bädergemeinschaft Usedoms ist die 10 km lange, piekfeine **Strandpromenade**. Auf der einen Seite Strand und Meer, auf der anderen Seite **Bäderarchitektur** in Reinkultur. Bansin verfügt über ein Tropenhaus, in Heringsdorf erwartet uns die 508 m lange **Seebrücke**. Dort finden wir auch die erstklassige **Ostseetherme Usedom**, ein subtropisches Badeparadies mit integriertem Kurmittelhaus.

Kartentipp:
ADFC-Regionalkarten 1:75.000 (siehe vordere Umschlagklappe):
Elbe/Wendland«; »Ostseeküste/ Schwerin«;
„Mecklenburgische Seenplatte"; „Usedom/Stettiner Haff"
Digital für Smartphones und Tablets:
www.fahrrad-buecher-karten.de/rk-digital

13 Ostseeküsten-Radweg

Von Flensburg nach Ahlbeck

50 Touren Info

1.083 km, durchgehende, aber teils differierende Beschilderung. Einige kleinere Steigungen, auch der Wind ist als anstrengend mit einzuplanen. Die Route führt meist abseits des Straßenverkehrs über separate Rad- oder Feldwege, daher für Familien geeignet. Zu beachten ist, dass einige Abschnitte über stärker befahrene Straßen und Sandwege geführt werden. Die Kinder sollten also schon „gut zu Rad" sein.

Start: Flensburg

Ziel: Ahlbeck

Info: Ostsee-Holstein-Tourismus e.V., Timmendorfer Strand, Tel. 04503/888525, www.ostseekuestenradweg.de, Tourismusverband Mecklenburg-Vorpommern, Rostock, Tel. 0381/4030550, www.auf-nach-mv.de

Der Ostseeküsten-Radweg erweist sich als „echter Europäer": Wir beginnen an der dänischen Grenze, rollen entlang der wundervollen deutschen Küste und kommen an der polnischen Grenze an.

Dazwischen liegen große Städte wie Flensburg, Kiel, Lübeck, Rostock oder Stralsund, aber auch viele kleine Ostseebäder, denen wir allen einen Besuch abstatten werden. Letztendlich werden es über 1.000 km sein, auf denen wir die abwechslungsreiche Küste kennenlernen. Strände, Bodden, Klippen, Steilküsten, alles hat seinen ganz eigenen Reiz.

Los geht´s an der dänischen Grenze oder am Flensburger Hafen. Teils mit Steigungen, aber auch mit Aussicht auf die Flensburger Börde radeln wir an Glücksburg vorbei. Gelting, Kronsgaard, Kappeln, Damp, Waabs, Eckernförde und Strande sind unsere Stationen, bis wir die Metropole Kiel erreichen.
Flensburg s. Tour 1.

Kreidefelsen auf Rügen

„Gott gebe Glück und Frieden" war das Motto des dänischen Herzogs Johann des Jüngeren. Und so gab er der Wasserburg, die er bis 1587 errichten ließ, den Namen **Schloss Glücksburg**. Noch heute wohnen seine Nachfahren in dieser Anlage, die ohne Frage als eine der schönsten Wasserburgen Deutschlands bezeichnet werden kann. Im **Schlosspark** finden wir im **Rosarium** über 500 Rosenarten und eine säulenbestandene Orangerie.

Hinter Glücksburg können wir einen Abstecher auf die **Halbinsel Holnis** unternehmen. Von dort schauen wir über die Förde bis ins dänische Broager Land, während das Kliff unter uns 20 m tief abfällt.

Tipp: Sind Sie topfit? Dann machen Sie doch in Glücksburg mit beim **„Ostseeman"**. Dies ist der einzige deutsche Triathlon, bei dem die 3,8 km Schwimmen im offenen Meer zurückgelegt werden.

Im Luft- und Kneippkurort Gelting können wir das **Herrenhaus** mit Wassergraben und die **Dorfkirche** aus Backstein besuchen.

Die 32 m hohe **Holländer-Windmühle „Armada"** in Kappeln ist die höchste des Landes. Ebenfalls weit sichtbar sind die **Nikolaikirche** und die drei Schornsteine der **Aalräucherei Föh**.

Wir radeln ganz nah am Schwansener See vorbei. Der war einst eine Ostseebucht, die zwar inzwischen durch Sand- und Gesteinsmaterial von der Ostsee getrennt ist, aber immer noch salziges Wasser führt.

Eine tolle **Altstadt** finden wir in Eckernförde. Zu ihr gehören viele historische **Fachwerk- und Bürgerhäuser** sowie das Rathaus. *Kiel s. Tour 2.*

Tipp: Leckeren Fisch können wir in der **Aalräucherei Föh** in Kappeln genießen – die drei Schornsteine weisen uns zuverlässig den Weg dorthin. Auch in Eckernförde gibt es guten Fisch frisch aus einer der Räuchereien.

Weiter geht´s von Kiel an der Förde entlang nach Laboe. Mit tollem Meerblick radeln wir durch kleine Dörfer, unter ihnen wohlklin-

13

Im Hafen von Travemünde

gende Namen wie Kalifornien, Brasilien oder Holland. Behrensdorf, Hohwacht, Oldenburg i.H. und Heiligenhafen geleiten uns auf dem Weg zur Fehmarnsundbrücke. Nach einer „großen Runde" über Fehmarn rollen wir via Heringsdorf Kellenhusen und Grömitz hinunter nach Neustadt und weiter über Soerksdorf und Travemünde nach Lübeck.

Laboe ist bekannt für sein **Denkmal**, das seit 1936 den gefallenen Marinesoldaten gedenkt. Von hier oben haben wir eine tolle Aussicht über die Kieler Förde und den Dänischen Wohld, über den wir zuvor geradelt sind. Weiteres zu Laboe finden Sie bei Tour 2.

Bis zu 17 m hoch ist die **Steilküste** bei Hohwacht, darunter erstreckt sich ein 4 km langer Strand, was es zu einem idealen Urlaubsort macht.

Die Dünen im **Naturschutzgebiet Weißenhäuser Brök** sind bis zu 6 m hoch, so hoch wie nirgendwo anders in der Gegend. Oldenburg i.H. und Fehmarn s. Tour 3.

Auf unserer Tour entlang der Küste kommen wir durch namhafte **Badeorte** wie Kellenhusen, Dahme oder Grömitz. Städtischer wird es in Neustadt i.H., das 1226 von Graf Adolf VI gegründet wurde, um einen Gegenpol zu Lübeck zu schaffen. Das gelang zwar nicht, allerdings entwickelte sich ein schmucker Ort, der u.a. ein spannendes **Hafenbecken** und einen alten **Pagodenspeicher** zu bieten hat.

Das **Holstentor** von Lübeck ist weltberühmt, doch die Stadt hat noch mehr zu bieten: Allein in der 2 qkm großen Altstadt gibt es mehr als **1.000 denkmalgeschützte Häuser** zu bewundern, unter ihnen das Buddenbrookhaus, das **Rathaus**, die **Salzspeicher** und der **Dom**.

Weiter geht´s von Lübeck aus via Travemünde und Boltenhagen nach Wismar. Auch die nächsten Stationen sind Orte mit klangvollen Namen, wie Rerik, Kühlungsborn oder Warenmünde, ehe die Hansestadt Rostock erreicht wird.

Travemünde wurde schon 1187 gegründet, seit 1802 spricht man von einem **Seebad**. Das Wahrzeichen, der **Leuchtturm**, weist schon seit 1539 den Schiffen ihren Weg. Genau genommen übernimmt das nun das Leuchtfeuer auf dem **Hotel Maritim**, das damit als höchster Leuchtturm Europas gilt. Berühmt ist auch das gegenüber vor Anker liegende **Segelschiff Passat**.

Auch Boltenhagen hat eine rund 200 Jahre alte Tradition als **Ostseeheilbad**, während Wismar durch die Hanse Ruhm erlangte. Für Wismar brauchen wir ordentlich Zeit, denn die **Altstadt** ist nicht umsonst UNESCO-Kulturerbe. Hier können wir über 300 denkmalgeschützte Häuser finden, die rund um den **Marktplatz** besonders schön anzusehen sind.

Wie viele andere Orte entlang der Küste, so ist auch Kühlungsborn ein bekanntes Seebad. Zu DDR-Zeiten war diese „grüne Stadt am Meer" das größte Ostseebad. Noch heute können wir einmal die Räder bewegen, ohne in die Pedale zu treten – die **Schmalspurbahn** Molli nimmt uns inklusive Rädern gerne mit nach Bad Doberan.

In Heiligendamm haben wir das erste Seebad erreicht, das es je in Deutschland gab. Klar, dass wir uns auch das säulengeschmückte **Kurhaus** ansehen.

Warnemünde ist schon ein Stadtteil von Rostock. Hier sollten wir uns den 37 m hohen **Leuchtturm** und **Meyer´s Mühle** von 1866 ansehen.

Wer mag, kürzt bei Warnemünde mit der Fähre ab. Der verpasst aber die herrliche **Altstadt** von Rostock mit dem **Steintor**, dem **Stadthafen**, der **Petri**, der **Marien-** und der **Nikolaikirche.** Wer es lieber naturverbundener mag, besucht den **Zoo** oder den **botanischen Garten**.

Tipp: Ein kurzer Abstecher führt uns von Boltenhagen ins Landesinnere nach Klütz. Hier steht **Schloss Bothmer**, bei dem sowohl im Gebäude als auch in den Gärten barocke Träume verwirklicht wurden. Es ist die größte Anlage ihrer Art in Mecklenburg.

Weiter geht´s von Rostock via Ahrenshoop und Zingst nach Stralsund. Nach einer großen Rundfahrt auf Rügen rollen wir über Greifswald und Wolgast auf die Insel Usedom, wo bei Ahlbeck unsere Ostseetour endet.

Erholung und Sehenswertes finden wir in den Ostseebädern. Ebenso unberührte Natur, während wir über Darß fahren, wo es sogar noch einen **Urwald** gibt.

Mit Stralsund haben wir die nächste Hansestadt erreicht. Trotz großer Zerstörungen im 2. Weltkrieg sind so viele alte Gebäude erhalten geblieben, dass die **Altstadt** zum Weltkulturerbe deklariert wurde. Wer mag, kann sich die 476 denkmalgeschützten Bauten ansehen.

Landschaftliche Vielfalt, interessante alte Städte und Orte, stolze Landsitze und vieles mehr ziehen seit vielen Jahrzehnten die Gäste auf die **Insel Rügen**. Sie sollten sich viel Zeit nehmen für die große Rundtour auf der Insel, denn es gibt wirklich viel zu sehen. Ein Muss ist freilich ein Besuch der strahlend **weißen Kreidefelsen** am **Kap Arkona**.

Auf unserem weiteren Weg führt ein Abstecher nach Peenemünde, wo sich einst die **Heeresversuchsanstalt** von Wernher von Braun befand.

Eine 10 km lange Stranspromenade bildet den würdevollen Abschluss unserer Ostsee-Tour. Auf der einen Seite das blaue Meer, auf der anderen Seite Bäderarchitektur, dazu die 508 m lange Seebrücke von Heringsdorf, was wollen wir mehr? Entspannung? Nun, die finden wir in der Ostseetherme Usedom!

Kartentipp:
ADFC-Regionalkarten 1:75.000 (siehe vordere Umschlagklappe):
„Schleswig/Flensburg"; „Kieler Förde/Fehmarn/Holsteinische Schweiz"; „Lübeck und Umgebung"; „Ostseeküste/ Schwerin"; „Usedom/Stettiner Haff"; „Rügen/Fischland-Darß"
Digital für Smartphones und Tablets:
www.fahrrad-buecher-karten.de/rk-digital

14 Froschradweg

Rundtour von Hoyerswerda durch die Lausitz

50 Touren Info

266 km, durchgehende Beschilderung. Nur kleinere Hügel, keine nennenswerten Steigungen. Die Route führt abgesehen von Ortsdurchfahrten meist abseits des Straßenverkehrs über separate Rad- oder Feldwege, daher perfekt für Familien.

Start und Ziel: Hoyerswerda oder ein beliebiger anderer Ort an der Strecke.

Info: Marketing-Gesellschaft Oberlausitz-Niederschlesien GmbH, Tel. 03591/4877-0, www.radwandern-oberlausitz.de

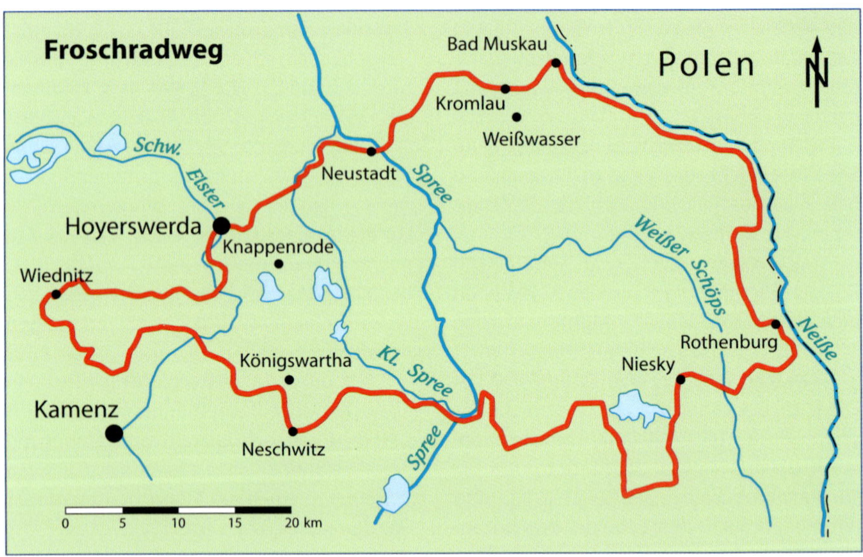

Auf stillen Wegen rollen wir durch die teils unberührte Natur der Oberlausitz auf dem Froschradweg. Die Namensfindung für diesen 1995 eröffneten Fernradweg ist schnell geklärt: In den sumpfigen Flussniederungen der Oberlausitz wurden zahlreiche Teiche angelegt, die man hier hervorragend be- und entwässern kann. Durch die geringe Teichtiefe werden diese rasch bis zu 26° C warm, was für die Fischzucht ideal ist. Und was Karpfen, Stören, Zandern und Hechten gefällt, das ist auch den Fröschen und Kröten recht. Wer weder Frösche noch Fische mag, kommt aber auch auf seine Kosten, denn wir kommen immer wieder durch geschichtsträchtige Orte mit historischen Gebäuden, so dass für Kurzweil gesorgt ist.

Wojerecy, so lautet der sorbische Name der großen Kreisstadt Hoyerswerda. An die Zweisprachigkeit werden wir uns schnell gewöhnen, denn sogar die Ortsschilder sind in deutsch und in sorbisch ausgeführt. Das Brauchtum wird in dieser Region ganz besonders gepflegt. Das älteste Gebäude der Stadt ist das **Schloss**, welches seine Wurzeln in einer Wasserburg aus dem 13. Jahrhundert hat. Das **Rathaus**

Schloss Königswartha

wurde 1449 erbaut – ganz im Stile der Renaissance: Es glänzt mit einem Rundbogenportal und einer doppelläufigen Freitreppe. Auf dem Marktplatz steht eine **Postdistanzsäule** mit preußischen Meilenangaben. Sehenswert ist auch die **Lange Straße**. Dies ist eine aus dem 18. Jahrhundert stammende **Handwerkergasse**. Wer bei Hausnummer 4 nach oben sieht, erblickt ein Loch in der Hauswand. Ein Schild belegt, dass hier am 28. Mai 1813 eine Kanonenkugel einschlug. Mit Kindern sollten Sie Zwerjenc Wojerecy besuchen, den **Zoo Hoyerswerda**, der direkt am Schloss zu finden ist.

Tipp: Wer von Mitte September bis Ende Oktober in der Region unterwegs ist, bekommt besondere Gaumenfreuden aufgetischt. Viele Gasthäuser machen dann mit bei den **„Lausitzer Fischwochen"**.

Los geht´s in Hoyerswerda. Dem Froschradweg folgen wir am Besten im Uhrzeigersinn, weil die ohnehin moderaten Steigungen dann noch besser zu bewältigen sind. Via Neustadt und Kromlau gelangen wir nach Bad Muskau.

Die Region um Neustadt (Spreetal) wurde jahrelang vom Braunkohleabbau geprägt, der 1908 begann. **„Schwarze Pumpe"** – das ist für Interessenten des Tagebaus der Inbegriff des Kohleabbaus. Dieser veränderte die Landschaft nachhaltig: Ganze Orte verschwanden, neue entstanden, teils mit großen Werkssiedlungen. Nach den Stilllegung der Tagebaue begann die Rekultivierung, die uns in naher Zukunft eine **Naherholungslandschaft** präsentieren wird.

Kromlau ist berühmt für seinen Park, der Mitte des 19. Jahrhunderts entstand. Nirgendwo in Deutschland finden wir eine größere und schönere **Rhododendron-Anlage**.

Bad Muskau ist eine wundervolle Park- und Kurstadt an der Neiße. Zu verdanken hat sie dies dem Landschaftsarchitekten Hermann von Pückler-Muskau, der einen 830 ha großen **Park** anlegte. Er nutzte auch schon jene **Heilquelle**, aus der seit 2001 44°C heiße Sole gefördert wird. Sie kommt aus rund 1.600 m Tiefe und hat einen Salzgehalt von 24%. Pückler, nachdem auch das Eis benannt wurde, nutzte die geologische Besonderheit des „Muskauer Faltenbogens", um seine Pläne zu realisieren.

14

Schloss Muskau im Fürst-Pückler-Park

Heute liegt die Anlage zum Teil auf deutschem, zum Teil auf polnischem Boden. Nicht zuletzt deshalb wurde der Park 2004 zum UNESCO-Weltkulturerbe erklärt. Wer neben der Natur auch „Handfestes" ansehen mag, widmet sich dem **„Neuen Schloss"**. Die dreiflüglige Anlage wurde bis 1653 für Fürst Pückler erbaut und im 19. Jahrhundert im Stile der Neorenaissance umgebaut. Im Ort selbst sollten wir uns die Turmvilla, die historische Gasse **„Schmelze"** und die **Jacobuskirche** ansehen.

Tipp: Wer einmal nicht per Rad, sondern ganz ausgefallen von Park zu Park gelangen mag, fährt mit der **Waldeisenbahn**. 1895 wurde sie als industriell genutzte Schmalspurbahn in Betrieb genommen.

Weiter geht´s von Bad Muskau über den Oder-Neiße-Radweg nach Rothenburg (Ob. Laus.). In einer weiten Schleife fahren wir über Niesky nach Neschwitz.

Zagor, auf deutsch Sagar, liegt unmittelbar an der Grenze. Durch die umliegenden Kiefernwälder kam Geld in die Gemeinde – so wundert es nicht, dass das örtliche **Museum** der Holzverarbeitung gewidmet ist.

In Rothenburg (Ob Laus.) sollten wir uns sicher fühlen, denn der Freistaat Sachsen

bildet seit 1995 seine Polizisten hier aus. Die Stadtgeschichte begann mit einer urkundlichen Erwähnung im Jahre 1268. Wegen des **Neißeübergangs** wurde der Ort Schauplatz von Gefechten im 2. Weltkrieg.

Niesky, das sorbische Niska, gibt es erst seit 1742. Damals legten böhmische Emigranten den Grundstein und bauten drei Häuser.

Bei Neschwitz müssen wir schon etwas üben, um den sorbischen Namen fehlerfrei über die Lippen zu bringen. Umso leichter fällt es, sich den Träumen hinzugeben, die bei der Betrachtung des prächtigen **Barockschlosses** aufkommen. Während der ältesten Erwähnungen von Neschwitz, die aus dem Jahr 1268 stammen, dürfte hier bereits eine Wasserburg gestanden haben. Nicht nur das Schloss selbst ist beeindruckend – auch der weitläufige **Garten** ist reich ausgestattet.

Weiter geht´s von Neschwitz über Königswartha nach Wiednitz. Die Schlussetappe bringt uns dann zurück nach Hoyerswerda.

Der Ort Königswartha wurde 1350 mit einem Marktrecht ausgestattet. Damals hieß das „Städtlein" noch „Conigswarte". Auf dem **Marktplatz** finden wir restaurierte **Grenzsteine**. Sie stammen aus der Zeit um 1815, als die Staatsgrenze durch den Wiener Kongress neu besiegelt wurde. Die Grenze zwischen Sachsen und Preußen lief danach durch das heutige Gemeindegebiet. In auffälligem Gelb präsentiert sich die ev. luth. **Kirche**, die wir ebenfalls in der Ortsmitte finden. Reichsgraf Carl Friedrich von Dallwitz ließ sich ab 1780 ein barockes **Schloss** bauen. Strahlend weiß mit roten Dachziegeln spiegelt es sich im Schilf bestandenen Teich – ein tolles Fotomotiv! Der Teich gehört zu einem kleinen, aber feinen **Park**, der im 18. Jh. unter dem Grafen von Dallwitz angelegt wurde.

Kartentipp:
ADFC-Regionalkarte 1:75.000 (siehe vordere Umschlagklappe):
„Oberlausitz/Lausitzer Seen"
Digital für Smartphones und Tablets:
www.fahrrad-buecher-karten.de/rk-digital

15 Gurken-Radweg

Zwei Touren rund um Lübben

50 Touren Info

250 km, durchgehende Beschilderung. Keine Steigungen. Die Route führt meist abseits des Straßenverkehrs über separate Rad- oder Feldwege, daher perfekt für Familien.

Start/Ziel: Frei wählbar, empfohlen wird Lübben. Von hier aus können wir erst die Süd- dann die Nordrunde radeln.

Info: Tourismusverband Spreewald, Tel. 035433/581-0, tourismus@spreewald.de oder www.gurkenradweg.de

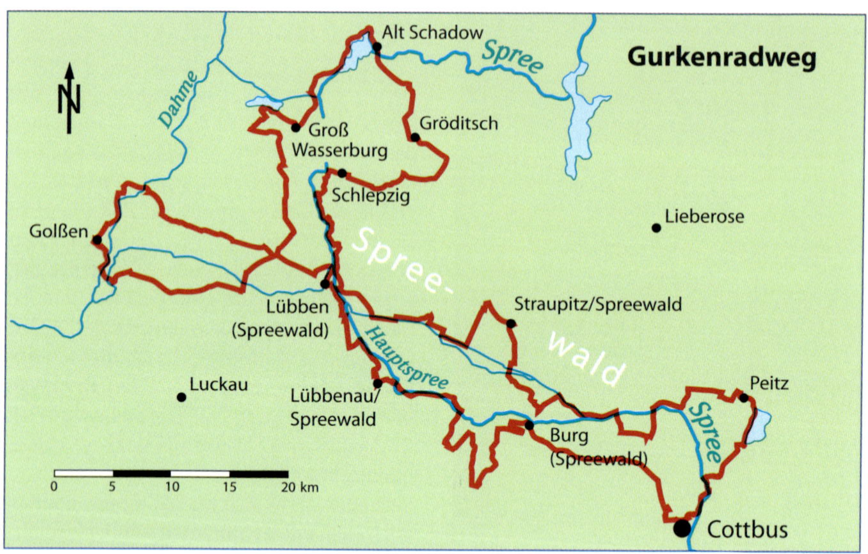

Wer hat sie nicht schon einmal gekostet – die Spreewald-Gurken? Schon seit Jahrhunderten wird im Spreewald Gemüse aller Art angebaut und ins In- und Ausland geliefert. Doch die würzig-saure Gurke hat es sogar zu Weltruhm gebracht. So ist es auch nicht verwunderlich, dass wir auf unseren beiden Rad-Runden rund um Lübben dem putzigen Zeichen einer „radelnden Gurke" folgen. Es weist uns zuverlässig die Richtung des Gurken-Radweges an, der uns durch unverfälschte Natur führt. Auch Blicke nach oben sind – in den Pausen – dringend zu empfehlen, denn über uns segeln Kraniche, Seeadler und Weißstörche.

Lübben wird gerne als „Tor zum Ober- und Unterspreewald" bezeichnet. Es wäre aber fatal, sich direkt auf den Weg zu machen, denn in Lubin (sorb.) gibt es herrliche Fotomotive mit reichlich Grün und Wasser. Nicht umsonst wird der Ort gerne mit Amsterdam oder Venedig verglichen. So gelangen wir auch „standesgemäß" über eine **Brücke** vom **Schlosspark** zur **Schlossinsel**, wo uns ein repräsentativer, restaurierter Bau erwartet. Wer noch höher hinaus möchte, steigt in Lübben auf die **Stadtmauer**, den **Wehrturm** oder den **Hexenturm**.

Tipp: Nicht nur für Familien mit Kindern gibt es in Lübben eine Art „Pflichtpro-

Eine Tischkahnfahrt im Spreewald

gramm": Nach einer **Kahnfahrt**, die sogar nach verschiedenen Themen ausgewählt werden kann, warten im **Schlossgarten Hügellabyrinth**, **Klanggarten** und **Wasserspielplatz**.

Los geht´s auf der Südrunde in „zackiger" Fahrt durch das Naturschutzgebiet nach Lübbenau. Via Leipe und Raddusch erreichen wir Burg / Spreewald.

Rund um die **Pfarrkirche St. Nikolai** erstreckt sich die Lübbenauer **Altstadt** mit ihrem **„großen Hafen"**, wo die Kähne im Wasser dümpeln und auf Gäste warten. Mehr über die Region erfahren wir im **Spreewald-Museum**, das im **Torhaus** am Topfmarkt untergebracht ist. Eine weitere wichtige Anlaufstation ist das in exponierter Lage stehende **Schloss** inmitten eines 9 ha großen Parks.

Etwas abseits unseres Weges liegt das **Lagunendorf Lehde**, in dem rund 160 Menschen genau so leben, wie es einst ihre Vorfahren getan haben. Das Dorf steht unter Denkmalschutz, ebenso wie unser nächster Etappenort Leipe, der bis 1936 nur mit dem Kahn zu erreichen war.

Auf den weiteren Kilometern haben wir schon fast das Gefühl, wir hätten uns in einen Urwald verirrt, so wild und dicht rückt die Natur an uns heran.

Typisch für die Gegend um Burg sind alte **Bauernhöfe** mit eigenen Kahnanlegestellen. Nicht nur die Höfe, sondern auch das Umland können wir vom 29 m hohen **Aussichtsturm** aus bestens beobachten.

Tipp: Per Kamera gewähren uns die Weißstörche bei Vetschau einen interessanten Einblick in ihr Familienleben. Im **Weißstorchinformationszentrum Niederlausitz** erfahren wir aber nicht nur Vieles über Störche, sondern auch über andere Tiere des Spreewaldes, wie z.B. die witzigen Fischotter. www.storchennest.de

Weiter geht´s von Burg über Werben nach Cottbus. Bei Burg können wir aber auch direkt „Querfahren" und die Tour erheblich verkürzen – allerdings verpassen wir dann weitere Sehenswürdigkeiten!

Cottbus, das sorbische Chósebuz, ist nicht nur von der Einwohnerzahl her ein Highlight

15

Tracht

unserer Tour, sondern bietet auch eine hohe Dichte an regionalen Sehenswürdigkeiten. Eine **gelbe Postkutsche** ist das Markenzeichen der Stadt, die überquillt vor historischen Gebäuden wie der **Oberkirche St. Nikolai**, der **Klosterkirche** oder den verschiedenen Türmen. Nicht nur Mediziner sollten in der **Altstadt** den Weg ins **Apotheken-Museum** finden, das auch für uns Laien spannend ist. Noch heute merkt man, dass die Spremberger Straße eine wichtige Handelsstraße war, denn hier finden wir herrliche **Profanbauten**, so die **Bastei**, das **Torhaus** und den **Spremberger Turm** aus dem 13. Jahrhundert.

Durch den **Branitzer Park** erreichen wir das gleichnamige **Schloss**. Die Geschichte des wuchtigen Gutshauses und seines Parks wird uns in einer Multi-Media-Schau näher gebracht. Wer in Cottbus übernachtet, kann aus dem vielfältigen Kultur-Angebot wählen, das von mehreren Ensembles, Bühnen und Theatern angeboten wird. Eine originalgetreue Darstellung des Sternenhimmels wartet auf uns im 1974 eröffneten **Planetarium**.

Tipp: Einen tollen Überblick über das „grüne Band entlang der Spree" bereitet uns eine Fahrt mit der nostalgischen **Parkeisenbahn**.

Weiter geht´s mit phantastischen Ausblicken durch die Peitzer Tecihlandschaft nach Peitz. Dann rollen wir via Dissen und Straupitz zurück nach Lübben.

Rund 1.000 ha Wasserfläche bilden die **Peitzer Seenlandschaft** – zugleich ist es die Heimat für rund **150 Vogelarten**.

Peitz selbst besaß im 16. Jahrhundert eine mächtige Festungsanlage, von der noch heute ein **Turm** mit 6 m dicken Mauern übrig ist. Ebenfalls schon historisch ist das **Eisenhüttenwerk**, das ab 1809 entstand und heute ein **Technikmuseum** beherbergt.

Wer sich von der Peitzer **Altstadt** losreißen kann, rollt nach Dissen, wo die sorbische Tradition gepflegt wird. Das wird auch in den nächsten Orten deutlich, durch die wir fahren, denn es gibt hier auch immer eine sorbische Variante des Dorfnamens.

Die Silhouette von Straupitz wird vom 40 m hohen Turm der **Dorfkirche** und einer rund 200 Jahre alten Holländermühle geprägt. Das originale Spreewalder Leinöl wird noch heute in dieser Mühle hergestellt.

Weiter geht´s auf der Nordrund durch den Spreewald. Stets in der Nähe der Spree radeln wir via Schlepzig, Groß Leuthen und Gröditsch nach Alt Schadow.

Auf der Nordrunde gibt es auch viele sehenswerte Ortskerne, der Reiz des Radelns liegt

Dorfkirche Groß Leuthen

hier aber noch mehr in der wundervollen Landschaft. Auf Sehenswertes brauchen wir dennoch nicht zu verzichten: In Schlepzig empfängt uns eine **Fachwerkkirche**, in Pretschen **Fachwerkhäuser** und eine **Backsteinkirche**, in Groß Leuthen das **Renaissanceschloss**.

Unterwegs können wir in **Dürrhofer**, den **Groß Leuthener** oder den **Neuendorfer See** springen, um uns abzukühlen.

Weiter geht´s über Leibsch, Großwasserburg und Köthen. Nachdem wir die Bahnlinie und die A 13 überquert haben, radeln wir ab Golßen wieder retour nach Lübben.

Leibsch steht ganz im Zeichen der **Spreewaldgurken**. Für uns Gäste werden spannende **Kahn- und Kutschfahrten** angeboten.

Kartentipp:
Kompakt-Spiralo 1:50.000
Gurkenradweg im Spreewald, Spiralbindung

Holzpfahlbauten, die sogenannten „Kothen", waren der Ursprung des Ortes Köthen, durch den heute der Europawanderweg E10 führt.

Ein Abstecher entführt uns in subtropische Träume. Das **Tropical Islands Resort** präsentiert nicht „nur" eine Lagune und einen See zum Baden, sondern auch exotisches Essen und Trinken sowie Shows und Beachpartys. Das alles ist in einer Halle untergebracht, bei deren Anblick man aus dem Staunen nur schwer wieder herauskommt.

Bis zum Ende unserer Tour haben wir noch mehrfach Gelegenheit, uns in den Orten, die wir passieren, mit den leckeren Gurken einzudecken, ehe wir wieder in Lübben ankommen.

16 Oder-Neiße-Radweg

Von Zittau bis Ueckermünde

50 Touren Info

465 km, durchgehende Beschilderung. Keine nennenswerten Steigungen. Die Route führt meist abseits des Straßenverkehrs über separate Rad- oder Deichwege, daher perfekt für Familien. Gelegentliche Passagen auf schwierigen Untergründen wie Schotter oder Sand.

Start: Liberec oder Zittau

Ziel: Warsin

Info: Marketing-Gesellschaft Oberlausitz-Niederschlesien mbH, Tel. 03591/48770, www.oberlausitz.com oder auch www.oder-neisse-radweg.de

Weiter östlich geht es nicht bei den „schönsten Radfernwegen Deutschlands": Die Oder und die Neiße bilden die Grenzflüsse nach Tschechien und Polen. Und genau an diesen Flüssen wollen wir uns bei dieser Radreise orientieren. Dabei rollen wir durch Städte, die einst der Inbegriff des „eisernen Vorhangs" waren: Zittau, Görlitz, Guben, Eisenhüttenstadt, Frankfurt / Oder oder Schwedt. Da es Dank der Europäischen Union inzwischen keine größeren Grenzformalitäten mehr gibt, können wir immer wieder einen kleinen Abstecher ins Nachbarland unternehmen.

Der Oder-Neiße-Radweg beginnt seit dem 20.November 2001 direkt an der **Neiße-Quelle** in Nova Ves im tschechischen Isergebirge. Gleich zu Beginn gibt es zwei Alternativen: Eine Tal- und eine Bergvariante. Beide treffen sich hinter Liberec und streben dann zur Grenze, wo in Zittau der deutsche Teil des Radwegs beginnt. Zittau liegt zu Füßen des **Zittauer Gebirges**, das sich bis auf 793 m hinauf zieht. Über das Gebirge führte einst eine Handelsstraße nach Böhmen, an der ein slawischer Weiler entstand. In der Folge wechselten die Namen des Ortes, ehe König Ottokar II. 1255 einmal um die Stadt herumritt und so markierte, wo die **Stadtmauern** hinkommen sollten. Der **Marktplatz** markiert mit dem **Marsbrunnen** und dem „eckigen", im 19. Jahrhundert erbauten **Rathaus**, die Mitte der Stadt. Nicht nur vom Namen her fällt die **Fleischerbastei** aus dem Rahmen. Sie entstand 1633 als **Befestigungsanlage** und diente um 1900 herum für

Gruppenerlebnis Radeln

fast 70 Jahre als Gärtnerei. Seit der Restaurierung 1998 lädt hier ein Restaurant zum Verweilen ein.

Tipp: Am Abend vor Christi Himmelfahrt wird Zittau ins Mittelalter zurückversetzt. Das **„Spectaculum Citaviae“** hat sich als Bürgerfest etabliert, bei dem Gaukler und Musikanten die Nacht fest im Griff haben.

Los geht´s in Nova Ves, Liberec oder Zittau. Über Hirschfelde, Ostritz und Görlitz fahren wir nach Rothenburg. Via Podrosche, Bad Muskau und Forst gelangen wir nach Guben.

Unterhalb der **evangelischen Kirche** gibt es in Hirschfelde sogenannte **Umgebindehäuser** zu sehen. Bei dieser ausgefallenen Hausart werden Fachwerk, Massivbau und Blockbau zusammen verwendet. Angeblich soll diese Bauweise die Übertragung von Schwingungen von Maschinen auf das Gebäude verhindern. In der Tat ist sie häufig bei Handwerkerhäusern, speziell bei Weberhäusern, anzutreffen.

In böhmischem Barock glänzt das **Klosterstift St. Marienthal**, welches 1744 fertig gestellt wurde und inzwischen als Begegnungszentrum dient.

Ostritz hat ein seit 2008 frisch restauriertes, strahlend weißes **Rathaus** zu bieten. Da sich die Stadt der Nutzung erneuerbarer Energien widmet, wurde sie eine **Modellstadt** bei der EXPO 2000.

Mit Görlitz erreichen wir das nächste Highlight unserer Neiße-Tour. Nach dem 2. Weltkrieg wurde ein Teil der Stadt getrennt und zählt seitdem unter dem Namen Zgorzelec zu polnischem Territorium. Seit 2004 verbindet eine moderne **Fußgängerbrücke** beide Orte. Weitere Projekte, die die Verbundenheit demonstrieren, wird es auch künftig geben. Verschont wurde damals die Görlitzer Altstadt, so dass wir heute eine ansprechende Ansammlung alter **Gründerzeit- und Bürgerhäuser** vorfinden. Weil dieses Stadtbild lange

16

Seinesgleichen suchen muss, wurde gleich alles unter Denkmalschutz gestellt, somit können wir hier das **größte Flächendenkmal Deutschlands** besuchen. Nehmen Sie sich reichlich Zeit, denn es gibt quasi an jeder Ecke etwas Neues zu entdecken! Rothenburg (Ob. Laus) und Bad Muskau s. Tour 14.

In Forst können wir von der Textilfaser bis zum fertigen Tuch die gesamte Produktion verfolgen. Möglich macht dies das **Brandenburgische Textilmuseum**. Wer lieber im Freien bleibt, besucht den **Rosengarten** oder den **Kräuter- und Färbergarten**.

Als **Handwerkersiedlung** wurde Guben schon 1033 erwähnt. Ein Bummel durch die **Altstadt** ist ebenso empfehlenswert wie der Besuch des städtischen **Museums Sprucker** Mühle und dem **Museum der Hutindustrie**.

Weiter geht´s von Guben über Groß Breesen, Eisenhüttenstadt und Brieskow-Finkenheerd nach Frankfort / Oder. Via Lebus, Küstrin-Kietz; Groß Neuendorf , Lunow und Stolpe / Oder erreichen wir Schwedt.

Inzwischen haben sich die Fluten der Oder mit denen unserer Neiße vermischt. In Eisenhüttenstadt wird es dann wieder städtisch. Wie der Name vermuten lässt, steht der Ort ganz im Zeichen der Stahlindustrie. 1950 erfolgte der erste Axthieb zum Bau eines **Eisenhüttenkombinats**. Es entstanden Hochöfen und andere Einrichtungen zum Stahlkochen, aber auch eine Wohnstadt bei Fürstenberg. Der Ort wurde damit zur ersten „sozialistischen Stadt" der DDR und eine echte „Planstadt". Die **Wohnstadt** steht heute unter Denkmalschutz, ebenso wie viele andere Gebäude der Innenstadt – es wäre also fatal, hier nicht genauer hinzuschauen.

Frankfurt / Oder darf sich seit 1999 hochoffiziell „Kleiststadt" nennen. Damit ehrt die Stadt Bernd Heinrich Wilhelm von Kleist, der 1777 hier geboren wurde und stets als Außenseiter in seinem literarischen Umfeld galt. Klar, dass wir auch ein **Kleist-Museum** besuchen können. Die Stadt ist heute zudem Sitz der bekannten **Europa-Universität Viadrina** und

Ueckermünde

Standort der **größten Hallenkirche der Backsteingotik** in Deutschland.

In Stolpe / Oder dürfen wir es nicht versäumen, uns den **Burgfried** der ab 1170 erbauten **Burg Stolpe** anzusehen. Er gilt als einer der mächtigsten in Deutschland. Auch das würdevolle **Herrenhaus** sollten wir uns nicht entgehen lassen.

Die Slawen siedelten wohl schon im 6. Jahrhundert in Schwedt. Aus dieser langen Geschichte heraus entstand eine äußerst sehenswerte Altstadt. Ausgefallen ist die heutige **Bibliothek**, die in einem 1836 erbauten **Tabakspeicher** untergebracht ist.

Tipp: Betrachten Sie doch unseren Fluss einmal aus anderer Perspektive: An der **Zwillingskanalschleuse** von Eisenhüttenstadt können wir uns (auch führerscheinfreie) Motorboote ausleihen und ein- oder mehrtätige Fahrten unternehmen.

Weiter geht´s von Schwedt nach Gartz. Dann verlassen wir die Oder, schwenken ab ins „Landesinnere“ und fahren über Schönfeld, Löcknitz, Glashütte, Rieth und Warsin nach Ueckermünde.

Die **mittelalterliche Stadtmauer** von Gartz ist noch gut erhalten. Sie wird unterbrochen von **Stettiner Tor**, Pulverturm, **Blauem Hut** und **Storchenturm**. Für Ausstellungen und Konzerte wird die ehemalige Kirche des **Heilig-Geist-Spitals** aus dem 13. Jahrhundert genutzt. In der **Altstadt** sehen wir **Ackerbürgerhäuser** aus dem 8./19. Jahrhundert.

Nachdem wir schon eine Zeit Abschied von unserem Fluss genommen haben, treffen wir in Penkun auf ein tolles, dreiflügliges Schloss. Es steht auf einem alten Burghügel und ist von gleich **drei Seen** umgeben.

Auch in Löcknitz stand einst eine Burg, von der heute noch eine **Ringmauer** und der **Bergfried** bestaunt werden kann.

Wollen Sie ausgefallen übernachten? Dann tun Sie dies in der **Heimatstube** von Blankensee. Wenn Sie sich morgens aus dem Bett geschält haben, können Sie sich im Badesee erfrischen.

Derartige Erfrischung können wir zum Ende der Radreise freilich auch noch im **Neuwarper See** oder im **Stettiner Haff** erleben.

Kartentipp:
ADFC-Regionalkarten 1:75.000 (siehe vordere Umschlagklappe):
„Usedom/Stettiner Haff“ ; „Uckermark“ ; „Märkische Schweiz/ Oderbruch“ ; „Spreewald/Berliner Seengebiet“; „Niederlausitz/Lausitzer Seen“; „Oberlausitz/Lausitzer Seen“
Digital für Smartphones und Tablets:
www.fahrrad-buecher-karten.de/rk-digital

17 Havelland-Radweg

Von Schönwalde bis Grütz

50 Touren Info

100 km, durchgehende Beschilderung. Keine nennenswerten Steigungen. Die Route führt meist abseits des Straßenverkehrs über separate Rad- oder Feldwege, daher perfekt für Familien.

Start: Schönwalde-Siedlung (Schönwalde-Glien)
Ziel: Grütz bzw. Elbemündung
Info: Tourismusverband Havelland e.V., Tel. 033237/859030, www.havelland-radweg.de

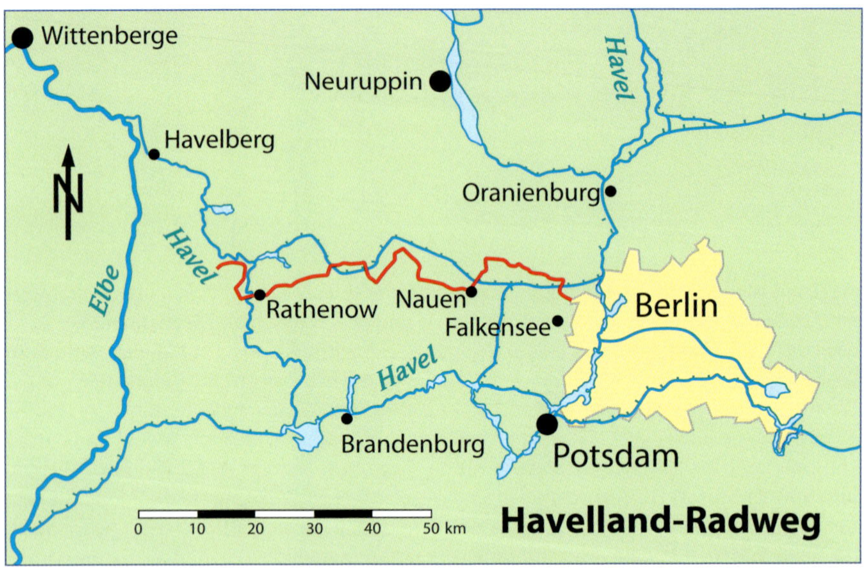

Einen Ausflug auf´s Land – so könnte man diese Radreise nennen. Mit rund 100 km ist der Havelland-Radweg von der Distanz her eher kurz, dafür kommt die Erholung aber nicht zu kurz. Flaches Land und viel Landschaft prägen unsere Tour, die an den Toren Berlins in der Gemeinde Schönwalde-Glien beginnt. Das brandenburgische Havelland ist wie geschaffen zum Radeln. Asphaltierte und bestens ausgeschilderte Wege garantieren bis zur Landesgrenze bei Sachsen-Anhalt einen ungetrübten Fahrgenuss.

Unser Startpunkt liegt im Ortsteil Schönwalde-Siedlung der Gemeinde Schönwalde-Glien, die zum Landkreis Havelland gehört und am **Havelkanal** gelegen ist. Das Dorf Schönwalde tauchte im Jahre 1437 zum ersten Mal in den Büchern auf, die gleichnamige Siedlung wuchs erst ab 1900 heran. Wie die anderen Dörfer der Gemeinde war es einst ein **Straßenangerdorf**. Dies waren Orte, die einen Anger, also einen Dorfplatz, besaßen, um den herum die Häuser planmäßig angelegt wurden. Die Nutzung des Platzes konnte unterschiedlich sein: Meist stan-

Rathenow

den hier die öffentlichen Gebäude wie Kirche, Rathaus, etc. Es konnte aber auch vorkommen, dass der Anger nur eine Gemeindeweide war. Von den übrig gebliebenen, alten Gebäuden stehen in Schönwalde-Dorf einige unter Denkmalschutz, wie die Wirtschaftsgebäude der **Gutsanlage**, die **Dorfkirche** oder das **Wohnhaus** an der Dorfstraße 17. In Schönwalde-Siedlung ist es der **Gasthof Schwanenkrug**, ein besonders schönes Exemplar eines **Vorlaubenhauses**. Weniger schön, aber geschichtlich bedeutsam ist das 2007 errichtete **Mauerdenkmal**.

Los geht´s in Schönwalde-Siedlung. Wir fahren durch Schönwalde-Dorf, Wansdorf und Pausin, kreuzen die Autobahn und kommen nach Paaren im Glien. Über Kienberg und Weinberg-Waldsiedlung erreichen wir Nauen.

Wansdorf weiß mit seinen alten **Gutshäusern** und seiner **barocken Kirche** zu gefallen.

Paaren im Glien wurde 1412 erstmals erwähnt und gilt als **schönstes Dorf im Havelland**.

Mit rund 10.000 Einwohnern ist Nauen einer der größeren Orte, die wir auf unserer Radtour durchrollen. Als Nowen wurde es 1186 genannt und bekam schon 1292 die Stadt- und 1317 die Marktrechte verliehen. Die Geschichte meinte es nicht immer gut mit der Stadt: 1414 zerstörte ein Großbrand die Stadt, 1631 waren es die Truppen Tillys, die alles dem Erdboden gleichmachten. 1933 wurde im Ortsteil Börnicke eine Zementfabrik gebaut, die als Teillager des KZ Oranienburg missbraucht wurde. Ein **Gedenkstein** erinnert seit 1975 an diese Zeit. Das wichtigste Anlaufziel ist heute der **Rathausplatz**, an dem sich das **architektonisch ausgefallene Rathaus** von 1891 erhebt. „Herausragend" im wahrsten Sinne sind auch die **Kirche St. Jacobi** (Turmunterbau aus dem 12. Jahrhundert) und der 1898 erbaute **Wasserturm**. Hier ist seit 2006 die höchste Wohnung Nauens untergebracht.

Farbspiele der Natur

Gleich mehrere Gebäude aus dem 17. bis 20. Jahrhundert präsentiert uns die Altstadt.

Tipp: Der **MAFZ Erlebnispark Paaren** bietet über das Jahr hinweg eine Reihe von Veranstaltungen, die sich meist auf landwirtschaftliche Themen beziehen. Das Angebot reicht von einem Familien- und Haustierpark bis hin zu Geländeführungen in der Natur.

Weiter geht´s von Nauen über Lietzow, Berge, Ribbeck, Paulinenaue, Pessin, Kotzen und Stechow-Ferchesar nach Rathenow.

Theodor Fontane schrieb einst: „Pessin. Dies ist die Kampfesstätte der Ribbecks, Knoblochs und Bredows". Damit geht er ein auf die einflussreiche Familie Knobloch, die 1197 in einer Urkunde genannt wurde, durch die Otto II. Ländereien verschenkte. So ist noch heute das 1419 erbaute **Herrenhaus** derer von Knobloch eines der ältesten Bauwerke des Ortes. Es ist seit jeher verbunden mit dem märkischen Adel in der Mark Brandenburg. Wir sollten uns das Herrenhaus ansehen, denn der giebelverzierte **Fachwerkbau** verdient eine Betrachtung. Ebenso die Dorfkirche, die im 16. Jahrhundert in spätgotischem Stil erbaut wurde.

1352 sprach man noch von einem „Cozym", während ein Jahr später ganz in der Nähe von einem Landbesitz der Familie Bredow zu lesen ist. Der Ortsteil Kriele wurde wohl von Einwanderern gegründet, die im 13. Jahrhundert aus Kriel bei Köln kamen. Wundervoll anzusehen ist die **Allee** in Kotzen, die von alten Eichen bestanden ist. Nicht nur für Kinder ist der Besuch des **Wildgeheges** spannend. Wer bei allem den Überblick behalten möchte, steigt auf den **Aussichtsturm Hoher Rott**.

Stadtfeeling ist in Rathenow angesagt. Ein **Burgwall** war 1157 das erste, was hier

erwähnt wurde. Nach einer ersten Blütezeit sorgte der 30jährige Krieg dafür, dass hier nur noch 48 Menschen lebten. Sind Sie Brillenträger? Dann sollten Sie Johann Heinrich August Duncker danken, denn dieser Sohn Rathenows entwarf um 1800 eine Vierspindelschleifmaschine, mit der Brillengläser rationell hergestellt werden konnten: Eine Revolution in der optischen Technik. Nicht umsonst gibt es auch einen **Optikpark**. Unübersehbares Schaustück ist hier das **Rathenower Brachymedial-Fernrohr**. Ebenfalls über die Stadtgrenzen hinaus bekannt waren die in der Stadt hergestellten Ziegel, die z.B. im Schloss Sanssouci verbaut wurden. Nach dem Radeln bietet die Hafenpromenade genau den richtigen Ort zur Entspannung. Ebenso die „Reste" der **Landesgartenschau** des Landes Brandenburg, die 2006 hier stattfand. Eine zuvor stark verfallene **Mühle** wurde in diesem Zuge restauriert und diente der LAGA als Geschäftsstelle. Heute ist hier ein **„grünes Klassenzimmer"** eingerichtet.

Tipp: Lust auf eine **„Kunst-Tour"**? Dann sind Sie in Rathenow richtig. Außer dem Kulturzentrum am Märkischen Platz gibt es die Galerie im Rathaus, das offene Atelier einheimischer Künstler, die Kunsthöfe von Bahnitz und Gräningen, die Galerie im Grafenstall und die Kunstscheune Strodehne zu entdecken.

Weiter geht´s von Rathenow via Steckelsdorf und Göttlin im Endspurt nach Grütz. Wer mag, fährt noch weiter bis Havelberg, wo die Havel in die Elbe mündet.

In den Lehnbüchern der Erzbischöfe von Magdeburg wurden „Grocz", das heutige Grütz und Göttlin 1381 erstmals erwähnt. Um Göttlin siedelten aber schon viel früher Menschen, was sich aus Funden schließen lässt, die aus der Jungsteinzeit stammen.

Havelberg geht auf das Jahr 948 zurück, als Otto I. ein Bistum ins Leben rief, von dem aus die Slawen missioniert werden sollten. Es ist damit neben Brandenburg der älteste Bischofssitz östlich der Elbe. Und so dominiert noch heute der **Havelberger Dom St. Marien** die Silhouette der Stadt. Schön anzusehen ist auch die **Altstadt**, die mit dem **Stadtgraben** ein schönes Fotomotiv abgibt.

Kartentipp:
ADFC-Regionalkarte 1:75.000 (siehe vordere Umschlagklappe):
„Potsdam/Havelland«
Digital für Smartphones und Tablets:
www.fahrrad-buecher-karten.de/rk-digital

18 Radweg Berlin-Kopenhagen

Von Berlin nach Kopenhagen

50 Touren Info

630 km, durchgehende Beschilderung, in Dänemark Beschilderung mit Schildern der internationalen Fernradroute Nr. 9. Keine größeren Steigungen. Die Route führt meist abseits des Straßenverkehrs über separate Rad- oder Feldwege, daher perfekt für Familien. Teilweise Sandwege, daher keine zu dünnen Reifen wählen! Start: Schlossplatz Berlin

Start: Schlossplatz Berlin

Ziel: Kopenhagen

Info: Tourismus-Marketing Brandenburg GmbH, Potsdam, Tel. 0331/2004747, www.reiseland-brandenburg.de oder www.bike-berlin-copenhagen.com

Berlin und Kopenhagen. Gleich zwei europäische Hauptstädte rahmen unsere 660 km lange Fahrrad-Reise gen Norden ein. Neben diesem internationalen Flair gibt es reichlich zu sehen, nicht zuletzt eine Kreuzfahrt über die Ostsee. Schon fast legendär ist die Natur, durch die wir in Brandenburg sowie in Mecklenburg-Vorpommern radeln. Hier ist Beschaulichkeit angesagt, wenn wir durch weite Felder und Wiesen sowie vorbei an unzähligen Seen rollen. Diese Idylle setzt sich auch fort, nachdem wir in zwei Stunden über die Ostsee geschippert sind. Nach spektakulären Aussichten bildet Kopenhagen den krönenden Abschluss.

Was könnte einen besseren Auftakt für unsere Radtour bilden als Berlin, wo das Herz Deutschlands schlägt? Dicht gedrängt liegen hier die Sehenswürdigkeiten beisammen, so auch auf der **Spreeinsel**, wo unsere Reise, die gerne auch **Museumsinsel** genannt wird, beginnt. Das nahe gelegene **Nikolaiviertel** mit seiner gleichnamigen **Kirche** bietet historische Gebäude und reichlich Gastronomie zum Einkehren. Zum Berlinbesuch gehört es auch, über die Prachtstraße **„Unter den Linden"** zu flanieren und sich **Dom**, **Historisches Museum**, **Altes Museum**, **Staatsoper** und **Brandenburger Tor** anzusehen. Letzteres ist rund 200 Jahre alt und lag nach dem Mauerbau 1961 im Niemandsland. So, wie es symptomatisch für die Trennung war, so steht es auch seit der Grenzöffnung 1989 als Sinnbild für die deutsche Einheit.

Siegessäule in Berlin

Los geht´s von der Museumsinsel einfach immer am Wasser entlang – zunächst am Hohenzollernkanal, dann an der Havel längs verlassen wir die Innenstadt. Beschaulich geht es zu in Hennigsdorf, Oranienburg und Zehdenick. Das Blau neben uns bleibt uns erhalten, wenn wir nach Dannenwalde und weiter über Fürstenberg und Neustrelitz nach Waren (Müritz) fahren.

Nach dem Trubel in Berlin tut es gut, in das **Landschaftsschutzgebiet Stolper Heide** einzutauchen, in dem sich nicht nur Radler, sondern auch bedrohte Vögel wohlfühlen. In Oranienburg ließ sich Kurfürst Friedrich Wilhelm I. ein herrliches **Barockschloss** bauen, bei dem auch eine **Orangerie** nicht fehlt. An das dunkelste Kapitel deutscher Geschichte erinnern die **Gedenkstätte** und das **Museum zum ehemaligen KZ Sachsenhausen**.

Nachdem wir uns im **Grabowsee** abgekühlt haben, folgen wir erst dem Oder-Havel-, dann dem Malzer- und dem Vosskanal. Im ländlich gelegenen Liebenwalde können wir im ehemaligen Stadtgefängnis das „**Museum im Knast**" besuchen. In den Zellen gibt es heute keine Haft mehr, sondern Wissenswertes über die Region.

In Zehdenick steuern wir direkt auf **Klosterruine**, **Zugbrücke** und **Schiffermuseum** zu bzw. daran vorbei. Rund um den Ort gibt es das größte zusammenhängende Waldgebiet Deutschlands. Auf den nächsten Kilometern rollen wir an unzähligen kleinen Seen und an rund 60 Tonstichen vorbei. Kein Wunder, dass es hier auch ein **Ziegeleimuseum** gibt.

In **Himmelpfort** wohnt der Weihnachtsmann, der auch eine eigene Poststelle hat. Im Sommer sind sicherlich die vier **Seen** interessant, die zum Baden freigegeben sind.

Ein Abstecher lockt zum **Stechlinsee**, der einer der klarsten Seen Deutschlands ist. Auch Fontane hat sich schon davon überzeugen können.

Das Schwärmen in dieser Idylle in Grün und Blau scheint kein Ende zu nehmen. Unterbrochen wird es nur durch Stationen wie in

Kopenhagen

Wesenberg mit seiner **Burg** oder Neustrelitz mit **Schlossgarten** und **-kirche**.

In Ankershagen ehrt man den berühmtesten Sohn des Ortes mit dem **Heinrich-Schliemann-Museum**. Wir sehen hier auch einige Originalstücke, die er bei seiner Entdeckung Trojas ausgrub.

Direkt am Weg liegt der **Adler-Informationspunkt**, wo wir die stolzen Vögel per Kamera in ihrem Horst beobachten können.

Mit Waren bzw. dem **Müritzsee** haben wir den Dreh- und Angelpunkt der **Mecklenburgischen Seenplatte** erreicht. Wer sich von der tollen **Warener Altstadt** losreißen kann, besucht das größte **Aquarium**, das es für heimische Süßwasserfische in Deutschland gibt.

Tipp: Nur wenige Pedaltritte von Zehdenick entfernt liegt der **Franziskushof**. In dessen **Klosterschänke** können wir Schwarzbier kosten. Wer gar nicht genug bekommt vom Radeln, kann in Fürstenberg auf eine Draisine steigen und rund 30 km auf Schienen strampeln.

Weiter geht´s von Waren über Krakow, Güstrow, Bützow und Schwaan nach Rostock.

Wenn wir am Kölpinsee nach Damerow abbiegen, können wir im Schaugehege Wisente beobachten. Dann kommen wieder viele Kilometer in ruhiger Natur, immer wieder mit Optionen auf ein erfrischendes Bad in einem

See. Wer zwischendurch etwas Sightseeing machen möchte, ist z.B. in Krakow (**Markt**, Rathaus, **Buchdruckmuseum**) oder Güstrow (Renaissanceschloss, **Norddt. Krippenmuseum, Dom**) an der richtigen Stelle.

In Bützow ist der **Schlossplatz** die „erste Adresse". Hier steht das **Krumme Haus**, in dem das **Heimatmuseum** residiert. Nicht weit davon entfernt entdecken wir das **türmchengekrönte Rathaus** und die **Stiftskirche**. Wer sich einen Überblick über den Ort verschaffen möchte, tut dies in der **Miniaturstadt**: Seit 1995 wird Bützow hier in klein dargestellt.

In Schwaan tobten im Laufe der Jahrhunderte immer wieder Großbrände. Wie durch ein Wunder wurde dabei die **frühgotische Backsteinkirche** stets verschont. Technikfreaks zieht es zur **Wassermühle** oder zur **Hubbrücke**.

Rostock s. Tour 13.

Tipp: Noch Zeit vor der Fähre? Dann machen Sie doch von Rostock aus einen Abstecher ins Seebad Warnemünde, das seit 1323 ein Stadtteil der Hansestadt ist. Berühmt ist vor allem der 37 m hohe Leuchtturm, der schon lange den Schiffen den rechten Weg weist.

Weiter geht´s mit einer kurzen Seereise ins dänische Gedsen. Über Nykobing, Stubbekoning, Steege, Roding und Koge radeln wir immer weiter nach Norden bis Kopenhagen.

Auch auf dänischem Boden gibt es reichlich zu entdecken. Highlights wie Nykobing (**Wasserturm** von 1908, **Klosterkirche**, **Mittelalterzentrum**), Stubbekobing (**Motorradmuseum**, **Oldtimerfahre**), Kalvehave (**Wasserturm**, **Labyrinthpark**, **Königin-Alexandrine-Brücke**) oder Prasto (**Schloss**, **Kirche**) müssen erwähnt werden.

Den krönenden Abschluss bildet **Kopenhagen**, das eine ganze Palette an historischen Gebäuden parat hält. Hinzu kommen Museen, Galerien, Gärten, usw., so dass Kurzweil garantiert ist. Das gilt in besonderem Maße natürlich für die beiden Vergnügungsparks **Bakken** und **Tivoli**.

Kartentipp:
ADFC-Regionalkarten 1:75.000 (siehe vordere Umschlagklappe)**:**
„Ostseeküste/ Schwerin"; „Mecklenburgische Seenplatte"; „Potsdam/ Havelland"; „Berlin und Umgebung"
Digital für Smartphones und Tablets:
www.fahrrad-buecher-karten.de/rk-digital

19 Berliner Mauerweg

Entlang der ehemaligen innerdeutschen Grenze durch Berlin

50 Touren Info

160 km, durchgehende Beschilderung. Keine nennenswerten Steigungen. Die Route führt meist abseits des Straßenverkehrs über separate Rad- oder Feldwege, daher perfekt für Familien.

Start und Ziel: Potsdamer Platz

Info: Berlin Tourismus Marketing GmbH, Tel. 030/2647480, www.berlin.de oder www.visitberlin.de

Auf historischem Boden bewegen wir uns auf diesem Radfernweg, der eigentlich gar nicht so lang ist. Die rund 160 km haben es aber in sich: Dem Verlauf der ehemaligen Grenzanlagen der DDR folgend radeln wir vom Potsdamer Platz eine große Runde in und um die deutsche Hauptstadt. Einige Abschnitte führen über den Kolonnenweg, der den DDR-Truppen einst zu Kontrollfahrten diente. Andere Sequenzen verlaufen durch wundervolle Natur, doch ein Thema zieht sich wie ein roter Faden durch die Radtour: An mehr als 40 Stationen gibt es viele Details über die ehemalige Trennung des Landes zu erfahren – Mauerreste gibt es selbstverständlich auch des Öfteren zu erblicken.

Die stolze deutsche Bundeshauptstadt Berlin hat in ihrer langen Geschichte schon vieles erlebt. In der Nachkriegsgeschichte dürfte aber der 13. August 1961 einer der bedeutendsten Tage gewesen sein. Der DDR-Staatsratsvorsitzende Walter Ulbricht hatte noch kurz zuvor am 15. Juni erklärt, „niemand habe die Absicht, eine Mauer zu bauen“. Fakt war aber, dass zwischen 1945 und 1961 bereits 3,6 Mio. Menschen die sowjetische Zone bzw. Ost-Berlin verlassen hatten, allein 360.000 verließen die DDR in 1960, weil sie durch den einfachen Grenzverkehr beide Staatssysteme miteinander vergleichen konnten. Um einen Zusammenbruch der DDR zu vermeiden, wurden

am Sonntag, den 13. August frühmorgens an den Sektorgrenzen zunächst provisorische Absperrungen errichtet, die direkt im Anschluss durch eine Mauer ersetzt wurde. Plätze, Häuser und Straßen wurden gespalten, aber was noch schlimmer war: Auch die Menschen wurden getrennt. Die Grenzanlagen erreichten schließlich eine neue Dimension – mit Wachtürmen, Signalgeräten, mehreren Zäunen und Mauern sowie einem „Todesstreifen". Die Daten sprechen für sich: 302 Beobachtungstürme, 128 km Zäune, ein 124 km langer Kolonnenweg, 259 Hundelaufanlagen, eine bis zu 3,60 m hohe Mauer und mehr wurden errichtet. Im Oktober 1961 wurde zudem der „Schießbefehl" ausgegeben, laut dem die Grenzposten von der Schusswaffe Gebrauch machen sollten, falls Halterufe und ein Warnschuss keine Wirkung bei einem Flüchtenden zeigten. Beim Fluchtversuch kamen hunderte von Menschen ums Leben – sie ertranken, begingen bei Entdeckung Selbstmord, erlitten Unfälle oder wurden erschossen.

Tipp: Wirklich unter die Haut geht der Besuch einer **Gedenkstätte zur Berliner Mauer**, von denen es gleich 5 Stück gibt. Einer der bekanntesten Orte der Trennung ist sicherlich die **Bernauer Straße**, wo das Leben vieler Menschen von einem Tag auf den anderen völlig verändert wurde. Die Bilder von Menschen, die aus dem Fenster sprangen, um in den Westen zu gelangen, bleiben ebenso unvergessen wie die von VoPo Schumann, der am 15. August 1961 über eine Rolle Stacheldraht in den Westen sprang. Eine **Schautafel** erinnert an den Bau des Fluchttunnels 1964.

Los geht´s am Potsdamer Platz zur Warschauer Straße und weiter über Schönweide nach Schönefeld.

Während der Potsdamer Platz den Aufbruch zu neuen Zeiten symbolisiert, hat man auch hier nicht vergessen, an die Mauer zu erinnern. Nach ein paar Metern können wir 200 m der alten Trennlinie aus Beton finden. Noch eindrucksvoller wird es am **Checkpoint Charly** mit dem **privaten Mauermuseum** und dahinter am **Gedenkort Peter Fechtner**. Der damals 18jährige wurde 1962 beim Fluchtversuch angeschossen und blieb rund eine Stunde blutend liegen, bevor er von Grenzsoldaten abtransportiert wurde – doch zu spät. Fechtner verblutete. An der Mühlenstraße sehen wir den mit 1,3 km längsten noch erhaltenen **Mauerrest**, den berühmtesten an der **„East-Side-Gallery"**. Später kommen wir an die **„Hinterlandmauer"** beim **Teltowkanal**. Ganz in der Nähe liegt die **Rudower Höhe**, wo es südlich einen **Spionagetunnel** gab. Den hatten die westlichen Geheimdienste angelegt, um Zugang zu Telefonkabeln zu haben, über die sowjetische und ostdeutsche Streitkräfte kommunizierten.

19

Am Mauerpark

Weiter geht´s von Schönefeld über Lichtenrade, Lichterfelde Süd und Grebnitzsee hinaus zum Wannsee.

Wir radeln u. a. über den Kolonnenweg und können in der Natur tief durchatmen. Auf guter Piste säumen Birken unseren Weg, ehe uns die Metropole in der **Gropiusstadt** wieder einholt. Bei Lichterfelde befand sich ab 1942 ein KZ-Außenlager. Die 1.500 Insassen mussten Bau- und Aufräumarbeiten nach Bombenangriffen leisten. Daran erinnert die **„Säule der Gefangenen"**.

Bei Glienicke gab es einst eine **DDR-Siedlung**, dessen Grundriss an einen Schmetterling erinnerte. Rundherum gab es Parks und Schlösser, die aber alle zum westlichen Berlin gehörten. Aufgrund des hohen Grundwasserspiegels galt die Region als „nicht tunnelgefährdet". Dennoch gelang 1973 zwei Familien die Flucht, nachdem sie mit einer Kinderschaufel einen 19 m langen Tunnel gegraben hatten.

An der **Glienicker Brücke** wurde die **„Grenzübergangsstelle Potsdam"** eingerichtet. Da hier nur ausgesuchte bzw. hochrangige Personen passieren durften, sprach man auch von der Agentenbrücke.

Weiter geht´s vom Wannsee über Staaken nach Hennigsdorf. Via Hohen Neuendorf gelangen wir nach Hermsdorf.

Der **Große Wannsee** ist nicht nur „Berlins Badewanne". Ab 1870 wurden hier ganze **Villenviertel** geschaffen, von denen heute nur noch wenige erhalten sind. Nach einer entspannenden Fahrt über den Wannsee kom-

Weiter geht´s von Hermsdorf über die Wollankstraße zum Nordbahnhof. Von dort schließen wir unsere Runde, indem wir zum Potsdamer Platz zurückkehren.

Haben Sie Kinder mit auf unsere Entdeckungstour genommen? Gut, dann werden die sich besonders auf diesem Abschnitt amüsieren, wenn wir immer wieder an **Pferdekoppeln** vorbei radeln. Auch Lübars sollten wir uns genauer ansehen, denn es ist das einzige Dorf, das auf dem Stadtgebiet Berlins erhalten geblieben ist.

Im **Volkspark Schönholzer Heide** steht ein **Ehrenmal**, das die Begräbnisstätte für mehr als 13.000 sowjetische Soldaten darstellt.

Der S-Bahnhof Wollankstraße war für DDR-Bürger gesperrt, obwohl er auf dem Territorium der DDR lag. Dafür durften sich Westberliner ohne Kontrolle hier aufhalten. Kein Wunder, dass es hier auch einen Kolonnenweg gab, der heute mit einem **Gedenkstein** markiert und von Kirschbäumen bestanden wird. Unweit lag der **S-Bahnhof Bornholmer Straße** – er wurde 1961 im Zuge des Mauerbaus geschlossen – die Züge fuhren ohne anzuhalten weiter.

men wir später zur Havel, die hier fast schon wie ein See aussieht. Verträumt radeln wir auf den Spuren des Radfernweges Berlin-Kopenhagen nach Hennigsdorf, das eine quirlige **Marina** und sogar eine kleine **Fußgängerzone** zum Entspannen parat hält. Ganz in der Nähe des Ortes finden wir zwei alte **Grenztürme**.

Durch den Tegeler Forst gelangen wir nach Gut Neuendorf, wo bei Stolpe der letzte Grenzübergang zu sehen ist, der erst kurz vor dem Mauerfall in Betrieb genommen wurde.

Tipp: Fast schon wie ein Luxusliner, der irgendwie auf dem Trockenen gelandet ist, sieht das **Einkaufsparadies Gesundbrunnen-Center** aus. Wir finden hier reichlich Läden zum Shoppen und Gastronomie zum Energie tanken.

Kartentipp:
ADFC-Regionalkarte 1:75.000 (siehe vordere Umschlagklappe):
»Berlin und Umgebung«
Digital für Smartphones und Tablets:
www.fahrrad-buecher-karten.de/rk-digital

20 Berlin-Usedom

Von Berlin bis Peenemünde

50 Touren Info

337 km, durchgehende Beschilderung. Keine nennenswerten Steigungen. Die Route führt meist abseits des Straßenverkehrs über separate Rad- oder Feldwege, daher perfekt für Familien.

Start: Berlin

Ziel: Wolgast

Info: Tourismus-Marketing Brandenburg GmbH, Potsdam, Tel. 0331/298730, Tourismusverband Mecklenburg-Vorpommern e.V., Rostock, Tel. 0381/4030500, www.berlin-usedom-radweginfo.de

Zwei der touristisch bedeutendsten Ziele Deutschlands stehen am Anfang und am Ende unserer Radreise durch Brandenburg und Mecklenburg-Vorpommern. Und dazwischen?

Ein perfekt präparierter Radfernweg, tolle Landschaften und reichlich Sehenswertes. Wer keine Lust hat, sein Gepäck selbst zu transportieren, kann inzwischen aus einer ganzen Reihe von Anbietern wählen, die sich entweder nur ums Gepäck und um die Übernachtung kümmern, oder direkt für Einzelpersonen bzw. Gruppen das komplette „Rundum-Sorglos-Paket" bereitstellen.

Berlin s. Touren 18 und 19.

Los geht´s in der Mitte Berlins, direkt auf dem Schlossplatz. Über bzw. neben den Straßen der Hauptstadt her geht es via Mauerpark nach Pankow. An der Panke entlang verlassen wir die Innenstadt via Buch und Bernau. Von Biesenthal radeln wir nach Joachimsthal und weiter nach Angermünde.

Berlin-Buch nennt sich gerne die „Gesundheitsregion". Nicht nur für Kinder ist der Besuch im **„Life Science Center"** von Berlin-Buch spannend. „Mensch-Körper-Lebenswissenschaft-Zukunftsmedizin", dies ist das Motto des **„Forscherschlosses"**. Um alles zum Anfassen zu gestalten, gibt es die **GenieFabrik**, wo Kinder und Erwachsene in Mitmachlaboren in die komplexe Wissenschaft eingeführt werden.

Um Berlin-Buch herum gibt es riesige Waldflächen – allein der **Naturpark** umfasst 1.100 ha. Einbezogen werden auch die „Riesel-

Hier wird regiert

felder". Hier wurden bis 1985 die Abwässer Berlins „verrieselt". Seit dies die Kläranlagen übernehmen, sind diese überflüssig. Vor der Nutzung müssen allerdings erst die Schadstoffe abgebaut werden. Auf den vorhandenen weit verzweigten Rad- und Wanderwegenetzen der Bucher Waldflächen können wir heimische Tiere beobachten. Dafür wurden eigens hölzerne Aussichtsplattformen errichtet.

Wir kommen durch Zepernick mit einem denkmalgeschützten Winkelangerdorf (Info dazu s. Tour 17) und der **Kirche St. Anna** in der Mitte.

Auch Bernau hat einen **historischen Ortskern**, der von einer erhaltenen **Stadtmauer** umgeben ist. Im alten Henkerhaus finden wir das **Heimatmuseum**.

Bei Biesenthal können wir uns im **Wukensee** abkühlen oder uns das alte **Rathaus** sowie die **Kirche St. Maria** ansehen.

Auf unserer weiteren Fahrt haben wir oftmals Wasser neben uns und gleich mehrfach die Gelegenheit, uns das geschäftige Treiben an einer **Schleuse** zu bestaunen. In Eichhorst sehen wir uns den **Askanierturm** an, bevor es am Ufer des **Werbellinsees** entlang nach Joachimsthal mit einer **Schinkel-Kirche** weiter geht.

Der **Grimnitz**- und der **Wolletz-See** liegen an der Strecke, bevor wir mit einem kleinen Abstecher nach Angermünde einrollen. Hier gibt es reichlich zu entdecken, wie z.B. die toll erhaltene **Stadtmauer** mit dem **Pulverturm**, den Turm bestandenen Bahnhofsvorplatz oder den **Markplatz** mit dem imposanten **Rathaus**.

Tipp: An der Schleuse von Eichhorst liegt **„Petra´s Fischimbiss"**, der nicht nur unter Radlern geschätzt wird. Geräucherter Fisch, Fischbrötchen oder aufwändige Fischgerichte können wir zu uns nehmen, um verbrauchte Energien aufzufrischen.

Weiter geht´s von Angermünde über Steinhövel und Warnitz. Am Ober- und Unteruckersee entlang gelangen wir nach Prenzlau.

Wir kommen an weiteren Seen vorbei, die zu Stopps und Wassersport ermuntern – ein

Weiß dominiert Blau

Zentrum dieser Freuden ist **Warnitz** am **Oberuckersee**.

Bei Seehausen finden wir die **Burgwallinsel Fregitz** als Rest einer alten Burg. Auf der Halbinsel Marienwerder gab es einst ein **Zisterzienserkloster**. Ganz in der Nähe wurden viele Tausend Stücke bei Unterwassergrabungen und -funden zu Tage gefördert, die einst zum Kloster gehörten.

Norddeutsche Backsteingotik ist angesagt bei der **Kirche St. Maria** in Prenzlau. Gemeinsam mit dem **Mitteltor** dürfte sie eines der schönsten Fotomotive dieses Radurlaubs abgeben. Mit dem **Seiler**-, dem **Hexen**- und dem **Pulverturm** gibt es noch drei weitere Türme, die ebenso wie Teile der **Stadtmauer** noch erhalten sind. In Prenzlau gab es einst gleich **zwei Klöster**, eines der Dominikaner, eines der Franziskaner. Von beiden sind die Gebäude zum Betrachten erhalten geblieben. Von der Heiliggeistkapelle steht nur noch eine Ruine.

Weiter geht´s von Prenzlau über Pasewalk und Torgelow zur Ostseeküste bei Ueckemünde. Von hier radeln wir via Anklam auf die Insel Usedom. Die Seebäder Ahlbeck, Heringsdorf und Zinnowitz geleiten uns zum Ziel nach Peenemünde.

Auf unserer weiteren Tour tangieren wir mehrere kleine Orte, die alle etwas zu bieten haben, wie z.B. Schönwerder mit seiner **Dorfkirche**, Trebenow mit einem **Großsteingrab** oder Rollwitz, dessen **Kirche** bis ins 13. Jahrhundert zurück datiert.

Pasewalk ist wieder so reich an Sehenswertem, dass wir uns hier längere Zeit aufhalten können. Schon das **Mühlentor** als Rest

der **mittelalterlichen Stadtbefestigung** lässt den Betrachter staunen. Erhalten sind davon auch noch das **Prenzlauer Tor**, der **Pulverturm** und **„Kiek in de Mark"**. Bei letzterem handelt es sich auch um einen Wehrturm, der 22 m hoch ist. Der Name soll so entstanden sein: Die Parsewalker ließen nach einem Feldzug etwa 200 Gefangene erst nach der Zahlung eines hohen Lösegeldes wieder frei. Mit dem Geld wurde dann dieser Turm finanziert. Sogar ein profanes Gebäude wie das **Oskar-Pflicht.Gymnasium**, das 1905 als Mädchenschule entstand, lohnt der Betrachtung. Die Musik spielt aber in Stadtzentrum mit seinem weitläufigen **Marktplatz**, an dem auch die Marienkirche steht, deren Ursprünge bis ins 13. Jh zurück reichen.

In Viereck, Torgelow, und Eggesin können wir uns auf unserer Tour weitere kleine, aber feine **Kirchen** ansehen. Torgelow setzt sogar noch eins ´drauf mit der **Schlossruine** und einer **slawischen Handwerkersiedlung** aus dem 9. Jh.

Ab Ueckermünde fahren wir parallel zum **Mecklenburgischen Seen-Radweg**. Infos zu den Sehenswürdigkeiten finden Sie in Tour 12.

Aus zwei Gründen lohnt sich das Ausrollen in Peenemünde: Ein Radweg durch den reizvollen Nordwesten der Insel sowie das **Raumfahrtmuseum**. Hier befand sich von 1936 bis 1945 die Heeresversuchsanstalt unter der Leitung von Wernher von Braun. Auf den Raketenstartplätzen wurden Großraketen getestet, so auch die „V2", die eigentlich „A4" hieß. Auch die Flugbombe der Luftwaffe wurde unter dem Propagandanamen „V1" hier entwickelt. Das Modell einer „V2" verdeutlicht die Größenordnung dieser Waffe. Peenemünde selbst wurde aktenkundig, als Herzog Bogislaw IV. 1282 den Ort an die Stadt Wolgast verschenkte. Im 30jährigen Krieg landete der schwedische König Gustav II. Adolf in Peenemünde mit seiner Armee von 15.000 Mann.

Tipp: Im ehemaligen Marstall des Parsewalker Königin-Kürassier-Regiments ist heute das **Kulturforum „Historisches U"** untergebracht. Neben Theater und Kabarett gibt es immer wieder wechselnde Ausstellungen von regionalen und überregionalen Künstlern.

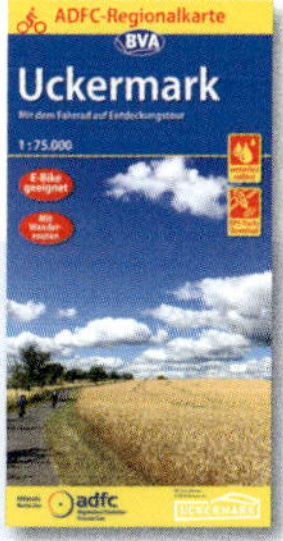

Kartentipp:
ADFC-Regionalkarten 1:75.000 (siehe vordere Umschlagklappe):
„Usedom/Stettiner Haff"; „Uckermark"; „Berlin und Umgebung"
Digital für Smartphones und Tablets:
www.fahrrad-buecher-karten.de/rk-digital

21 Saale-Radwanderweg

Von Zell bis Barby/Elbe

50 Touren Info

427 km, durchgehende Beschilderung. Im Ober- und Mittellauf – insbesondere im Bereich der Talsperren – einige anstrengende Steigungen. Die Route führt meist abseits des Straßenverkehrs über separate Rad- oder Feldwege, wegen der vorhandenen Anstiege für Familien nur bedingt zu empfehlen.

Start: Zell

Ziel: Barby / Elbe

Info: Saaleradweg e.V., Geschäftsstelle Jena, Tel. 036601/905206, www.saale-radwanderweg.de

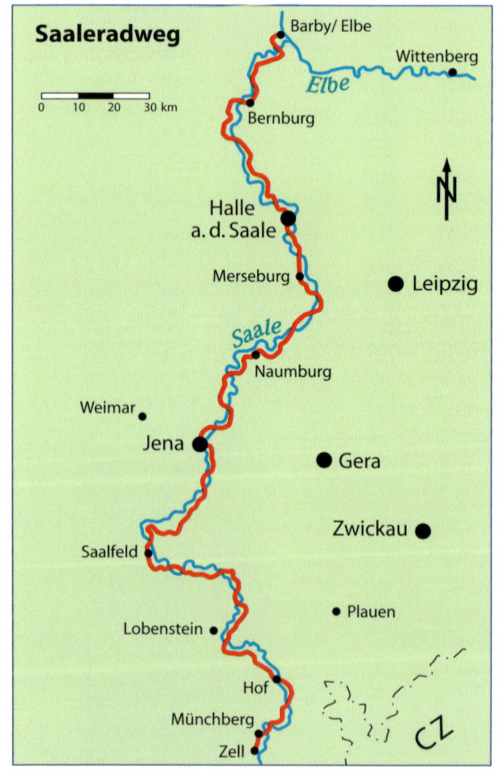

Bei der Auswahl der in diesem Buch beschriebenen Touren wurde konsequent darauf geachtet, dass die Routen familienfreundlich verlaufen. Dieses Attribut kann man dem Saale-Radwanderweg nur bedingt zugestehen, denn im Ober- und Mittellauf gibt es teils anstrengende Steigungen zu bewältigen. Dennoch gehört dieser Radweg eindeutig zu den „50 schönsten Fernradwegen Deutschlands", denn es kommen nicht nur eingefleischte „Bergziegen" auf ihre Kosten, sondern auch Genussradler, die herrliche Natur lieben und sich gerne historische Stätten anschauen. Es sind vor allem Burgen und Festungen, die unseren Weg vom bayerischen Zell gen Norden begleiten. Also: Kräftig in die Hände gespuckt, die Waden gestärkt und auf an die Saale!

Am Ausgang eines ehemaligen **Bergwerksstollen** erblickt die Saale das Licht der Welt, wovon auch ein entsprechendes Schild zeugt.

Ganz in der Nähe von Zell gilt es, die **Burgruine „Rotes Schloss"**, ein **Bauernhofmuseum** und einen **Aussichtsturm** auf dem 877 m hohen **Waldstein** zu erkunden. Am nahen Haidberg gibt es magneteisenhaltiges Serpentingestein – mit diesem erforschte Alexander von Humboldt die magnetische Wirkung von Gesteinen.

Los geht´s an der Saalequelle oder in Zell. Über Schwarzenbach, Hof, Hirschberg, Rudolphstein und Saalburg radeln wir nach Drognitz.

Dornburger Schloss

Das ehemals **Schönburgsche Schloss** ist heute das Rathaus von Schwarzenbach / Saale. Unübersehbar ist auch der 56 m hohe Turm der **Pfarrkirche St. Gumbertus**.

Um 1080 dürfte es gewesen sein, als die **Kirche St. Lorenz** gegründet wurde. Aus ihr ging jene Stadt hervor, die zunächst Regnitzi und später Hof hieß. Den besten Überblick über Hof und das Erzgebirge können wir uns vom **Aussichtsturm** verschaffen, der uns auf dem Rosenbühl bis in eine Höhe von 579 m bringt. Bei der Umgestaltung des strahlend weißen **Rathauses** konnten einige Teile des alten Baus erhalten werden.

Rund um diesen Prachtbau gibt es tolle alte Bürgerhäuser und mit **Michaelis-**, **Hospital-** und **Lorenzkirche** gleich drei Gotteshäuser zu sehen. Danach ist Erholung im 70 ha großen **Stadtpark Theresienstein** angesagt, den es in ähnlicher Form schon 1817 gab. Ganz exotisch ist der „Fernwehpark", der eine bunte Sammlung von Schildern aus aller Welt ausstellt – lassen Sie sich in die weite Welt entführen!

Weit über den Ort hinaus ragt der **Alte Turm** von Lobenstein, der ein Überbleibsel der 1632 zerstörten Burg ist.

Könnte man ein **Jagdschloss** treffender nennen als „Waidmannsheil"? Es liegt seit 1837 in einem Park bei Saaldorf.

In Saalburg gab es freilich auch eine **Burg** – ausgefallener ist aber die **„steinerne Rose"**, ein Diabasfelsen, der in Form einer Rose aufgesprungen ist. Wem es nun warm geworden ist, der springt in den Bleilochstausee. Dieser oberste von **5 Saale-Stauseen** ist 28 km lang, rund 9,2 ha groß, fasst 215 Mio. kbm und ist damit einer der größten Stauseen Deutschlands.

Kein Tippfehler ist es, wenn wir vom Ort Burgk schreiben und ebensowenig falsch, sich das **Reußen-Schloss Burgk** nicht entgehen zu lassen, das gleich mehrere Baustile in sich vereint.

Tipp: Nirgendwo anders in Deutschland finden wir einen vergleichbaren „Bibelweg". Er verbindet auf 1,2 km die evangelische St.

21

Rudelsburg

reichsten Schaugrotten der Welt“: In der Tat schillert diese Unterwelt in den herrlichsten Farben. Zurück über der Erde reckt sich die **Burgruine Hoher Schwarm** in die Höhe. Rund um den blumengeschmückten **Markt** finden wir die **Johanniskirche** von 1425, das **Renaissance-Rathaus**, das **Höhnsche Haus** von 1610, das **Residenzschloss** von 1720 und die Hofapotheke in einem ehemaligen romanischen **Wohnturm** von 1180.

Auch in Rudolstadt brauchen wir genügend Zeit, um uns das wuchtige **Schloss Heidecksburg**, **Schloss Ludwigsburg**, das **Alte Rathaus** und das **Lengefeldsche Haus** anzusehen. In letzterem trafen sich 1788 die Freunde Goethe und Schiller. Wer mehr über die Landwirtschaft und das Leben auf dem Thüringer Land erfahren mag, besucht das **Freilichtmuseum** „Thüringer Bauernhäuser“, in dem originale Häuser aus dem 17. / 18. Jahrhundert hautnah erfahren werden können.

Seit 1236 darf sich Jena „Stadt“ nennen. Und was für eine! Nicht nur Dank Carl Zeiss, der 1848 hier eine „Mechanische Werkstatt“ einrichtete und damit die feinmechanisch-optische Industrie ansiedelte: Der Besuch des **Optischen Museums** ist also schonmal Pflicht! Die Gebäude um den denkmalgeschützten Marktplatz gefallen ebenso wie das Romantikerhaus, die **Kirche St. Michael** oder das **Johannistor**. Zehn Jahre lebte Schiller in Jena – davon zeugt heute noch das alte **Gartenhaus**.

Tipp: Uhlstädt hat sich der Flößerei verschrieben. Hier können wir ein entsprechendes Museum besuchen, alle zwei Jahre dem Pfingsten stattfindenden **Flößerfest** beiwohnen oder selber eine Floßfahrt unternehmen.

Jakobus- und die katholische St. Antonius-Kirche von Oberkotzau. Entlang des Weges stehen 12 Säulen mit Bibelversen. Ein Teil des Bibelweges läuft parallel zu unserem Radweg.

Weiter geht´s von Grognitz am Hohenwartestausee vorbei nach Saalfeld. Hinter Rudolstadt rollen wir von Kahla nach Jena.

So langsam dämmert´s, warum vom „Thüringer Meer“ gesprochen wird – wir passieren den **Hohenwartestausee**. Wie ein Fjord ist er nur 1 km schmal, dafür aber 27 km lang. In der Region finden wir die **Plothener Teiche**, die im 12. Jahrhundert von Mönchen angelegt wurden, um Fische darin zu züchten.

Saalfeld ist ein weiteres Highlight unserer Reise. Wegen der vielen alten Bauten nennt man die Stadt auch „steinerne Chronik Thüringens“. Berühmt sind vor allem die **„farben-**

Weiter geht´s von Jena via Camburg, Naumburg, Bad Dürrenberg und Merseburg nach Halle a.d.S.

Dom St. Peter und Paul, Naumburg

Auf dieser Etappe bekommen wir wieder reichlich historisches Sightseeing geboten, darunter z.B. das **Barockschloss** von Dornburg, den 40 m hohen Turm der **Burgruine Camburg**, die **Ruine Cyriaksburg**, das **Zisterzienserkloster Pforta**, die **Rudelsburg** und **Burg Saaleck**.

Naumburg besitzt einen einladenden **Marktplatz** und hat mit dem **Dom St. Peter und Paul** eines der wertvollsten Baudenkmäler Europas. Die international bekannten Stifterfiguren finden wir im Westchor.

Auch in Goseck, Schönburg und Weißenfels entdecken wir historisch bedeutende Bauten, während Bad Dürrenberg mit seinem 10 ha großen **Kurpark** und dem 900 m langen **Gradierwerk** zur Entspannung beiträgt.

Der nächste **Dom** wartet in Merseburg auf uns, wobei die **Neumarktkirche** und das hiesige Schloss ebenfalls eine genaue Betrachtung verdienen.

Halle an der Saale wird von der **Burg Giebichenstein** dominiert, die ab 968 als Residenz der Magdeburger Erzbischöfe diente. Sie waren es auch, die bis 1503 die **Moritzburg** erbauen ließen. In der Innenstadt von Halle gibt es mit der **Marktkirche**, dem **Dom**, dem **Roten Turm**, usw. soviel zu sehen, dass eine Übernachtung eingeplant werden sollte.

Weiter geht´s von Halle a.d.S. über Bernburg und Calbe nach Barby – die Saale mündet nur wenig später in die Elbe.

Auf einem Felssporn wurde **Burg Wettin** 50 m über der Stadt angelegt. 785 wurde hier dann zum ersten Mal ein Stammschloss des sächsischen Königshauses dokumentiert. Im unten gelegenen Ort ragt der 30 m hohe Turm des **Rathauses** heraus.

In Könnern haben wir die Möglichkeit, von dem hier steil eingeschnittenen Saaletal in gleich drei Seitentäler abzuzweigen.

In Plötzkau und Bernburg haben wir zwei weitere **Schlösser**, die wir uns ansehen sollten, während es in Nienburg (Saale) die **Klosterkirche** ist, die einen Besuch wert ist.

Calbe hatte einst eine doppelte Stadtmauer, von der heutzutage noch der **Hexenturm** erhalten ist.

In Barby wird uns das Ende unserer Reise entlang der Saale mit dem **Schloss** und der **Burgruine Rosenburg** versüßt.

Kartentipp:

ADFC-Regionalkarten 1:75.000 (siehe vordere Umschlagklappe): **„Anhalt/ Dessau/ Wittenberg-Welterberegion“; „Leipzig und Umgebung“; „Erfurt und Umgebung“**

Digital für Smartphones und Tablets:
www.fahrrad-buecher-karten.de/rk-digital

22 100 Schlösser Route

Rundtouren durch das Münsterland

50 Touren Info

960 km, aufgeteilt in Nord-, West- Süd- und Ostrunde, durchgehende Beschilderung. Je nach Abschnitt wenige bis keine Steigungen. Die Route führt meist abseits des Straßenverkehrs über separate Rad- oder Feldwege, daher perfekt für Familien.

Start / Ziel: beliebig wählbar

Info: Münsterland Touristik Grünes Band e.V., Steinfurt, Tel. 02551/939292, www.muensterland-tourismus.de

Die 100 Schlösser Route ist ein Klassiker unter den Fernradwegen – auch wenn der Tourverlauf etwas untypisch daherkommt. Es sind nämlich eigentlich vier große Rundtouren, die wir auf den 960 beschilderten Kilometern durch das Münsterland beradeln.

Der Name ist Programm: Wer vorhat, sich alle Burgen und Schlösser anzusehen, die am Wegesrand liegen, wird schnell vor dem Überangebot kapitulieren. Staunen und Schwärmen ist jedenfalls immer wieder angesagt, wenn wir auf gut ausgebauten und gekennzeichneten Radwegen touristische Highlights „in Serie" vorgesetzt bekommen.

Los geht´s zur ersten Runde in Münster. Über Ostbevern, Sassenberg, Warendorf, Oelde, Wadersloh, Lippetal, Beckum, Sendenhorst und Everswinkel schließt sich der Kreis.

Münsters herrliche **Altstadt** liegt, wie auch **Zwinger**, **Erbdrostenhof**, **Lambertikirche** und **Rathaus**, am **Prinzipalmarkt**. Vis-a-vis zum Rathaus steht der **Dom**. Als dieser und ein **Kloster (Monasterium)** gegründet wurden, war auch der Stadtname geboren. Auch

Münsterland – Schlösserland

das **bischöfliche Palais**, die **Überwasserkirche** und das **Schloss** sollten wir uns nicht entgehen lassen.

Hinter Telgte kommen wir am rund 1.000 Jahre alten Haus Langen vorbei. Wenn wir Ostbevern passiert haben, sehen wir mit Lohberg das erste **Wasserschloss** unserer Tour, das in einem 1903 angelegten **englischen Garten** steht.

Einen „Dreierpack" gibt es gleich darauf in Sassenberg. Zunächst rollen wir durch den Vorort Füchtorf, wo **Schloss Harkotten** von Korff und Schloss Harkotten von Kettler stehen. In Sassenberg selbst steht **Haus Schücking**, das 1754 vom damaligen fürstbischöflichen Kanzler Engelbert Schücking gebaut wurde.

Die **Wasserburg Haus Geist** in Oelde dürfen wir nur von außen bewundern, da sie sich in Privathand befindet, doch aus den zugänglichen Gärten können wir auch einen schönen Blick erhaschen.

Eine der bedeutendsten Wallfahrten Westfalens findet seit rund 800 Jahren zur **Kreuzkirche** an der **Burgruine** Stromberg statt.

Eine **Hallenkirche** im Gotik- und ein **Abteigebäude** im Barockstil erwarten uns in Liesborn, ehe es an den Wasserburgen Hovestadt und Assen vorbei nach Beckum geht. Hier steht mit dem **Buddenturm** ein Rest der Stadtmauer und mit dem **Aussichtsturm Seewarte** ein Zeuge der Landwehr.

Den Sendenhorster Bürgern steht **Haus Siekmann** als Kulturzentrum zur Verfügung, das im 14. Jahrhundert aus einem Adelssitz hervorging und heute wesentlich das Stadtbild bestimmt.

Haus Brückhausen bei Eversberg und der Drostenhof, in dem heute das **Preußische Landesmuseum** untergebracht ist, sind die letzten Highlights der Runde.

Tipp: Wer sich vorher anmeldet, kann den **Rittersaal** und das **Kavallerie-Museum** in Haus Vornholz besichtigen, einem Rittersitz aus dem 13. Jahrhundert.

22 **Weiter geht´s** auf der nächsten Runde von Münster Richtung Sendenhorst. Ascheberg, Drensteinfurt, Selm, Lüdinghausen, Nottuln, Billerbeck und Havixbeck sind die größeren Orte entlang der „Südkurve".

Wasserschloss Borg, **Ritterburg Davensberg**, **Haus Byink**, **Haus Steinfurt**, **Haus Venne** und **Schloss Westerwinkel** sind die Schmankerl, die schon auf den ersten Kilometern dieser Route auf uns warten. Letztgenanntes stammt aus dem 17. Jahrhundert und war eines der ersten Barockschlösser, die es in dieser Region gab.

Zeit nehmen müssen wir uns für das „**Westfälische Versailles**": Inmitten eines phantastischen Gartens erhebt sich ein barockes Schloss.

Das Domkapitel zu Münster war der Grund für den Ausbau der **Burg von Lüdinghausen** im prachtvollen Renaissance-Stil.

Mit Haus Groß-Schonebeck, Haus Klein-Schonebeck, der Kolvenburg und Haus Hamerden haben wir reichlich Abwechslung bis zum Haus Havixbeck, das ebenfalls zum Pflichtprogramm gehört. In der verträumten Anlage von 1545 wurde die Dichterin Anette von Droste-Hülshoff geboren.

Tipp: **„Ritter und Pferde"** lautet der Titel einer Ausstellung extra für Kinder, die wir in der Wehrburg Vischering finden. Die sehenswerte Anlage beherbergt auch das **Münsterlandmuseum** und das **Kulturzentrum** des Kreis Coesfeld.

Weiter geht´s auf der Westrunde, die wir am Besten in Coesfeld beginnen. Sie führt uns via Dülmen nach Haltern am See und weiter nach Raesfeld, Isselburg nach Borken und Velen. Über Südlohn, Ahaus und Legden wird die Runde beschlossen.

Einige Teile der **Burg Lohburg** wurden im 2. Weltkrieg zerstört, dennoch gibt es hier noch eine schöne, zweiflüglige Anlage zu sehen, die seit 1912 der Familie Salm-Salm gehört.

Schloss Buldern war Schauplatz eines Hans-Albers-Filmes, doch auch ohne diese Historie wäre dieses stolze Anwesen seiner verspielten Fassade wegen bedeutend geblieben.

In Haltern am See können wir uns einmal vom „Besichtigungsstress" erholen und uns ins kühle Nass stürzen. Weit in die Vergangenheit zurück reicht das **Römisch-Germanische Museum**, wo wir freilich auch Infos zur Varusschlacht finden.

Für Haus Raesfeld brauchen wir ordentlich Disziplin, um hier nicht vor lauter Freude über diese herrliche Anlage das Radeln komplett zu vergessen. Inmitten des **Schlossparks** finden wir ein **Wasserschloss** wie aus dem Bilderbuch – das **R**estaurant im Kellergewölbe lädt ein, doch länger zu verweilen.

Trotz Wald ist das gelb getünchte **Haus Diepenbrock** von Bocholt nicht zu übersehen: Ecktürme, Walmdach, Kegelhelme und viele weitere Details können wir beim Betrachten entdecken.

Auch die **Wasserburg Anholt** ist ein echter „Hingucker" – mehr noch aber das im Innern befindliche Bild „Diana und Aceton", das von Rembrandt persönlich geschaffen wurde. Während die meisten Teile der Burg in niederländischem Barock gehalten sind, stammt der Bergfried noch aus dem 12. Jahrhundert.

Mit reichlich Wasser um ihre Mauern können sich **Schloss Velen**, **Wasserburg Gemen** und **Haus Lohn** in Szene setzen.

In wiederum völlig anderem Design kommt **Schloss Ahhaus** daher, in dem heute mehrere Museen untergebracht sind.

Ein Abbild des Klassizismus ist das **Wasserschloss Varlar** in Rosendahl, das aus einem Prämonstratenserkloster hervorging. Der **englische Park** wird von lauschigen Gräften durchzogen.

Zu den restlichen Sehenswürdigkeiten der Tour s.o.

Weiter geht´s mit der Nordrunde, die wir wieder in Münster starten können. Durch bekanntes Terrain bei Havixbeck und Billerbeck schwenken wir dann gen Norden und

Haus Vögeding

rollen durch Horstmar, Ochtrup, Bad Bensheim Neuenkirchen und Rheine. Über Tecklenburg, Lengerich, Bad Iburg und Ostbevern geht es wieder zurück nach Münster.

„Specklagentechnik" – das ist nicht etwa ein neues Küchenrezept, sondern jene Bauart, die zum ausgefallenen Aussehen der **Wasserburg Haus Alst** bei Horstmar beiträgt.

Eine der größten und zugleich die **älteste Wasserburg** Westfalens finden wir in Steinfurt. Das Schloss wurde schon 1129 erwähnt und mitten im Fluss Aa erbaut. Aber auch die Innenstadt von Steinfurt sollten wir uns nicht entgehen lassen.

Die einzige **Höhenburg** des Münsterlandes zählt Bad Bentheim zu seiner Fläche. Vom **Pulverturm** aus haben wir einen herrlichen Blick über die Weite des Münsterlandes.

Nachdem wir in Rheine Stadtfeeling genossen haben, schauen wir uns den **Falkenhof**, die **Surrenburg** bei Hörstel und **Schloss Habichtswald** bei Ibbenbüren an.

Von **Burg Tecklenburg** können wir nur noch **Ruinen** sehen – Vollständiges ragt bei **Haus Mack** aus dem Wasser hervor. Nachdem wir uns auch noch den Rittersaal von **Schloss Imburg** zu Gemüte geführt haben, geht es an den o. g. Sehenswürdigkeiten wieder zurück nach Münster.

Kartentipp:
Kompakt-Spiralo 1:75.000
100 Schlösser Route, Spiralbindung

23 RuhrtalRadweg

Von Winterberg bis Duisburg

50 Touren Info

240 km, durchgehende Beschilderung. Zu Beginn in Winterberg eine starke Steigung, dann keine nennenswerten Steigungen mehr. Die Route führt meist abseits des Straßenverkehrs über separate Rad- oder Feldwege, daher perfekt für Familien.

Start: Winterberg

Ziel: Duisburg

Info: Ruhr Tourismus GmbH, Oberhausen, Tel.: 01805/181620, www.ruhrtalradweg.de

Es gibt Klassiker unter den Fernradwegen… und es gibt neue, die das Zeug dazu haben, ein Klassiker zu werden. Der RuhrtalRadweg gehört ohne Frage zu letzeren. Obwohl er noch recht jung ist, ist er von Frühjahr bis Herbst sehr gut frequentiert. Auf der Route trifft man reichlich „Einheimische" aus dem Sauerland oder dem Ruhrgebiet, aber auch viele Gäste, die von weit her kommen, um sich ein Bild von diesem Fluss zu machen. Dass man im Sauerland leicht Radwege abseits der Straßen durch ruhige Natur findet, überrascht nicht so sehr. Was die „Macher" des RuhrtalRadweges aber im Ballungsraum Ruhrgebiet geschafft haben, grenzt an ein Wunder: Immer wieder rollen wir für lange Zeit direkt neben der Ruhr und haben nichts als Ruhe und Grün um uns herum. So ist es gelungen, die Trassen so anzulegen, dass wir zu keiner Zeit längere Passagen auf Straßen zurücklegen müssen. Machen Sie sich auf, diesen Radel-Traum zu erleben!

Rheinorange

Das mondäne Zentrum Winterbergs liegt auf 670 m ü. N .N. Hier können wir rund um die **Kirche St. Jakobus** der Ältere prächtig bummeln, einkaufen oder in Cafés und Restaurants genießen. Der Stadtkern Winterbergs musste vollständig neu erbaut werden, nachdem 1791 nur 7 Häuser einen Großbrand überstanden. Die wichtigsten Sehenswürdigkeiten sind die 1.601 m lange **Bobbahn** oder die 1959 erbaute, 22 m hohe **St. Georg-Sprungschanze**. Im 1998 eröffneten **Wintersport-Museum** staunen wir modernen Skifahrer, mit welch abenteuerlichen Ausrüstung sich unsere Eltern bzw. Großeltern die Hänge hinuntergestürzt haben. Die **Bike-Arena Sauerland** (www.bike-arena.de) bietet Strecken unterschiedlichster Ansprüche – wie beim Skilaufen in die Kategorien blau, rot und schwarz differenziert. 1.140 Streckenkilometer und 22.000 Höhenmeter sind ausgeschildert. Wie lang war Ihr Urlaub noch gleich?

Tipp: Wem die Herausforderungen der Bike-Arena nicht reichen, der konzentriert sich auf den **Bikepark** (www.bikepark-winterberg.de). Rasante Downhill-Abfahrten, spektakuläre Sprünge, Hindernis-Trail – alles hier möglich. Um genügend Puste für die Abfahrten zu haben, geht es bequem mit dem Sessellift nach oben.

Los geht´s in Winterberg. Schon nach wenigen Metern heißt es „kräftig durchschnaufen", denn es geht zum Teil sehr anstrengend hinauf auf den Ruhrkopf. Wer das geschafft hat, kommt an der Ruhrquelle vorbei und kann auf den nächsten Kilometern genießen. Über Niedersfeld, Assinghausen, Olsberg und Bestwig geht es nach Meschede und via Wennemen, Arnsberg und Hüsten nach Neheim.

Der **Gedenkstein der „Ruhrquelle"** von 1849 wurde frisch gewienert, Bänke und Infotafeln aufgestellt und als besonderes Schman-

23

kerl hat man den Verlauf der Ruhr so angelegt, dass wir hindurchfahren müssen.

Neben **Fachwerkhäusern** und **Kirchen** können wir bei Niedersfeld die schnelle Abkühlung im **Hille-Stausee** oder professionelle Wellness in den Kureinrichtungen finden.

„Schönste Fachwerkgruppe Westfalens", „Rosendorf", „Fachwerkdorf" – das sind nur drei der Namen, mit denen das um 800 gegründete Assinghausen gerne gerühmt wird. Kein Wunder, dass es schon mit zahlreichen Auszeichnungen wie Landes- oder Bundesgolddorf prämiert wurde.

In Ramsbeck bei Bestwig finden wir das **Erzbergbaumuseum** und das **Besucherbergwerk**. Hier können wir – ausstaffiert mit Schutzkleidung und Helm – mittels Grubenbahn 1,5 km in den Berg hineinfahren. Wer in der Region übernachtet, kann Fort Fun mit Europas längster **Sommerrodelbahn**, **Drachenflieger**, **Wildwasserbahn**, **Looping-Achterbahn**, etc. besuchen.

Die **Fußgängerzone** lädt zum Bummeln, Speisen und Rasten ein. Abstecher führen zum **Hennesee** und zur **Abtei Königsmünster** sowie auf unserem weiteren Weg **Wasserschloss Laer**.

Arnsberg ist mehr als nur Sitz der Bezirksregierung. Es empfängt uns heute eine prächtige **Innenstadt**, die am **Alten Markt** mit dem **Maximilianbrunnen**, der **Stadtmadonna** (um 1500), dem **Alten Rathaus** und dem **Sauerlandmuseum** (1710) ihre Höhepunkte findet.

Neheim wurde 1202 erstmals erwähnt und erhielt 1358 die Stadtrechte durch Graf Gottfried IV von Arnsberg. Nachdem die Innenstadt 1807 ein Opfer der Flammen wurde, erfolgte ein planvoller Wiederaufbau mit geraden, rechtwinkligen Straßen. Die **Kirche St. Johann Baptist** wird wegen der Ausmaße „Sauerländer Dom" genannt.

Weiter geht´s von Neheim über Wickede und Fröndenberg nach Schwerte und weiter über Herdecke, Wetter und Witten nach Hattingen.

Zentrum des modernen Wickede ist der **Marktplatz** mit einer Bronzeskulptur **„Der Glasbläser"**. Eine Hommage an eine Glashütte, die hier von 1889 bis 1915 produzierte.

In Fröndenberg ist die ehemalige **Stiftskirche** aus dem 13. Jahrhundert unübersehbar, die aus einem Zisterzienserkloster übrig blieb und ein spätgotisches Hochaltarbild beherbergt. Das Kloster wurde 1197 erstmals erwähnt, das später folgende Damenstift 1812.

Unser erster Besichtigungspunkt in Schwerte ist die **historische Rohrmeisterei,** die heute ein Kulturzentrum ist. Nebenan gibt es „scharfe Sachen" in dem kleinen **Senfmuseum**. Die wichtigsten Sehenswürdigkeiten in Schwertes Altstadt sind **Calvin-Haus**, **St. Marienkirche** und **St. Viktor-Kirche**. Hier lohnt sich ein Blick auf den **goldenen Antwerpener Schnitzaltar**.

Wir rollen vorbei an **Hengstey-, Harkorth-** und **Kemnader See**. Wer hier nicht die Chance zur Abkühlung nutzt, ist selber schuld.

In der **Altstadt** Herdeckes lockt das **Bachviertel** mit **Fachwerkhäusern** und Einkehrmöglichkeiten. Das romantische, nur 6 m breite **Minihotel** rühmt sich, eines der kleinsten Deutschlands zu sein

Das imposante **Viadukt** ist eines der Wahrzeichen des Ruhrtal-Radweges. Die 12 harmonischen Bögen von je 20 m Spannweite halten die Bahn auf einer Höhe von 30 m über der Ruhr und überspannen damit insgesamt 313 m.

Keinesfalls versäumen sollten Sie einen Besuch in der **Zeche Nachtigall** bzw. im **Muttental**, denn hier liegt die Wiege des Bergbaus. Zwei Bauern waren es, die 1714 beantragten, an dieser Stelle Kohle fördern zu dürfen.

Die **historische Altstadt** von Hattingen mit dem **Rathaus**, dem **Bügeleisenhaus**, **Stadtmauer- und Türmen** und der **Georgs-**

Bruchhauser Steine

Kirche dürfen wir uns keinesfalls entgehen lassen. Genau wie die **Heinrichshütte**, wo wir der „Ratte" durch die ehemaligen Produktionsstätten folgen und die wesentlichen Abläufe der Stahlerzeugung und -verarbeitung kennenlernen.

Tipp: Ein Abstecher führt nach Iserlohn, der „Einkaufsstadt des Sauerlands". Unterhalb der Obersten Stadtkirche, die wertvolle Devotionalien wie die Bildtafeln des »Iserlohner Marienlebens« und einen prachtvollen Schnitzaltar von 1400 in sich birgt, finden wir die Altstadt der Bauernkirche, Haus Rampelmann und das Haus des Stadtmuseums.

Weiter geht´s von Hattingen vorbei am Baldeneysee. Werden, Kettwig und Mülheim a.d.R. geleiten uns nach Duisburg-Ruhrort.

Das **Eisenbahnmuseum** Bochum-Dahlhausen ist eine der bedeutendsten technikgeschichtlichen Sammlungen zur deutschen Eisenbahn. Um das **Dampflokbetriebswerk** herum gibt es mehr als 170 historische Schienenfahrzeuge zu entdecken.

Am wunderbaren und ausufernden **Baldeneysee** vorbei kommen wir nach Essen-Werden. Die **Abteikirche St. Ludgerus** beherbergt Reisekelch, Tragaltar, Gürtel und Pontifikalhandschuh des heiligen Ludger.

Wir durchrollen das historische Kettwig entlang des gleichnamigen Sees. Später erreichen wir das grüne Mülheim a.d.R. mit seinem **Wasserbahnhof**, **Burg Broich** und **Tersteegenhaus**. Durch den MüGa-Park kommen wir am **Wassermuseum Aquarius** und **Schloss Styrum** vorbei.

Der RuhrtalRadweg endet, wie es sich gehört, direkt an der Mündung in den Rhein, die hier in Duisburg von der Plastik **Rheinorange** markiert wird.

Kartentipp:
Kompakt-Spiralo 1:50.000
RuhrtalRadweg, Spiralbindung

24 Bergischer Panorama-Radweg

Von Hattingen nach Olpe

50 Touren Info

133 km, davon 89 auf ehemaligen Bahntrassen, gute Beschilderung, hügeliger Verlauf mit nur wenigen größeren Steigungen. Die Route führt meist abseits des Straßenverkehrs über separate Radwege, daher perfekt für Familien.

Start: Bahnhof Hattingen

Ziel: Bahnhof Marienheide oder Olpe

Info: Verschiedene regionale Touristik-Informationsstellen in jeder Stadt. panorama-radwege.de, dasbergische.de, ruhr-sieg-radweg.de

Eingebettet zwischen gleichermaßen bekannten und beliebten Ausflugszielen liegt das Bergische Land: Im Westen grenzt das Rheinland, im Osten das Sauerland, im Norden das Ruhrgebiet und im Süden das Siegerland an diese Oase der Ruhe. Es erwartet uns viel Natur, die sich teils über mittelhohe Bergkämme hinweg zieht. Einst durchzogen viele kleine Eisenbahnlinien diese Region, die nach und nach aus Kostengründen stillgelegt wurden. Des Pendlers Leid ist unser Freud, denn viele dieser alten Bahntrassen wurden zu Radwegen umgebaut. Dies verspricht uns in den meisten Abschnitten autofreies Radeln mit moderaten Steigungen. Als Appetitmacher stellen wir Ihnen hier den Bergischen Panorama-Radweg vor. Lassen Sie sich überraschen!

Hattingen ist eine echte Perle an der Ruhr: Die kleinen verwinkelten Gassen der Altstadt führen uns vorbei an herrlichen **Schiefer- und Fachwerkfassaden**. Kleine lauschige Plätze laden ein zur Einkehr. Das Highlight der **Altstadt** ist ohne Frage das putzige **Bügeleisenhaus** – wenn wir davor stehen, ist schnell klar, woher der Name stammt. Nur wenige Pedaltritte aus der Innenstadt heraus plätschert die Ruhr durch grüne Natur und mit der **Henrichshütte** gibt es ein Industrie-

Müngstener Brücke

denkmal der besonderen Art: Weite Bereiche dieser riesigen Anlage, in der einst Koks und Roheisen produziert wurden, sind heute zu besichtigen. Hier bekommen wir einen hervorragenden Eindruck von der beschwerlichen Arbeit, die einst von den Malochern hier geleistet wurde.

Tipp: Als ob die **Henrichshütte** selbst nicht schon beeindruckend genug wäre, bildet sie immer wieder die grandiose Kulisse für außergewöhnliche Veranstaltungen. Von Spezialführungen, Vorführungen oder Kunstausstellungen über Musical-Galas bis hin zu kulinarischen Angeboten ist hier bestimmt für jeden Geschmack etwas zu finden.

Los geht´s am Bahnhof von Hattingen, den wir zur B 51 verlassen. Deren Radweg folgen wir nach rechts und wieder rechts ab in die Nierenhofer Straße. Kurz hinter dem Südring können wir links abbiegen auf die ehemalige Bahntrasse. „Ruhr zu Ruhr" lautet der Titel unseres Radweges, der uns stetig leicht ansteigend vorbei an Bredenscheid

Die Nordbahntrasse

und Sprockhövel nach Schee bringt. Dort wechseln wir auf die Nordbahntrasse und es geht vorbei an Nächstebreck hinunter ins Tal der Wupper. Die Nordbahntrasse geleitet uns durch Barmen und Sonnborn nach Vohwinkel.

Unsere ersten Radel-Kilometer verlaufen auf der sogenannten **Kohlenbahntrasse**, die 1988 stillgelegt und recht bald als Radweg umfunktioniert wurde. Fast direkt an unserer Radstrecke liegt die **Zeche Alte Haase**, von der der **Malakowturm** noch erhalten ist. Sie kann als Wiege des Steinkohlebergbaus in dieser Region angesehen werden.

24

Wir kommen vorbei am **„Alten Schee"**. Kaum zu glauben, dass dieser ehemalige Bahnhof in Preußens Zeiten zu den wichtigsten des Landes zählte. Im Zweiten Weltkrieg verlegte man in diesem Bereich die Rüstungsfertigung unter Tage, um im Verborgenen produzieren zu können. Wir sind auch auf der **Wasserscheide** zwischen Ruhr und Wupper angekommen, was unsere Waden nach der leichten, aber doch merklichen Steigung auch gut zurückmelden. Zur Belohnung rollen wir nun ganz entspannt hinunter ins Tal der Wupper und nutzen die Nordbahntrasse. Viel private Arbeit und Spendengelder machten es möglich, ab 2006 diese ehemalige Bahntrasse für uns Radler nutzbar zu machen. An schönen Tagen ist es richtig voll hier mit Radlern, Skatern und Spaziergängern. Es ist aber auch einfach klasse: **Engelnbergtunnel**, die Tunnels Rott, Dorrenberg und Dorp, die Bahnhöfe Mirk und Ottenbruch lassen auf der Tour keine Langweile aufkommen. Und wer gar nicht genug bekommt vom Strampeln oder in Wuppertal übernachtet, tobt sich auf der **Draisinenbahn** aus.

Übernachten ist gar keine schlechte Idee, denn (Wuppertal-) Barmen hat noch viel mehr zu bieten: Germarker Kirche, Rathaus, Ruhmeshalle, Brauhaus und selbstverständlich die **Schwebebahn**! 1901 eröffnet gilt sie bis heute als eines der sichersten und vor allem innovativsten Verkehrsprojekte aller Zeiten. Eines der ältesten Gebäude Wuppertals ist **Schloss Lüntenbeck**, das wir mit einem kleinen Abstecher beim Tescher Busch erreichen können.

Weiter geht´s von Vohwinkel zunächst parallel der Bahnschienen, dann entlang der B228, ehe wir nach Gräfrath abschwenken und wieder auf eine Bahntrasse gelangen. So radeln wir mit leichtem, aber stetigem Anstieg via Wald und Schlagbaum nach Kannenhof, wo wir die Schilder gut beachten müssen. Es ist zwar verführerisch, die Räder im wilden Ritt ins Tal der Wupper rollen zu lassen, aber Sie sollten stets an Ihre Sicherheit denken! Dann geht es unter der Müngstener Brücke her nach Unterburg. Spätestens hier ist Pause und Durchschnaufen angesagt, denn nun kommt der schwerste Teil der Tour: In Serpentinen geht es entlang der Straße hinauf zur Oberburg. Nachdem wir auch hier durchgeatmet haben, kommt ein weiteres, aber nicht so heftiges Steigungsstück. Bei Wermelskirchen treffen wir auf den nächsten Bahntrassenweg, dem wir Richtung Lennep folgen.

Wir sind nun auf der **Korkenziehertrasse** unterwegs, die am Walder Bahnhof vorbei auch durch den **Schlagbaumtunnel** führt und uns in teils engen Kurven wieder hinunter zur Wupper bringt.

Wir rollen unter einem Meisterwerk der Ingenieurskunst durch: Die 1897 fertiggestellte **Müngstener Brücke** ist bis heute die mit 107 m höchste Eisenbahnbrücke Deutschlands. Den Anblick können wir bei einem Aufenthalt im **Brückenpark** so richtig genießen.

1118 zog Graf Adolf in die herrliche Anlage, die wir heute als „Schloss Burg" bewundern dürfen – und nannte sich fortan „Graf von Berg". Nehmen Sie sich Zeit, vor allem für die **Oberburg**. Die Anlage ist mit den prunkvollen Sälen sehr sehenswert. Und in den umliegenden Lokalen können wir die berühmte **Bergische Kaffeetafel** genießen!

Tipp: Wer eine andere Richtung einschlagen möchte, folgt ab Wermelskirchen der **Balkantrasse** via Burscheid nach Opladen. Diese Strecke fällt auf ganzer Länge leicht ab, so dass wir die Räder hier entspannt rollen lassen können. So ist Opladen schnell erreicht, von wo aus man rasch Anschluss an den **Rhein-Radweg** findet. Eine andere Variante: Ab Bergisch Born weiter nach Lennep. Dort können wir eine herrliche **Altstadt** mit tollen Schieferhäusern entdecken und danach weiter ins Tal der Wupper hinunter radeln. So besteht die Möglichkeit, eine Rundtour zurück nach Hattingen zu gestalten.

Weiter geht´s auf dem Bahntrassenradweg, der sich hier Balkantrasse nennt, an Wermelskirchen vorbei nach Bergisch Born. Hier wech-

Schloss Hückeswagen

seln wir auf den Alleenradweg Wasserquintett, der uns via Hückeswagen und Wipperfürth und Ohl nach Marienheide geleitet. Wer mag, vollendet die Tour noch am Brucher-, Genkel- und Agger-Stausee vorbei und radelt über Drolshagen nach Olpe.

Die **Balkantrasse** bekam ihren Namen in der Zeit, als die Region hier so dünn besiedelt war, wie der Balkan. Heute genießen wir die fast ebene Trasse ohne Autoverkehr. Ein Abstecher nach Wermelskirchen oder Bergisch Born lohnt sich, denn hier stehen sehenswerte alte Schieferhäuser. Die finden wir auch in der **Hückeswagener Altstadt**, über der das altehrwürdige **Schloss** thront.

Die Stadtmitte von Wipperfürth markiert der **Marktplatz**. Vor dem Alten Stadthaus sitzt ein Mädchen auf dem **Brunnen** und veranlasst uns, den Fotoapparat zu zücken. Wir sind hier schon unterwegs auf dem **Alleenradweg Wasserquintett**. Wie der Name erahnen lässt, liegen gleich **fünf Talsperren** am Wegesrand. Abkühlung finden wir hier also immer wieder – das kühle Nass ist meist nur einen kleinen Abstecher entfernt. Auf dem Weg liegt auch **Villa Ohl**, eine mehr als 200 Jahre alte Fabrikantenvilla, in dem heute ein **Museum** zur Schwarzpulverherstellung untergebracht ist.

Im typisch-bergischen Städtchen Marienheide können wir unsere Tour beenden und in die Bahn steigen, oder noch weitere Seen besuchen: Die Strecke nach Olpe ist etwas hügelig, birgt aber mit weiteren **Stauseen** reichlich Abwechslung. In Olpe haben wir schon das Süd-Sauerland erreicht. Die Stadt liegt am Zipfel des Biggesees, dessen Wasser einen Teil des Ruhrgebiets versorgt.

Kartentipp:
ADFC-Radausflugsführer 1:50.000
Bergische Bahntrassen, Spiralbindung

Tour 25 Rhein-Radweg Süd

Von Konstanz bis Mainz

50 Touren Info

Rheinradweg insgesamt 1.320 km, durchgehende Beschilderung. Keine nennenswerten Steigungen. Die Route führt meist abseits des Straßenverkehrs über separate Rad- oder Feldwege, daher perfekt für Familien.

Start: Konstanz

Ziel: Mainz

Info: Je nach Bundesland und Nation verschieden, zentrale Homepage mit Links: www.rheinradweg.eu

Was wäre Europa ohne „seinen" Rhein? International kommt er daher, dieser mächtige Strom. Am Oberalppass, genauer gesagt im Tomasee auf 2.345 m Höhe beginnt seine 1.324 km lange Reise. Hinter der Quelle ist er auf einigen Passagen in der Schweiz zunächst wild und unbezähmbar, während er sich auf seinem Weg entlang der österreichischen Grenze schon zu einem imposanten Fluss entwickelt hat, der sich dann in die Fluten des Bodensees ergießt. Diesen verlässt er bei Stein am Rhein und stürzt sich mit lautem Getöse über die Felsen von Schaffhausen. Der Hochrhein geht bei Basel, seiner ersten Großstadt, in den Oberrhein über und bildet die inzwischen nur noch „pro Forma" vorhandene Grenze zwischen Frankreich und Deutschland.

Um den insgesamt 1.320 km langen Radfernweg in diesem Buch noch einigermaßen leserlich zu würdigen, wurde auf eine Behandlung der Passage in der Schweiz bzw. in Österreich verzichtet. Die Hauptattraktionen entlang des Bodensees bis zum Rheinfall finden Sie in Tour 44. Wie auch immer: Eine Fahrt entlang der Rheinschiene ist ein unvergleichliches Erlebnis, das jeder Radwanderer zumindest ausschnittsweise einmal erlebt haben sollte!

Bodensee und Konstanz s. Tour 44.

Der **Ober- und der Untersee** haben etwa 30 cm Höhenunterschied, der durch den Seerhein ausgeglichen wird.

Tipp: Einen gelungenen Einstieg in die Radwanderung bietet eine Bootsfahrt auf dem Bodensee. Auf unterhaltsame Art und Weise können wir hier per **Linien- oder Ausflugsschiff** die Dimensionen des Sees

Loreley

erkennen und erfahren zugleich einiges Wissenswertes.

Los geht´s in Konstanz. Am Untersee entlang radeln wir via Stein am Rhein nach Schaffhausen mit seinem Rheinfall. Auf teils schweizerischem, teils deutschem Boden rollen wir über Eglisau, Waldhut, Laufenburg und Bad Säckingen nach Basel. Dann geht es gen Norden über Neuenburg nach Breisach.

Laufenburg gibt es beiderseits der Grenze, wobei der Ort auf die Laufenburg zurückgeht, von der wir auf schweizerischer Seite noch den **Burgturm** finden.

Die **Kurstadt Bad Säckingen** entstand aus einem vom heiligen Friedolin gegründeten Kloster. So ist auch das **Fridolinsmünster** das wichtigste Bauwerk der Stadt, an der alten **Holzbrücke** kommen wird direkt vorbei.

Basel ist nicht nur ein Zentrum der Pharma- und Chemieindustrie. Schon von der Rheinbrücke aus verheißt das tolle Panorama, dass uns eine sehenswerte Innenstadt erwartet, die von seinem **Münster** dominiert wird. Hervor ging Basel aus einer keltischen Siedlung, die ebenfalls am Rhein lag.

Weil am Rhein hingegen stammt aus einer Siedlung, die 786 als „Willa" beurkundet wurde. Heute liegt sie direkt am **Dreiländereck** auf deutscher Seite.

Noch viel älter, nämlich rund 4.000 Jahren alt, dürfte die Besiedlung von Breisach sein. Ganz in der Nähe liegen der **Kaiserstuhl** und Freiburg. In der Unistadt liegen dicht gedrängt hochkarätige Sehenswürdigkeiten beisammen, wie das **Colombischlössle**, das **Ensemble um den Rathausplatz** oder das **Münster**.

Tipp: Schon seit Schaffhausen haben wir immer wieder die Wahl, rechts- oder linksrheinisch zu radeln. Kennzeichnung und Wegbeschaffenheit sind an beiden Ufern gleich gut. Besonders spannend werden die Uferwechsel in Grenznähe, wenn man bedenkt, wie schwierig einst die Grenzformalitäten waren.

Weiter geht´s von Breisach rheinabwärts, wobei wir bis Strasbourg an 12 Schleusen vorbeikommen. Nicht weit entfernt von unserem Radweg befinden sich Colmar und Offenburg, während Strasbourg direkt an unserem

Bopparder Hamm

Weg liegt. Hinter Rastatt gelangen wir nach Karlsruhe.

Colmar ist lebendiges Mittelalter. Es beeindruckt mit seiner **fachwerkgeschmückten Altstadt**, seinem **Münster** und vielen anderen historischen Gebäuden. Das **Flüsschen Lauch** durchzieht Colmar und macht aus ihm eine Art „Klein-Venedig". Viele Gaststätten haben kleine Terrassen angelegt, um den Gästen eine besonders schöne Umgebung beim Genuss von Speisen und Getränken zu bieten.

Wer über das Dächermeer von Strasbourg blickt, dem fallen sofort das „herausragende" **Münster** und der **Temple Neuf** auf, eine fünfschiffige lutherische Kirche. Auch in Strasbourg gibt es malerische Ecken mit alten Fassaden und viel Wasser wie z.B. bei **„Petit France"**.

In Rastatt ist das **Schloss** unübersehbar, das einst als Residenz für die Markgrafen von Baden erbaut wurde. Auch die **Kasematten**, die **Einsiedelner Kapelle** und das **Alte Rathaus** sollten wir gesehen haben.

„Residenz des Rechts" wird Karlsruhe oft genannt, weil hier auch der Sitz des Bundesgerichtshofes ist. Die Stadt ähnelt von oben einem Fächer und nicht zufällig liegt das wunderbare **Schloss** genau im Zentrum des Fächers. Das Wahrzeichen ist aber die **Pyramide**, die am **Marktplatz** empor ragt.

Weiter geht´s von Karlsruhe über Speyer in den Ballungsraum Ludwigshafen / Mannheim. Durch naturgeschützte Regionen erreichen wir an der Mündung des Mains die Stadt Mainz.

Unübersehbar ist der **Dom von Speyer**, der als größter Sakralbau nördlich der Alpen gilt. Den Grundstein legte der erste Salierkaiser Konrad II. im Jahre 1030 – seine Grabkrone hängt im

Langhaus. Sehenswert ist auch das **Historische Museum der Pfalz** nahe beim Dom, der Funde aus den Kaisergräbern zeigt und so die Geschichte dieser 2000 Jahre alten Stadt lebendig werden lässt. Wem das zu „trocken" ist, informiert sich im **Weinmuseum** über die geselligere Historie, oder genießt den Rummel in der Fußgängerzone bei einem Gasthausbesuch. Den besten Blick auf die Region haben wir vom **Altpörtel**, der am Ende der Maximilianstrasse zu finden ist.

Überraschend: Eine der größten Städte der Pfalz ist auch eine der jüngsten. Erst als sie als Winterhafen für Mannheim genutzt wurde, entwickelte sich das „Tor zur Pfalz". Ludwigshafen ist die zweitgrößte Stadt von Rheinland-Pfalz und hat seine Wurzeln in einem Römerkastell namens Rufiniana. Die Großindustrie, vor allem die Chemieindustrie, fand Gefallen an der jungen Stadt, was den Finanzen nur nutzen konnte. So wurde 1969 der damals modernste **Bahnhof** Europas mit vier Ebenen eröffnet. Der überspannende **Pylon** wurde zum Wahrzeichen der Stadt.

Wer Historisches sehen mag, fährt am besten hinaus nach Oggersheim und schaut sich dort die **Wallfahrtskirche Mariä Himmelfahrt** an.

Mannheim bildet das rechtsrheinische Pendant zu Ludwigshafen, nur dass es auf baden-württembergischem Boden liegt. Die Innenstadt Mannheims wurde um die 1606 erbaute Festung herum in exakten Quadraten angelegt. Die Fassade des größten **Barockschlosses** Süddeutschlands misst satte 450 m. Um den **Marktplatz** gesellen sich das alte **Rathaus** und die **Untere Pfarrkirche**.

Die Landeshauptstadt Mainz ist eng mit dem angrenzenden Wiesbaden verwoben. Dass wir hier genau auf dem 50. Breitengrat wandeln, erkennen wir am entsprechenden **Gedenkstein** auf dem Gutenbergplatz. Außer in Rom gibt es nur hier in Mainz noch einen „heiligen Stuhl". Dem Sitz eines Erzbischofs entsprechend fiel auch die prachtvolle Ausstattung des **Doms** aus.

Tipp: Wir radeln direkt durch das **Bade- und Erholungsgebiet „Blaue Adria"**, das viel Gelegenheit zur Abkühlung bietet. Durch den mäandernden Rhein und zahlreiche Kiesgruben entstand eine **„Seenplatte"** die im Sommer viele Besucher lockt.

Kartentipp:
ADFC-Regionalkarten 1:75.000 (siehe vordere Umschlagklappe): **„Rheinhessen"; „Pfalz"; „Elsass/Oberrhein Nord"; „Freiburg und Umgebung"; „Bodensee-Hochrhein" (1:60.000); „Bodensee" (1:50.000)**
Digital für Smartphones und Tablets:
www.fahrrad-buecher-karten.de/rk-digital

25 Rhein-Radweg Nord

Von Mainz bis Emmerich

50 Touren Info

Rheinradweg insgesamt 1.320 km, durchgehende Beschilderung. Keine nennenswerten Steigungen. Die Route führt meist abseits des Straßenverkehrs über separate Rad- oder Feldwege, daher perfekt für Familien.

Start: Mainz

Ziel: Emmerich

Info: Je nach Bundesland und Nation verschieden, zentrale Homepage mit Links: www.rheinradweg.eu

Zur Fortsetzung unserer Endeckungsreise entlang des Rheins haben wir wieder ein volles Programm vor uns. Wir werden feststellen: „DARUM ist es am Rhein so schön", wenn wir an Reben bewachsenen Hängen vorbei rollen. Und dann gibt es alle paar Kilometer einen neuen Grund zum Anhalten – sei es in den kleinen Rheinorten wie Rüdesheim, Remagen, etc. oder in den Metropolen mit klangvollem Namen wie Koblenz, Bonn, Köln, Düsseldorf oder Duisburg. Der Reiz der Radwanderung ist auch hier, dass wir oftmals die Wahl zwischen dem Rechts- und dem Linksrheinischen Weg haben.

Los geht´s in Mainz. Über Bingen bzw. Rüdesheim, St. Goar und Boppard kommen wir durch eine herrliche Region nach Koblenz.

Die **Drosselgasse** in Rüdesheim zieht schon seit vielen Jahren Besucher aus Nah und Fern an. Doch auch die umliegenden Gassen sind herrlich anzusehen.

Hinter der alten Stadt Bingen mit ihrem **Turm** beginnt das Tal der **Loreley**, das inzwischen unter Schutz gestellt wurde. Wir können uns gut vorstellen, wie die nette Dame auf ihrem Felsen saß. Ebenso gut vorstellbar ist es, wie gut beschützt diese Kilometer am Rhein waren – immer wieder entdecken wir trutzige Burgen auf den Bergen.

Koblenz s. Tour 35.

Weiter geht´s von Koblenz über Remagen, Neuwied bzw. Andernach nach Bonn. Von hier aus ist es nur noch ein Katzensprung nach Köln.

Auch wenn es nicht mehr BundesHAUPTstadt ist – Bonn ist immer noch einen Besuch wert. Die quirlige **Fußgängerzone** verbindet **Kurfürstliches Schloss** (heute Uni), **historisches Rathaus**, **Münster**, **Beethovenhaus** und Bahnhof miteinander. Weiter rheinabwärts finden wir die **Museumsmeile** und das **Erholungsgebiet Rheinaue**.

Der alte Fischerort Rodenkirchen wird im Zentrum von Backstein- und Fachwerkhäusern geprägt, die sich um die **Kirche St. Maternus** postieren. Etwas abseits finden wir den **Forstbotanischen Garten** und das **Friedenswäldchen**. An unserem Radweg liegt die **Kirche Alt St. Maternus**.

Köln ist DER Touristenmagnet NRW´s. Die vielen Menschen können nicht irren: Allein im **Dom** bzw. den umliegenden **Museen** könnten wir uns Tage aufhalten, ohne alles gesehen zu haben. **Schildergasse**, **Breite Straße** und **Hohe Straße** laden zum Shoppen ein, die Gaststätten am **Alter Markt** zum Verweilen. Ein Bummel durch die Altstadt, aus der **Groß St. Martin** empor ragt, ist ebenso Pflicht wie der Besuch einer Kölsch-Kneipe – aber besser erst nach dem Radeln!

Tipp: Von Köln-Weiß aus bringt uns die Fähre in die **Zündorfer Groov**. Neben der

Landschaftspark Duisburg Nord

spannenden Schiffsfahrt gibt es „drüben“ Spiel- und Sportstätten und einladende Gasthäuser.

Weiter geht´s von Köln über Leverkusen, Düsseldorf bzw. Neuss nach Oberhausen und Duisburg. Am Niederrhein entlang rollen wir durch Wesel und Xanten zur Grenze bei Emmerich.

Mit Leverkusen rollen wir am nächsten großen Chemiestandort vorbei. Nach einer **Gartenschau** blieb ein Großteil der Grünlagen zu unserer Erholung erhalten.

Die Landeshauptstadt Nordrhein-Westfalens präsentiert sich als moderne Einkaufsstadt mit der berühmten Shoppingmeile „Kö“, der **Königsallee**. Im ständigen Clinch mit Köln wird hier in der Altstadt ein anderes Bier, das Alt, ausgeschenkt: Dafür stehen über 250 Kneipen bereit.

Die **„Rheinorange“** markiert die Mündung der Ruhr in den Rhein. Bildhauer Lutz Fritsch schuf jene große Stahlsteele. Geradeaus über die Homberger Straße gelangen wir zu weiteren Sehenswürdigkeiten. Duisburg wurde im 8. Jahrhundert als fränkische Königspfalz unter dem Namen Thusburg erstmals erwähnt. Die **Altstadt** wurde im 2. Weltkrieg fast vollständig zerstört, nur wenige Highlights wie die im 8. Jahrhundert gegründete **St. Salvatorkirche** wurden wieder aufgebaut. Bei den Museen sollten Sie sich neben dem Lehmbruck- und dem **Niederrheinischen Museum** vor allem dem **Deutschen Binnenschifffahrtsmuseum** widmen, in dem u.a. der letzte deutsche **Radschleppdampfer** gezeigt wird. Zwischen Ruhrort und Homberg wurde in den 1850er Jahren die sogenannte **„Rhein-Trajektanstalt Duisburg“** in Betrieb genommen. Zum ersten Mal gab es damit eine Eisenbahnverbindung über den Rhein. Die Schienen endeten an Hebetürmen, in denen die Waggons hydraulisch auf dampfbetriebene Fähren gesenkt und am anderen Ufer wieder das Schienen-Niveau angehoben wurde. Der Wandel der Stadt macht sich im **Innenhafen** mit seiner modernen Architektur und der quirligen **Marina** bemerkbar.

Tipp: Im **Landschaftspark Duisburg-Nord** bilden die Anlagen eines ehemaligen Hüttenwerks der Thyssen AG die Kulisse für einen 200 ha großen Park. Besondere Highlights sind das Tauchen in einem Gasometer oder das Klettern in alten Erzbunkern und Maschinenhäusern. Der alte Hochofen, in dem bis 1985 Eisen geschmolzen wurde, dient als **Aussichtsturm**. Wenn die Kinder dann noch quängeln oder weinen, auf ins **Kindermuseum Atlantis**. Auf 2.500 qm – es ist das größte Kindermuseum seiner Art in Deutschland – gehen die Kleinen auf Entdeckungstour. Von den 20 Attraktionen sind die Wasserlandschaft und der Klettermast am versunkenen Schiff die beliebtesten.

Die Ex-Zollstadt Rheinberg wurde durch den Magenbitter Underberg überregional bekannt. Im 17. Jahrhundert kam die Bekanntheit durch die **Fossa Eugeniana**. Die Spanier wollten damals Rhein und Maas verbinden, um besser gegen die Niederländer bestehen und besser Handeln zu können.

In Orsoy erinnert das Baudenkmal der **alten Tabakfabrik** daran, wo einst das Geld im Ort herkam.

Wesel ist mehr als nur das Echo des Bürgermeisters. Dass der Ort einst heiß umkämpft war, können wir im **Preußen-Museum NRW** nachvollziehen, das wir in der **Zitadelle** finden. Ein berühmter Sohn des Ortes war Duden, der hier in seinem Haus geehrt wird.

Xanten entführt uns in längst vergangene Tage. Der **Archäologische Park** zeigt überdachte Thermen und weitere Ruinen, die hier ausgegraben wurden. Zeugen einer Zeit, in der die Römer hier ein Militärlager unterhielten. Besonders schön sind die Aufführungen, die hier unter freiem Himmel stattfinden. In der Stadt selbst sollten wir uns die **Kirche St. Victor** mit wertvollem Inventar anschauen.

Rees weiss mit seinem alten Stadtkern rund um den **Marktplatz** zu gefallen. Ausgefallen sind die rund 700 Jahre alte **Stadtmauer** über und die **Festungsanlagen** unter der Erde.

Radelsaison Herbst

In Emmerich markiert eine **rosarote Brücke**, dass sich der Rhein bald von Deutschland verabschiedet. Es ist die längste Hängebrücke Deutschlands. Um unseren Tourabschluss zu genießen, lassen wir uns noch auf der hübschen **Rheinpromenade** nieder.

Kartentipp:
ADFC-Regionalkarten 1:75.000 (siehe vordere Umschlagklappe): **„Rheinhessen"; „Koblenz/Bonn/Mainz/Mittelrheintal"; „Bergisches Land/ Köln/Düsseldorf"; „radrevier.ruhr West"; „Niederrhein Nord"**
Digital für Smartphones und Tablets:
www.fahrrad-buecher-karten.de/rk-digital

26 Siegtal-Radweg

Von der Siegquelle nach Siegburg

50 Touren Info

140 km, durchgehende Beschilderung. Keine Steigungen. Die Route führt meist abseits des Straßenverkehrs über separate Rad- oder Feldwege, daher gut für Familien geeignet.

Start: Siegquelle, Siegen oder Netphen

Ziel: Siegauen / Mündung in den Rhein hinter Siegburg

Info: Naturregion Sieg, Tel. 02292/9562023, www.naturregion-sieg.de

Die Rheinländer wissen es schon lange: Der Siegtal-Radweg zählt zu den schönsten Radwegen Nordrhein-Westfalens. Die meisten Touristen konzentrieren sich auf den unteren Teil zwischen Windeck und Siegburg – und genau dieser Abschnitt wurde Ende Mai 2012 weiter perfektioniert.

Neue Trassen und Brücken, die extra für uns angelegt wurden, meiden den Straßenverkehr und die Hügel. Der obere Abschnitt ist allerdings landschaftlich keinesfalls weniger reizvoll. Von den hohen Bergen des Siegerlandes geht es hinunter ins städtische Siegen. Im weiteren Verlauf rollen wir durch das teils enge Tal, entdecken herrliche alte Ortskerne und freuen uns auf ein grandioses Finale in Siegburg kurz vor der Mündung in den Rhein.

Los geht´s an der Siegquelle, die wir mittels Bahn und anschließend Bus oder mit viel Muskelkraft ab Netphen erreichen können. In flotter Fahrt geht es an einem Köhlerplatz vorbei durch Deutz, Netphen und Weidenau ins Herz von Siegen.

In rund 600 m Höhe liegt die **Siegquelle** eingebettet in die herrlich ruhige Atmosphäre des Rothaargebirges. In diesem Gebiet lie-

Abtei Michelsberg über Siegburg

gen auch die Quellen von **Lahn** und **Eder**, die ebenso wie die Sieg touristisch und industriell bedeutsame Flüsse sind.

An einem Wanderparkplatz liegt auf unserer Abfahrt ein **Köhlerplatz**. Hier wird nach alter Sitte aus übereinander gestapelten Holzscheiten Kohle hergestellt.

In Obernetphen rollen wir an der **ev. Pfarrkirche** vorbei, die 1896 letztmalig verändert wurde und zu den wichtigsten Kirchen der Region zählt.

Mit Siegen erreichen wir historischen Boden. Schon vor rund 2.000 Jahren kamen Menschen hierher, um Silber und Erze abzubauen. 1079 wurde der bedeutsame Ort am Kreuz mehrerer Handelsstraßen erstmals erwähnt. Unübersehbar prangt das **Obere Schloss** über der Stadt. Die 1224 als Höhenburg erbaute Anlage ist mit ihrem **Grafenhaus** und dem **Siegerland-Museum** den Aufstieg wert. Als Wahrzeichen der Stadt gilt aber die **Nikolaikirche**. Sie hat ein sechseckiges Hauptgebäude und einen Kirchturm mit Fürstenkrone und ist damit einmalig in Westfalen.

Im **Unteren Schloss** finden wir die alte **Fürstengruft**, unweit davon die **Marienkirche** und die sehenswerte Altstadt. Die Fußgängerzone lädt zum Bummeln und Verweilen ein.

Weiter geht´s zum Teil leider auf der recht engen und vollen Straße durch Siegen – dann haben wir wieder einen Radweg unter den Reifen, der uns unter der imposanten Brücke der Sauerlandlinie (A 45) herführt. Der kleine Ort Eiserfeld gehört noch zu Siegen, Mudersbach zählt schon zum Westerwald. Durch die netten Orte Kirchen und Betzdorf radeln wir via Wissen und durch´s Windecker Ländchen nach Eitorf.

Etwas links von unserer Strecke hält Eiserfeld einige schöne **Fachwerk-** und **Schieferhäuser** bereit. Kaum zu übersehen ist später die **Freusburg**, die lange im Besitz der Herren von Sayn war. Nachdem sie im 18. Jahrhundert zusehends verfiel, wurde sie ab 1923 zu einer der wohl schönsten Jugendherbergen Deutschlands umgebaut.

In Kirchen gibt es – der Name ist Programm – mit **St. Michael** und **St. Mathias** gleich zwei sehenswerte Gotteshäuser. Nach Vereinbarung können wir uns im **Apothe-**

26

kenmuseum alte Gerätschaften aus diesem Bereich ansehen.

Arkaden und ein Treppengiebel zieren das **Rathaus** von Betzdorf, doch auch der Bruchsteinturm der **Christuskirche** ist schön anzusehen.

Das „Windecker Ländchen" ist nicht nur heute Grenzgebiet zwischen Nordrhein-Westfalen und Rheinland-Pfalz. Auch in der Vergangenheit war es immer wieder Trennlinie von Besitztümern, wie derer von Berg und von Sayn. Wir rollen gleich darauf durch mehrere Orte der Gemeinde Windeck, wie z.B. durch Rosbach mit seiner **Salvator-Erlöser-Kirche** von 1723. Die ehemalige Volksschule von Altwindeck wird heute als **Heimatmuseum** genutzt. Drumherum locken **Fachwerkhäuser** und die **Ruine Windeck** zu Betrachtungen. Das Aushängeschild von Dattenfeld ist der **Doppelturm von St. Laurentius**, einer 1880 erbauten Bruchstein-Basilika. Nicht umsonst wird die Kirche auch gerne als „Siegtal-Dom" bezeichnet. Im Innern können wir einen Taufstein aus dem 12. Jahrhundert bewundern.

Eitorf hat eine bis 1144 zurückreichende Geschichte. Das Eitorf von heute ist eher modern geprägt, hält aber rund um den **Marktplatz** einige schöne alte Häuser und Einkehrmöglichkeiten parat.

Tipp: An jedem 1. Sonntag im Juli ist **„Siegtal pur"** angesagt. Dann gehören die Straßen im Siegtal von 9 bis 18 Uhr ausschließlich den Radlern, Wanderern und Skatern. In vielen Orten entlang der Strecke gibt es Straßenfeste, Musik- und Kulturveranstaltungen, so dass das Radeln schnell zur Nebensache gerät.

Weiter geht´s auf perfekten Radwegen nach Merten. Unterhalb der Stadt Blankenberg her, radeln wir von Greuslsiefen via Hennef nach Siegburg.

In Merten trafen einst Kirchen- und Grafenbesitz aufeinander. Auf der einen Seite der Dorfstraße lag eine Burg, auf der anderen Seite ein Kloster. Heute gibt es aber beides nicht mehr: Im **Klostergebäude** ist eine Tagungsstätte, die Burg verfiel und wurde abgerissen.

Ein Abstecher zur „kleinsten Stadt Deutschlands", Blankenberg, kostet etwas Überwindung und Muskelkraft, doch die Mühen lohnen sich: Zwar gehört der Ort rechtlich zu Hennef (die „Stadt" gehört zum Ortsnamen), doch schon in der letzten Serpentine sehen wir eine tolle **Burgruine**, die bis zum 30jährigen Krieg Bestand hatte. Noch ein paar Meter darüber erstreckt sich innerhalb und außerhalb der teils sehr gut erhaltenen **Wehrmauer** eine unglaubliche Anzahl sehenswerter **Fachwerkhäuser**. Wer sich von diesem Traum in schwarz-weiß losreißen kann, sieht sich noch die **Pfarrkirche** an, die ihre Anfänge in der Kapelle von 1248 fand.

Unweit unseres Radwegs liegt **Schloss Allner**, ein aus Bruchsteinen gefertigtes Herrenhaus, das im Laufe der Zeit mehrfach umgestaltet wurde.

948 sprach man noch von Hanapha, doch Hennef gewann erst an Bedeutung, als der Amtssitz aus verkehrstechnischen Gründen von Blankenberg hierher verlegt wurde. Der **Marktplatz** verführt zu einer Pause in den Cafés.

Die Kreisstadt Siegburg ist ein echter „Kracher". Rund um den **Marktplatz** stehen gleich mehrere, hübsch anzusehende Häuser. Darunter auch das **Engelbert-Humperdinck-Haus**, in dem sich heute das **Stadtmuseum** befindet.

Vom Marktplatz aus beginnt der obligatorische Aufstieg auf den **Michelsberg**. Hier begrüßt uns zunächst die **Vorburg** aus dem 11. Jahrhundert. Nach großen Beschädigungen durch einen Fliegerangriff im 2. Weltkrieg – ausgerechnet zu Weihnachten – erstrahlt die **Abtei** heute in neuem Glanz. Die Abteikirche enthält den Schrein des heiligen Anno. Diese Goldschmiedearbeit wird von Experten in einem Atemzug mit dem berühmten Dreikönigsschrein im Kölner Dom genannt. In den Abteigebäuden hat die **Bundesfinanzakademie** eine 12.000 Bände umfassende Sammlung von Amtsblättern angelegt. Im Museum der Abtei St. Michael wird uns die Geschichte der Abtei näher gebracht. Nicht vergessen dürfen wir, vom Michelsberg aus die herrliche Aussicht zu genießen. Die Blicke schweifen weit ins Land – auch dorthin, wo wir vorhin hergeradelt sind.

Tipp: In uriger Atmosphäre und mit Blick auf die Braukessel können wir im Siegburger Brauhaus speisen. Auf der Karte stehen echte rheinische Spezialitäten wie Sauerbraten oder „Himmel un´ Ääd".

Weiter geht´s entlang der Sieg, die sich hinter Siegburg mit den Fluten der Agger vereinigt. Nun ist es nicht mehr weit bis zu den Siegauen, wo die Sieg in den Rhein mündet. Wer mag, kann dem Rhein-Radweg Richtung Nord oder Süd folgen und hat in beiden Richtungen viele hundert Rad-Kilometer zur Verfügung.

Wo sind die Lachse?

Von der **Aggermündung** aus ist es nur ein kurzer Abstecher in die Innenstadt von Troisdorf. Das Aushängeschild ist Burg Wissem, die einst Sitz der Ritter von Troisdorf war. 1550 wurde es zu einem Wohn- bzw. Herrenhaus umgestaltet. Noch immer ist die wundervolle Anlage von einem Wassergraben umgeben. Seit 1982 gibt es hier ein **Kinderbuchmuseum**. Mit 3.500 Kinderbüchern, 350 Originalvorlagen und Druckstöcken ist es einzigartig in Deutschland.

Kartentipp:
ADFC-Regionalkarten 1:75.000 (siehe vordere Umschlagklappe):
„Bergisches Land/Köln/Düsseldorf"; „Lahntal"
Digital für Smartphones und Tablets:
www.fahrrad-buecher-karten.de/rk-digital

27 Eder-Radweg

Von Lützel (bei Siegen) bis Guntershausen

50 Touren Info

185 km, durchgehende Beschilderung. Keine größeren Steigungen, die außergewöhnliche Kondition erfordern. Die Route führt meist abseits des Straßenverkehrs über separate Rad- oder Feldwege, daher perfekt für Familien.

Start: Lützel (Nähe Siegen)

Ziel: Guntershausen

Info: Touristik Service Waldeck-Ederbergland GmbH; Korbach, Tel. 05631/954359, www.waldecker-land.de, Touristik Service Kurhessisches Bergland e.V., Homberg (Efze), Tel. 05681/775479, www.kurhessisches-bergland.de

Die Eder ist der erste von drei Flüssen, die wir von ihrem Quellgebiet im Siegen-Wittgensteiner Land bis hin zur Mündung begleiten wollen. Wie die Sieg und die Lahn hat auch die Eder ihren Ursprung im Naturpark Rothaargebirge. Während sich die beiden Schwestern gen Süd-Südwesten orientieren, strebt die Eder konsequent nach Osten, um sich mit den Fluten der Fulda zu vereinigen und in Baunatal-Guntershausen an den Fulda-Radweg anzuschließen. Eine Menge Attribute werden ihr zugesprochen. So soll sie das „Juwel der Flüsse Hessens" sein, ebenso der sauberste Fluss, zugleich der längste Nebenfluss der Fulda. Nicht zuletzt streift sie durch Naturschutzgebiete, die seltenen Tieren und Pflanzen einen Rückzugsraum bieten. Wenn dann noch die Rede von sehenswerten alten Orten entlang der Strecke ist, fällt die Entscheidung leicht, den Symbolen des Eder-Radweges zu folgen

Der kleine Ort Lützel gehört zum siegerländischen Stadt Hilchenbach und ist dessen höchst gelegenem Ortsteil. Er zieht sich von 570 auf 650 m auf den Rothaarkamm hinauf. Die eigentliche **Ederquelle** liegt in rund 6 km Entfernung. Wer einmal per

Marktplatz in Fritzlar

pedes unterwegs sein möchte, kann vom Bahnhof Lützel aus direkt in den berühmten Rothaarsteig einsteigen.

Tipp: Ganz in der Nähe von Lützel steht der Gillerturm auf dem 654 m hohen Berg Giller. Von hier oben haben wir einen fantastischen Blick über die Wälder des Rothaargebirges.

Los geht´s von Lützel über Erndtebrück und an Bad Berleburg vorbei nach Battenberg.

Ermingardibrugge, so hieß der Sitz eines Rittergeschlechts, das in dieser Region ansässig war und 1265 erstmals erwähnt wurde: Später bekam der Ort eine Zollstelle und Marktrechte. Der heutige Name **Erndtebrück** wurde erst 1819 geschaffen. Schieferdächer, darunter strahlend weißes Fachwerk: Das sind die Häuser, wie wir sie nicht nur in der Region, sondern auch in der Ortsmitte wiederfinden.

Durch **Bad Berleburg** kommen wir zwar nicht, dennoch ist ein Abstecher dorthin sehr empfehlenswert – nicht nur, weil es flächenmäßig eine der größten Städte Deutschlands ist! Die ältesten Ortschaften, die zur Stadt gehören, haben eine lange Geschichte, die teils bis ins 7. Jahrhundert zurückreicht. Wesentlich jünger, aber dennoch toll anzusehen ist das **Schloss**, das 1733 in barockem Stile erbaut wurde. Das hauseigene Museum erzählt uns die Geschichte des Fürstenhauses Sayn-Wittgenstein-Berleburg. Wie viele andere Gebäude im Stadtzentrum ist auch das **Stadtmuseum** verschiefert.

In Battenberg haben wir schon hessischen Boden erreicht. Die Grafen von Battenberg, die 1214 in den Geschichtsbüchern auftauchten, waren eine Nebenlinie derer von Wittgenstein. Neben einigen schönen Fachwerkhäu-

Blick über die Stadt Fritzlar auf den Dom

sern gefällt Battenberg durch das unübersehbare Schloss, welches 1732 erbaut wurde und zunächst als Jagdschloss diente. Inzwischen ist die Stadtverwaltung hier eingezogen.

Weiter geht´s von Battenberg über Frankenberg zum Edersee.

Frankenberg ist ohne Frage eines der Highlights unseres Eder-Radweges. Allein das **Rathaus** mit seinem zweifarbigen Fachwerk und dem reich verzierten Dach verleitet zum Träumen. Sehenswert sind auch die **Liebfrauenkirche** und das **Kloster St. Georgenberg**. Im Zentrum finden wir das alte **Steinhaus** und schmucke Fachwerkbauten.

Mit dem **Edersee** haben wir nicht nur eine willkommene Abkühlmöglichkeit erreicht. Er gehört mit seinen 11,8 qkm Wasseroberfläche zu den größten Stauseen Deutschlands. Er wurde ab 1905 vor allem angelegt, um die Schifffahrtsstraßen Weser und Mittellandkanal zuverlässig mit Wasser zu versorgen. Zugleich sorgt er dafür, dass die flussabwärts liegenden Orte weniger Hochwasserprobleme haben. 1943 wurde die Staumauer

durch eine Bombe zerstört. Die Bombe war eine sogenannte Roll- oder Rotationsbombe: Diese erfuhren beim Abwurf eine Eigendrehung, durch die sie über die im Wasser befindlichen Abwehrnetze sprangen, erst vor der Staumauer absanken und dann explodierten. Wie viele Menschen durch die Flutwelle ihr Leben verloren, ist nicht klar. Das Muster einer entsprechenden Bombe ist vor dem **Sperrmauer-Museum** in Hemfurth-Edersee zu sehen.

Tipp: Wildschweine, Bergziegen, Schwarz-, Rot-, Dammwild und andere Waldgenossen fühlen sich im städtischen **Wildpark** von Frankenberg wohl. Viele der Tiere laufen frei herum und machen klar, dass sie eine Streicheleinheit mögen. Das alles gibt es bei freiem Eintritt.

Weiter geht´s vom Edersee via Fritzlar und Felsberg nach Guntershausen.

Von Fritzlar aus begann der heilige Bonifazius 723 die Christianisierung Mittel- und Norddeutschlands. Es erwartet uns ein herrliches altes Stadtbild, das von einer 2,5 km langen, fast komplett erhaltenen **Stadtmauer** umgeben ist. Die Mauer wurde im 18. Jahrhundert auf etwa 2/3 der Höhe geschleift, zuvor war sie bis zu 10 m hoch und bis zu 3 m dick. Die Türme des **Doms St. Peter** ragen weit aus dem Häusermeer empor. Seit dem letzten Umbau um 1200 wurden keine wesentlichen Veränderungen mehr am Dom vorgenommen. Seit 2004 darf er sich päpstliche Basilika nennen. Ein weiteres Gotteshaus im Ort ist die **gotische Kirche** des ehemaligen Franziskanerklosters. Das **Rathaus** lugt mit seiner Fassade aus Bruchsteinen und Schiefer aus den Bäumen hervor, während dahinter die Fachwerkhäuser um die Wette strahlen.

Kennen Sie die **Frau von Rhünda**? Oder den Mann von Rhünda? Von welchem Menschen der Schädel wirklich stammt, der 1956 gefunden wurde, ist nicht geklärt. In jenem Jahr spülte ein kräftiges Unwetter einen Schädel frei, der nach neusten Untersuchungen wohl um 12.000 Jahre alt ist. In jedem Falle dürfte es der erste Mensch sein, der hier in der Region um Felsberg zugegen war. Auch später fühlten sich die Leute hier wohl, was auch an der **Felsburg** deutlich wird, die mit Ihrem 1388 erbauten **„Butterfass-Turm“** weit ins Land leuchtet. Zu Füßen der Burg finden wir mehrere schöne Fachwerkhäuser im Ortszentrum.

Am schönen **Eisenbahnviadukt** in Baunatal-Guntershausen endet der Eder-Radweg mit dem Übergang auf den Fulda-Radweg/R1.

Von hier stehen uns weitere Radtouren offen: Entlang der Fulda erreichen wir ganz schnell Kassel, wir können auch noch weiter radeln – steigungslos geht es dann der Nordsee entgegen.

Kartentipp:
ADFC-Regionalkarten 1:75.000 (siehe vordere Umschlagklappe):
„Lahntal“; „Sauerland“; „Kassel/ Nordhessen“
Digital für Smartphones und Tablets:
www.fahrrad-buecher-karten.de/rk-digital

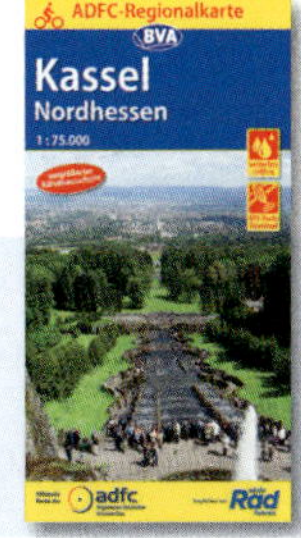

28 Fulda-Radweg

Von der Wasserkuppe nach Hannoversch Münden

50 Touren Info

194 km, durchgehende Beschilderung. Einige kleinere Steigungen. Die Route führt meist abseits des Straßenverkehrs über separate Rad- oder Feldwege, Familien mit Kindern sollten beachten, dass die kleineren Steigungen eine Grundkondition erfordern.

Start: Fuldaquelle bei Gersfeld

Ziel: Hannoversch Münden

Info: Fuldaradweg, Gersfeld, www.fuldaradweg.de

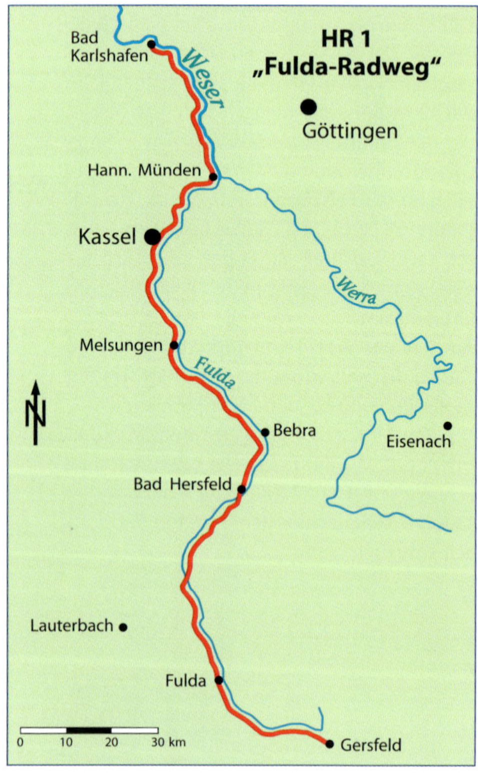

Die berühmte Wasserkuppe, mit 950 m Hessens höchster Berg, ist ein touristisches Zentrum allererster Kategorie. Hier beginnt unsere Reise, die uns entlang der Fulda führen wird. Rhön, Vogelsberg und Kurhessen durchradeln wir auf den ersten Kilometern. Dies garantiert üppige Natur, aber auch immer wieder sehenswerte Orte, die reich an Geschichte und Geschichten sind. In den größeren Städten wie Fulda, Bad Hersfeld oder Kassel müssen wir uns zusammenreißen, um vor lauter Kunst und Kultur nicht unsere Räder zu vergessen. Unser Radweg endet dort, „wo Werra und Fulda sich küssen und Ihren Namen büßen müssen" – hier wird die Weser geboren. Während der Fulda-Radweg in Hann. Münden endet, führt der hessische Radfernweg R1 noch auf der Westseite der Weser weiter bis ins ca. 50 km entfernte Bad Karlshafen - dann aber als Weserradweg.

Mitten in der wilden Rhön liegt die **Wasserkuppe**, der mit 950 m höchste Berg Hessens. Hierher zieht es viele Gäste, denn das Angebot ist groß: Im **Biosphärenreservat** können wir alles über den Naturschutz in der Rhön erfahren, das **Segelflugmuseum** entführt uns über die Wolken, das **Flug- und Wintersportzentrum** sowie **Bob- und Sommerrodelbahn** sorgen für sportlichen Nervenkitzel.

Los geht´s von der Wasserkuppe aus hinunter nach Gersfeld. Ständig die Bahnlinie im Blick radeln wir über Hettenhausen, Ebersburg, Eichenzell und Löschenrod nach Fulda.

Unsere ersten Meter sind von der Natur geprägt. Wir radeln an der **Fuldaquelle** vorbei, später liegt die **Kaskadenschlucht** ganz in der Nähe. Hier führt ein abenteuerlicher Wanderweg durch steil aufragende Wände und wildes Wasser, das über bunte Steine gurgelt.

In Gersfeld wird es dann städtisch und zugleich anstrengend, denn es gibt viel zu sehen: Gleich drei **Schlösser** zieren den **Schlosspark**, ganz in der Nähe steht seit 1785 die **Barockkirche**. Rund um den **historischen Markt** finden wir verschiedene alte Fachwerkhäuser. Wer schon Erholung nötig hat, findet diese im **Naturheilbad** ganz bestimmt.

Tipp: Für uns als Radeltouristen ist der Besuch in der ersten **Fahrradkneipe** Deutschlands obligatirisch. **„Pedale"** ist der treffende Name dieser Gaststätte direkt am Bahnhof. Wir bekommen hier nicht nur für uns, sondern auch für unsere Räder „Futter". Ersatzteile und Werkstattangebote gibt es hier genauso wie Grillabende und Radtouren „ins Ungewisse".

Der Dom zu Fulda

Fulda ist ohne Frage eines der größten Highlights unserer Tour. Der Name **Barockstadt** ist Programm. Freunde dieses Architekturstils kommen hier voll auf ihre Kosten, doch auch alle anderen fangen bei dieser Vielzahl an Sehenswertem an, mit der Zunge zu schnalzen. Am Dreiländereck Hessen-Thüringen-Bayern gelegen, reicht die Geschichte Fuldas weit zurück: Ziemlich genau bis 744, denn zu dieser Zeit wurde mit dem Bau des **Klosters** begonnen. So ist auch der Dom, in dem der heilige Bonifatius gewürdigt wird, eine der ersten Anlaufstationen – er ist Mittelpunkt unserer Reise ins Barock. Diesem Stil ist auch das **Stadtschloss** angepasst. Johan Dientzenhöfer schuf im 18. Jahrhundert nicht nur prunkvolle Innenräume, sondern auch eine **Orangerie**, die in einem würdevollen Garten steht. Wer mehr auf Fachwerk steht, kommt in der **Altstadt** rund um das **Alte Rathaus** auf seine Kosten.

Weiter geht´s vorbei an einem kühlen Badesee und dem Ort Schlitz und weiter über Queck, Solms und Niederaula nach Bad Hersfeld.

Die Silhouette von Schlitz ist einfach toll: Aus einem Meer **historischer Fassaden**, darunter viele aus Fachwerk, ragen die Türme von **Kirche** und gleich **vier Burgen** heraus. Leider ist

28

Dezember nicht die Haupt-Radelzeit. Wer´s trotzdem einrichten kann, sollte sich die Burg ansehen, die sich in der Vorweihnachtszeit zur **größten Kerze der Welt** wandelt.

Niederaula gibt es nachgewiesen schon seit 799, als Karl der Große die hiesigen Ländereien an die Hersfelder Abtei verschenkte. Der Anfang mehrerer Streitigkeiten zwischen den hessischen Landgrafen und der Abtei. Wer Lust hat, steigt auf den **Aussichtsturm** auf der **Mengshäuser Kuppe** und genießt eine herrliche Aussicht.

In Bad Hersfeld, das seinen Beinamen durch eine **Heilquelle** bekam, liegen Alt und Neu nur einen Steinwurf voneinander entfernt. In einer modernen Shopping-Meile können wir speisen und bummeln, direkt daneben entführt uns das **Rathaus** mit seinem Renaissancestil ins Jahr 1600. Die Fußgängerzone umfasst auch die schöne **Altstadt**, in der wir viele historische Fassaden entdecken können.

Tipp: In der Stiftsruine werden seit 1951 jedes Jahr die Bad Hersfelder Festspiele geboten. Die Aufführungen sind bei dieser Kulisse ganz besonders beeindruckend. Wer im „Goldenen Oktober" radelt, hat die Chance, dem **Lullusfest** beizuwohnen. Es ist das älteste Heimatfest Deutschlands.

Weiter geht´s durch Ludwigsau und Blankenheim, ehe wir Bebra tangieren und Rotenburg a.d.F. Via Melsungen, Edermünde und Fuldabrück tauchen wir in die Metropole Kassel ein. Der städtischen Hektik entfliehen wir dann durch das Fuldatal nach Hannoversch Münden.

Ludwigsau ist ein Konstrukt aus 13 Ortsteilen, die gleich mehrere **Naturschutzgebiete** umfassen – so auch das mit dem Namen Fuldaaue, das wir durchradeln, nachdem wir auf dem anderen Ufer die **Fuldamühle Mecklar** erspäht haben.

Bebra liegt jenseits der Fulda. Ein Abstecher in die Innenstadt lohnt sich aber nicht nur wegen der netten **Altstadt** rund um das **Alte Rathaus** und der **Auferstehungskirche**. Bahnfreaks kommen im **Eisenbahnmuseum** im **Wasserturm** – freilich mit originalen Signalanlagen davor – voll auf ihre Kosten.

Rotenburg an der Fulda ist wieder so ein Ort, der fast überquillt vor Sehenswertem – und das an der engsten Stelle des Fuldatals. Auf dichtem Raum drängen sich die **Jakobi-** und **Stiftskirche**, das **Landgrafenschloss**, die **Alte Vogtei**, das **Puppenmuseum** und die **Fachwerkstadt**. Letztere macht ihrem Namen übrigens alle Ehre – hier ist in der Tat ein Haus schöner als das andere.

Die **Naturschutzgebiete Kiesrasen** und **Weidenkeil** mit ihren seltenen Wasservögeln geleiten unseren Weg nach Morschen, wo Bonifatius 725 eine Kapelle gegründet haben soll. Als Tagungs- und Kulturzentrum wird das ehemalige **Zisterzienserinnen-Kloster Haydau** genutzt, das 1235 gegründet und im 16. / 17.Jahrhundert zum Schloss umgebaut wurde.

Das 3-stöckige **Fachwerkrathaus** von Melsungen ist schon ein echter „Hingucker", doch auch die im gleichen Stile gehaltenen Gebäude drumherum lassen Fachwerkträume wahr werden. Ansehen müssen wir uns auf jeden Fall die **Bartenwetzerbrücke**, die als eine der schönsten Brücken des Landes gilt. Die Melsunger Bürger wetzten einst ihre Äxte, „Barten" genannt, im weichen Sandstein, aus dem die Brücke erbaut war. Wer genau hinsieht, kann davon noch Spuren entdecken.

Wir tangieren bzw. durchradeln weitere sehenswerte Orte wie Körle oder Guxhagen mit der **Klosterkirche Breitenau** und dem **Schmiedemuseum**. Hier gibt es auch Anschluss an den **Eder-Radweg**, der hinauf ins Nordrhein-Westfälische Rothaargebirge führt.

Durch geschickte Wegführung durch das Naturschutzgebiet Fuldaaue gelangen wir ohne Probleme ins Zentrum von Kassel, wo wir einen langen Aufenthalt einplanen sollten. **Karlsaue** mit **Barockschloss**, **Herkules** mit **Wassertreppe**, **Ottoneum**, **Orangerie**, **Fridericianum**, **Kulturbahnhof Caricatura**, **Stadtmuseum** oder **Landesmuseum** sind wichtige Anlaufstationen. Alle Museen hier

Kassel Wilhelmshöhe und Herkules

aufzuführen, würde den Bericht sprengen, denn Kassel ist die Stadt mit der drittgrößten Museumsdichte in ganz Deutschland. Da Kassel die **Hauptstadt der Deutschen Märchenstraße** ist, muss aber erwähnt werden, dass uns hier das Gebrüder-Grimm-Museum ins Land der Märchen entführt. Wer wieder daraus auftaucht, genießt die Innenstadt, die teils nach modernen Planungsgesichtspunkten umgestaltet wurde. Schnell übersehen wird, dass Kassel auch ganz viel Grün zu bieten hat, nicht nur wegen der 7.000 Eichen, die in den 1980er Jahren von Joseph Beuys hier gepflanzt wurden.

Nach diesem „Besichtigungsstress" tut es gut, zur Abwechslung durch die Gemeinde Fuldatal zu rollen. Hier ist wieder mehr Ruhe und Beschaulichkeit angesagt, wenn wir einen Teil des **Fernradweges R 1** unter den Reifen haben. In Wilhelmshausen sollten wir uns die Reste des alten **Klosters** ansehen, ehe wir in Hannoversch Münden „ausrollen".

Alexander von Humbold sprach einst von „einer der 7 schönst gelegenen Städte der Welt". In der Tat ist die Kleinstadt, die gleich an **drei Flüssen** liegt (Werra und Fulda bilden hier die Weser), eine der imposantesten **Fachwerkstädte** Europas. Das **Rathaus** ist das Paradebeispiel der sogenannten Weserrenaissance – um das Rathaus herum erstreckt sich eine wundervolle **Altstadt**, die nicht nur zum Staunen, sondern auch zum Verweilen in die vielen Cafés und Gaststätten einlädt. Im altehrwürdigen **Welfenschloss** sind flächengroße Wandmalereien, im **Museum** aber auch vieles über die Stadthistorie ausgestellt. Kurzum: Einen besseren Ausklang unserer Fulda-Radtour könnten wir uns gar nicht wünschen!

Kartentipp:
ADFC-Regionalkarten 1:75.000 (siehe vordere Umschlagklappe):
„Kassel/Nordhessen"; „Rhön"
Digital für Smartphones und Tablets:
www.fahrrad-buecher-karten.de/rk-digital

29 Main-Radweg 

Von Frankfurt bis Bayreuth

50 Touren Info

540 km, mit den Varianten Roter und Weißer Main, durchgehende Beschilderung. Keine nennenswerten Steigungen. Die Route führt meist abseits des Straßenverkehrs über separate Rad- oder Feldwege, daher ideal für Familien.

Start: Bayreuth oder Quellen des Roten und Weißen Mains

Ziel: Frankfurt

Info: Tourismusverband Franken e.V., Tel. 0911/94151-0, www-mainradweg.com

Etwas ungewöhnlich kommt diese Radreise daher – wir haben gleich zwei Alternativen für den Start, denn der Main wird von seinen Quellflüssen Roter und Weißer Main gespeist. Klar ist: Wir rollen westwärts und beenden unsere Tour in „Mainhattan". Viele große und kleine Biegungen vollziehen wir mit dem Main auf unserer Reise und kommen durch Orte mit Weltruf: Aschaffenburg, Würzburg, Bamberg oder Bayreuth. Die Namen garantieren Kurzweil, der Radweg ebenfalls, denn er gilt ohne Frage als einer der (aller)schönsten Radfernwege Deutschlands. Dafür bürgt auch die Tatsache, dass regelmäßig Qualitäts-Checks durchgeführt werden.

Bekannt ist Bayreuth freilich für seine Richard-Wagner-Festspiele, bei denen sich internationale Prominenz versammelt. Wagner wurde durch das **Markgräfliche Opernhaus** hierher gelockt, das heute das schönste Barocktheater der Welt ist und lange Zeit auch das größte Deutschlands war. Vergessen Sie aber nicht vor lauter Nibelungen, dass Bayreuth noch mehr zu bieten hat, wie z.B. eine attraktive **Innenstadt** und das **Neue Schloss** der Eremitage.

Würzburg

Los geht´s in Bayreuth. Vorbei an Kulnbach, wo Roter und Weißer Main zusammenfließen, geht es über Burgkunstadt und Staffelstein nach Bamberg. Nun rollen wir in grober Nordrichtung über Zell, Zeil und Haßfurt nach Schweinfurt.

Tipp: Ganz in der Nähe fließen der Rote und der Weiße Main zusammen. Der Weg dorthin wird versüßt mit dem Anblick von **Schloss Steinenhausen**.

Das mit hellen Felsbastionen bewehrte, akropolisartige **Gipfelplateau auf dem Staffel-**

Taunus
Spessart
Frankfurt
Wiesbaden
Rhein
Main
Mainz
Aschaffen-
burg
KA-SP
Bad
Brückenau
Mellrichstadt
Gemünden
Schweinfurt
Haßfurt
Lichtenfels
Kulmbach
WERN
Karlstadt
Main
Kitzingen
Bayreuth
Bamberg
Würzburg
Wertheim
Miltenberg
Odenwald
Rhein
Mannheim
Tauber
Steigerwald
Neustadt/Aisch
Main-Donau-Kanal
Nürnberg
Main Radweg
mit Kahltal-Spessart-Weg (KA-SP),
Werntal-Radwanderweg (WERN)
0 10 20 30 40 50 km

29

Rathausbrücke Bamberg

berg zog schon vor 7000 Jahren Siedler an. Neben dem atemberaubenden Ausblick entschädigt die **Adelgundiskapelle** für die Mühen des Aufstieges. Sie ist ebenso wie **„Vierzehnheiligen"** ein Wallfahrtsort. An letztgenanntem soll einem Schäfer wiederholt das Christkind mit 14 Kindlein erschienen sein. Gemeint ist wohl eigentlich eine Gruppe von Märtyrern, die bedingt durch Pest und andere Widrigkeiten als 14 Nothelfer bezeichnet werden.

Adam Riese war sicherlich der berühmteste Staffelsteiner. Den Ort bekannt gemacht hat auch Victor von Scheffel mit einem Lied zum Staffelberg. So schön **Markplatz**, **Rathaus** und **Kirche** auch sind: „Der Berg ruft"!

In Bamberg führen die **Obere und die Untere Brücke** über die Regnitz und tragen dabei das **Brückenrathaus** auf ihrem Rücken. Nicht weit entfernt steht der **Dom St. Peter und Gregor**, der das **Kaisergrab** von Tilmann Riemenschneider beherbergt. Wer Bamberg besucht, wird schnell merken, dass sich die Stadt dem Bier verschrieben hat. Einen ganz außergewöhnlichen Gaumengenuss bringt uns das traditionelle Rauchbier.

Das Mühlengewerbe zeichnete sich dafür verantwortlich, dass Schweinfurt früh zu einem Produktionsstandort wurde, zu dem auch später Farbfabriken gehörten. So erfand Wilhelm Sattler 1814 ein grünes Kupferpigment, das sich einen Namen als „Schweinfurter Grün" machte.

Weiter geht´s von Schweinfurt über Volkach, Kitzingen und Marktbreit nach Würzburg. Nachdem wir uns mit Mühen dort wieder losgeeist haben, geht es über Gemünden und Lohr nach Miltenberg.

Die UNESCO-geschützte barocke **Residenz** Würzburgs ist Hauptziel der unzähligen Touristen. Von dort erschließt der Weg über **Hofstraße**, **Dom**, **Marktplatz**, **Marienkapelle** und **Rathaus** die „Muss-Ziele". Zum Besuch gehört auch die **Festung Marienberg** mit herrlichen Ausblicken auf die Stadt. Nicht umsonst wird Würzburg gerne mit dem „goldenen Prag" verglichen.

Tipp: Am **Weinlehrpfad „Pfülben"** können wir uns auf Bänken niederlassen und über die geschmackliche Vielfalt der Frankenweine philosophieren. Zu dessen Füßen liegt das denkmalgeschützte Randersacker.

„Schnatterloch" heißt der **Marktplatz** wohl wegen der Geräuschkulisse an Markttagen. Neben ihm recken sich tolle Fachwerkhäuser in die Höhe, in denen auch das **Heimatmuseum** untergebracht ist. In der Fußgängerzone sticht der stattliche **Gasthof „Zum Riesen"** hervor, der mit seinem Ausschank seit 1504 als das älteste Wirtshaus Deutschlands gilt. Über der Kulisse wacht die **Mildenburg**, die im 16. Jahrhundert von der Festung zum Repräsentationsbau umgestaltet wurde.

Weiter geht´s von Miltenberg zunächst wieder Richtung Norden nach Aschaffenburg: Via Seligenstadt, Hanau und Offenbach rollen wir in Frankfurt aus.

Für die reinste Tonerde der Welt, die eine Zeit lang in jedem Bleistift verwendet wurde, ist Klingenberg bekannt. Bei weitem nicht so staubtrocken ist der Wein, der hier in extre-

Schloss Johannisburg

men Steillagen wächst.

Direkt am Fluss liegt mit dem **Schloss Johannisburg** das Wahrzeichen Aschaffenburgs. Hier gibt es viel zu sehen – ein Schlossmuseum, die Schlosszimmer, eine Galerie, Gärten und vieles mehr können mit einem Besuch der Schlossschänke abgerundet werden. Auch die **Stiftskirche** mit dem **Nothelferaltar** verdient Beachtung.

In Seligenstadt ist die älteste **Karolinger-Basilika** nördlich der Alpen zu bewundern. Außerdem locken in der **Altstadt** zahlreiche Fachwerkhäuser, das **Einhardhaus**, das **Rathaus** und weitere historische Gebäude.

Vielmehr als nur Wolkenkratzer bietet die Frankfurter City. Überregional bekannt ist der **Frankfurter Römer**, das **Rathaus** aus dem 15. Jahrhundert. Dem **Dom** kam 1867 ein Großbrand zu Pass, denn bis dahin war er unvollendet geblieben. Nach dem Brand wurden die Pläne aus dem 15. Jahrhundert endlich realisiert.

Tipp: Mit etwas „Power in den Beinen" oder 10 Minuten Schieben lässt sich die **Clingenburg** erreichen. Im Restaurant lässt sich dann bei herrlicher Aussicht der „Klingenberger Rote" genießen.

Kartentipp:
ADFC-Regionalkarten 1:75.000 (siehe vordere Umschlagklappe):
„Frankfurt a.M./Wiesbaden/Darmstadt" (1:50.000); „Spessart/ Main/ Odenwald"; „Würzburg/Fränkisches Weinland"; „Schweinfurt Region" (1:50.000); „Fränkische Schweiz E-Bike-Karte"
Digital für Smartphones und Tablets:
www.fahrrad-buecher-karten.de/rk-digital

30 Thüringer Städtekette

Von Eisenach nach Altenburg

50 Touren Info

225 km, durchgehende Beschilderung. Einige kleine Steigungen, die aber keine größeren Ansprüche an die Kondition stellen. Die Route führt meist abseits des Straßenverkehrs über separate Rad- oder Feldwege, daher perfekt für Familien.

Start: Eisenach

Ziel: Altenburg

Info: Verein Städtetourismus in Thüringen e.V., Tel. 0361/66400, www.thueringer-staedte.de

225 km lang ist der Radweg „Thüringer Städtekette" – hier ist der Name Programm: Wir rollen auf historischem Boden und kommen durch Städte, mit klangvollen Namen wie Eisenach, Gotha, Erfurt, Weimar, Jena, Gera oder Altenburg. Doch auch die kleineren Orte zwischendurch verführen immer wieder zu kürzeren oder längeren Stopps. Schlösser, Burgen und alte Ortskerne säumen unseren Weg, der auch etwas sportlicher ambitionierten Fahrern entgegen kommt. Zwar gibt es keine echten „Bergwertungen", doch lässt uns das thüringer Hügelland an der einen oder anderen Steigung schwitzen. Da alle Städte optimale Bahnanbindungen haben, wird uns das Radeln der Streckentour erleichtert. Auch die Erweiterung der Reise ist möglich, denn unser Radweg hat Anschluss an andere Fernradwege wie Herklues-, Wartburg-, Saale-, Werratal-, Im- oder Rennsteigradweg.

Um Eisenach rankt sich eine Vielzahl von Sagen und Legenden – die Stadt ist ein wichtiger Teil deutscher Geschichte. So ist es nicht verwunderlich, dass wir im Ort **Industriemuseum**, **Automuseum**, **Burschenschaftsdenkmal**, **Bachhaus**, **Reuter-**

Die Wartburg

Villa, mehrere sehenswerte **Kirchen** und weitere herausragende Ziele finden. Das Highlight ist aber ohne Frage die **Wartburg**, die wir auf dem Drahtesel mit jeder Menge Schweiß erreichen können. Sie Strapazen lohnen sich: An der herrlichen Architektur kann man sich ebenso wenig satt sehen, wie an der Aussicht über die Region. Gut vorstellbar, wie Luther hier das Neue Testament übersetzte.

Tipp: Wollen Sie sich Ihre Urlaubskasse aufbessern? Na, der Schuss könnte auch nach hinten losgehen, wenn wir eine Wette beim Rennen abschließen… Dann schauen wir uns lieber nur die Gebäude der **Pferderennbahn Boxberg** vor Gotha an. Herzog Ernst II. von Sachsen-Coburg-Gotha gab 1879 die Initialzündung zum Bau dieser Galopprennbahn, die als eine der schönsten Deutschlands gilt.

Los geht´s in der Stadtmitte von Eisenach. Stets in der Nähe der Eisenbahn fahren wir über Schönau, Sättelstädt, Mechterstädt und Hörselgau nach Gotha. Mühlberg, Wandersleben, Apfelstädt und Ingersleben lauten die Orte auf dem Weg nach Erfurt.

Wir rollen nördlich an Waltershausen vorbei, wo wir uns das **Schloss Tenneberg** ansehen können.

Gotha spielt in Sachen Prachtbauten in der ersten Liga der Städte. Allein **Schloss Friedenstein** wäre als größte frühbarocke Anlage Deutschlands eine Reise wert. Als wäre das nicht genug, lockt die **Altstadt** rund um das **Renaissance-Rathaus** mit barocken Fassaden. „Villa gotha", wie es 775 unter Karl dem Großen beurkundet wurde, verzaubert rund um den **Butter**- und **Neumarkt** jeden Gast.

St. Viti in Wechmar ist die größte Dorfkirche Thüringens. Mit der Veit-Bach-Mühle und dem **Bach-Haus** gibt es weitere Anlaufstationen. In letzterem ließen sich schon die Ahnen von Johann Sebastian Bach inspirieren.

Im Mai 1231 soll ein Kugelblitz alle drei Burgen gleichzeitig angezündet haben, die zwischen Mühlberg und Wandersleben stehen. Daraufhin haben die Bürger den Burgen der Sage nach den Namen **„Drei Gleichen"** verpasst.

Erfurt schmückt sich mit vielen Titeln: **Luther**-, **Dom**- und **Blumenstadt** beschreiben schon ganz gut, was uns als Besucher erwartet. Nicht nur die Fußgängerzone zieht

30

Auf dem Marktplatz in Eisenach

sich durch malerische, gepflasterte Straßen und Gassen, auch die anderen Straßen und Gässchen werden von schönen alten Gebäuden gesäumt. Außergewöhnlich ist die Krämerbrücke. Sie ist 120 m lang und damit die einzige Brücke in Europa, die vollständig bebaut bzw. bewohnt ist. Der **Domplatz** ist Schauplatz des Wochenmarktes und ist zugleich einer der größten unbebauten Plätze in Deutschland. Wer auf die **Ägidienkirche** steigt, kann Erfurts Glanz von oben genießen.

Tipp: Rund um Wandersleben gibt es **Geopfade**. Mit Infotafeln und einer Fossilienausstellung versetzen sie uns in eine Zeit vor 240 Mio Jahren.

Weiter geht´s von Erfurt wieder in Bahnnähe über Niederzimmern und Hopfengarten nach Weimar. Über Mellingen erreichen wir Jena, wo wir ein Stück dem Saale-Radweg folgen, ehe wir links abbiegen nach Stadtroda. Nach kurviger Fahrt geht es über Hermsdorf nach Eisenberg, dann an der Weißen Elster entlang durch Bad Köstritz nach Gera.

1919 beschloss die Deutsche Nationalversammlung in Weimar die Gründung der ersten Deutschen Republik. Auf diese Geschichte blickt die Kleinstadt gerne zurück, aber auch darauf, dass Goethe, Schiller, Liszt und Nietzsche hier wirkten. Weil es zudem auch noch reichlich in der toll restaurierten **Altstadt** rund um die **Kirche St. Peter und Paul** zu sehen gibt, wird Weimar jedes Jahr von rund 3 Mio. Gästen besucht.

Nördlich von Weimar liegt **Schloss Ettersburg** in einem Park auf dem Ettersberg. Es wurde zu Beginn des 18. Jahrhunderts für Herzog Wilhelm Ernst von Sachsen Weimar erbaut.

Ebenfalls nördlich der Stadt liegt die **Gedenkstätte Buchenwald**. Sie erinnert an die Greueltaten, die im hier befindlichen KZ unter den Nazis begangen wurden. Aus 50 Nationen stammten die 250.000 Gefangenen, die hier unter menschenunwürdigen Bedingungen eingesperrt wurden. Über 50.000 von ihnen überlebten das Martyrium nicht.

Ein Abstecher führt von Weimar über den Ilmtal-Radweg nach Apolda, wo wir uns gleich drei interessante Museen ansehen können: Das **Museum „Olle DDR"**, das Kunsthaus **„Apolda Avantgarde"**, sowie das **Glocken-** und **Stadtmuseum**.

Jena s. Tour 21.

Von Jena verläuft der **Napoleon-Radwanderweg** gen Norden. Er folgt dem Weg, den die Truppen Napoleons zum Schlachtfeld nahmen, als sie zur Doppelschlacht von Jena / Auerstedt antraten.

In Stadtroda lassen wir uns in den Ruinen der **Klosterkirche** ins Mittelalter entführen – das Bachufer draußen ist malerisch von Buntsandsteinen eingefasst. Dann radeln wir durch das **Landschaftsschutzgebiet „Zeitgrund"**, ehe wir vor Hermsdorf eine Steigung zu verkraften haben. In Hermsdorf gab es einst ein Zentrum für Industriekeramik, woran noch einige Reste erinnern. Die müden Muskeln können wir in Bad Klosterlausnitz bei einem **Moorbad** erholen.

Goethe-Schiller-Denkmal Weimar

Bei Eisenberg gab es einst das berühmte **Mühlental**, woran auch das **Mühltalmuseum** „Naupoldsmühle" erinnert. Heute sind nicht mehr viele Mühlen in Betrieb, dafür halten viele von ihnen für uns einen lauschigen Biergarten bereit.

Gera war 2007 Schauplatz der Bundesgartenschau. Von ihr ist am **Hofwiesenpark** unterhalb des Entdeckerturms noch einiges übrig geblieben, was uns Entspannung in schöner Natur beschert. In der Stadtmitte können wir uns über einen bestens erhaltenen Kern freuen. Die **Geraer Höhler** (kein Fehler) wurden im 17. / 18. Jahrhundert angelegt, um das Bier in Kellern und Gewölben kühl lagern zu können. Das **Museum** im Höhler Nr. 188 ist 11 m tief und 252 qm groß. Hier finden wir auch eine Ausstellung mit rund 700 Mineralien.

Weiter geht´s im Schluss-Spurt via Ronneberg und Schmölln zu unserem Ziel in Altenburg.

Haben Sie schon die Thüringer Küche gekostet? Wenn nicht, wird´s langsam Zeit: Von Zwiebelkuchen über Rostbratwurst und Klößen gibt es vieles zu probieren. Auch der Schmöllner Mutzbraten, ein Stück Schweinefleisch, ist eine Versuchung.

Die Wettiner Fürsten wählten Altenburg zu ihrem Stammsitz, wovon noch das **Schloss** berichtet. Hier gibt es auch eine Ausstellung zu den Spielkarten, durch die Altenburg über die Grenzen hinaus bekannt wurde. Der weiträumige **Marktplatz** ist wie geschaffen dafür, unsere Tour ausklingen zu lassen.

Kartentipp:
ADFC-Regionalkarten 1:75.000 (siehe vordere Umschlagklappe):
„Erfurt und Umgebung"
Digital für Smartphones und Tablets:
www.fahrrad-buecher-karten.de/rk-digital

31 Werratal-Radweg

Von Siegmundsburg bis Hannoversch Münden

50 Touren Info

300 km, durchgehende Beschilderung. Im ersten Teil einige Steigungen, vor allem, wenn an der Quelle begonnen wird, dann keine nennenswerten Steigungen mehr. Die Route führt meist abseits des Straßenverkehrs über separate Rad- oder Feldwege, daher perfekt für Familien, wenn hinter den Steigungen begonnen wird. Start: Werraquelle bei Siegmundsburg

Start: Werraquelle bei Siegmundsburg

Ziel: Hannoversch Münden

Info: Werratal Touristik e.V., Bad Salzungen, Tel. 03695/861459, www.werratal.de

Der bekannteste deutsche Fernwanderweg dürfte der Rennsteig sein. Dort, wo er verläuft, im Naturpark Thüringer Wald, liegt in 797 m Höhe die Quelle der Werra. Seit 1897 sprudelt sie aus einem von Bruchsteinen eingefassten Kopf. Genau genommen hat die Werra zwei Quellen: Eine bei Fehrenbach, eine bei Siegmundsburg. Sie bahnt sich von hier ihren Weg gen Nordwesten und durchstreift dabei wildromantische Landschaften und idyllische Ortschaften. Von der Vorderrhön geht es durch das hessische Bergland bis nach Hannoversch Münden. Hier vereinigt sie sich mit der Fulda und verliert ihren Namen, denn die Weser wird geboren, was uns Gelegenheit gibt, weiterzuradeln bis zur Nordsee.

Siegmundsburg liegt auf dem Dach des Thüringer Schiefergebirges auf über 750 m direkt am berühmten Fernwanderweg **„Rennsteig"**. Die meisten Besucher pilgern zur Quelle der Werra. Der **Dreistromstein** ist aber viel bedeutender: Von dieser Wasserscheide aus fließt das Wasser in gleich drei Richtungen und zwar in Elbe, Weser und Rhein – einzigartig in Mitteleuropa.

Los geht´s an einer der Werraquellen, also bei Fehrenbach oder Siegmundsburg. Freilich können wir auch einfach am Bahnhof von Eisfeld starten. Über Veilsdorf, Hildburghausen, Themar, Meinigen, Wasungen und Breitungen kommen wir nach Bad Salzungen. Dabei wird es hinter Hildburghausen etwas anstrengender. Hinter Grimmelshausen können wir abkürzen und uns einen kräftigen Anstieg

Kehrtwende

nach Ahlstädt sparen, wenn wir nicht die Bahn kreuzen, sondern direkt nach Henfstädt fahren. Auch um Breitungen herum müssen wir einige Male kräftiger in die Pedalen treten.

Durch den einst eisernen Vorhang zu Bayern konnte sich um Eisfeld herum eine idyllische Landschaft entwickeln. Am Schnittpunkt zweier Bundesstraßen gelegen, blüht Eisfeld seit der Wende auf, ohne seine Traditionen zu verlieren, was an vielen Festen deutlich wird. Mit Alter Schule, **Schloss**, **Otto-Ludwig-Gedenkstätte** und **Freizeitpark** gibt es Unterhaltung satt.

Eingebettet in eine der schönsten Werra-Auen liegt Hildburghausen. Die Mitte markiert der großzügige **Marktplatz** mit **Barockhäusern** und dem **Renaissance-Rathaus**. Nach der Besteigung des **Bismarckturms** schweift der Blick über die katholische und **Christus-Kirche** hinaus zum **Schlosspark**, wo am Teich die Leihboote warten. Im **Stadtmuseum Alte Post** erfahren wir alles Wichtige über die Region.

Zwischen Rhön und Thüringer Wald liegt die „Theaterstadt Meinigen". Nicht verwunderlich, dass es hier auch ein **Theatermuseum** gibt, in dem Bühnenbilder aus dem 19. Jahrhundert ausgestellt sind – das Motto lautet „Zauberwelt der Kulisse". **Schloss Elisabethenburg** wurde als Residenz der Herzöge von Sachsen-Meinigen erbaut. Es beherbergt heute gleich mehrere Museen.

Tolle Fachwerkhäuser finden wir im seit 874 existenten Wasungen. Wer der hiesigen Natur auf den Grund gehen mag, besucht den **forstbotanischen Garten** mit dem **Naturlehrpfad**.

Rund 1.100 Jahre alt ist Meinigen, das von seiner romanischen **Basilika** dominiert wird. Direkt daneben liegt das Schloss, in dem wir ein Museum zum Landleben finden. Jenseits der Bahnschienen überblickt das ehemalige herzögliche **Jagdschloss** die Gegend.

Die Namensfindung für Bad Salzungen ist denkbar einfach – um die Stadt herum gibt es große **Salzlagerstätten** und **Soleheilquellen**, die ihr den Beinamen Bad einbrachten. Um auch die Lungen zu kurieren, wurde ein **Gradierwerk** gebaut. Wer sich im 2000 erbauten ersten deutschen **Keltenbad** nicht erholt, ist selber Schuld.

Grüne Idylle

Tipp: Wer Lust auf Abkühlung verspürt, findet diese im **Veilsdorfer Freibad**. Die urigen Gasthäuser sind für die „innere Erfrischung" gut.

Weiter geht´s von Bad Salzungen über Dorndorf, Heringen / Werra, Berka-Werra und Gerstungen nach Herleshausen. Dabei stehen uns wieder einige kleinere Hügel im Weg, über die wir uns kurbeln müssen. Das etwas abseits vom Weg liegende Eisenach bietet sich als Übernachtungsmöglichkeit an.

Merkers und Dorndorf sind zwei Orte, die viele Jahre vom Salzabbau gelebt haben. Heute gefallen sie durch gut gepflegte Ortskerne, die von **Fachwerkhäusern** geschmückt werden.

Vacha wurde 817 zum ersten Mal erwähnt, es gilt als älteste Stadtsiedlung Thüringens. Das können wir auch am Marktplatz mit seinen alten Gebäuden gut nachvollziehen.

Etwas jünger ist Philippsthal (Werra), wo inmitten eines **Parks** ein **Schloss** zu finden ist. Im benachbarten Heringen (Werra) ist nicht zu übersehen, was den Ort prägte: 200 m hoch ist der **„Monte Kali"**, der beim Kalibergbau entstand. Mehr zu dieser Industrieepoche erfahren wir im **Werra-Kalibergbaumuseum**. Etwas weiter flussabwärts finden wir in Untersuhl eine architektonisch seltene Rundkirche.

Hauptziel in Gerstungen ist das Schloss, in dem sich heute das **Heimatmuseum** befindet. Der alte **Stadtkern** rund um den Markt mit seinem **Storchenbrunnen** besteht teils aus Fachwerkhäusern.

Direkt an unserem Weg durch Sallmannshausen ragt die **Pfarrkirche** empor, die einen spätgotischen Schnitzaltar beherbergt. Auf der anderen Uferseite liegt Neustädt, auf dessen Dorfplatz wir einen **Ziehbrunnen** vorfinden.

Eisenach s. Tour 30.

Tipp: Bei Merkers sollten wir uns das **Erlebnisbergwerk** nicht entgehen lassen. Im ehemaligen Schacht eines Kalibergwerks wurde ein unterirdisches Museum eingerichtet. Wir können eine **Grubenfahrt** im Jeep machen, uns den historischen Goldraum ansehen und die Kristallgrotte besuchen.

Weiter geht´s von Eisenach über Creuzburg, dann mit einem Anstieg und der entspannenden Abfahrt nach Mihla. Falken, Treffurt, Wanfried, Eschwege und Bad Sooden-Allendorf stehen auf der Liste der Orte, die wir durchradeln, ehe wir in Hannoversch Münden die Tour beenden.

Creuzburg, Mihla, Treffurt und Wanfried sind zwei der ältesten Ortschaften in der Region. So soll das erste Kreuz bei Creuzburg schon vom 724 heiligen Bonifazius aufgestellt worden sein. In Mihla gab es gleich drei **Ritterburgen**, von denen heute noch das **Graue** und das **Rote Schloss** übrig geblieben sind. Fachwerkträume werden in Treffurt z.B. beim **Rathaus** oder in Wanfreid bei den **Häusern am Werraufer** wahr.

Für Eschwege brauchen wir viel Zeit, denn hier gehen die Sehenswürdigkeiten über die herrlichen **Altstadtfassaden** hinaus. So müssen wir uns das **Landgrafenschloss** ansehen, wo eine Kunstuhr auf dem **Schlossplatz** steht. Oder die Schnitzereien am **Raiffeisenhaus**, das **Heimatmuseum** oder den **Nikolaiturm**, von dem aus wir die ganze Stadt überblicken können.

Nach den vielen Kilometern auf dem Rad können wir in den Kuranlagen von Bad Sooden-Allendorf relaxen. Seit rund 100 Jahren spielt die Stadt in der ersten Liga der **Sole-Heilbäder** mit.

Kurz vor Ende der Tour kommt mit Witzenhausen noch mal ein „Highlight". Man weiß gar nicht, was schöner ist: Die herrliche **Altstadt** oder die vielen, farbenfrohen Kirschblüten, die uns im Sommer hier empfangen. Es sollen etwa 150.000 Kirschbäume sein, die in und um Witzenhausen herum stehen.

Hannoversch Münden s. Tour 11.

Kartentipp:
ADFC-Regionalkarten 1:75.000 (siehe vordere Umschlagklappe):
„Kassel/ Nordhessen"; „Rhön"
Digital für Smartphones und Tablets:
www.fahrrad-buecher-karten.de/rk-digital

32 Rhön-Radweg

Von Hammelburg nach Bad Salzungen

50 Touren Info

181 km, durchgehende Beschilderung als Rhön-Radweg, einige kleinere und eine anstrengende Steigung. Die Route führt meist abseits des Straßenverkehrs über separate Rad- oder Feldwege. Für Familien bedingt geeignet, Kinder sollten eine Grundkondition mitbringen.

Start: Bad Salzungen (Bahnhof oder Parkplatz am Keltenbad)

Ziel: Hammelburg

Info: Rhön GmbH, Tel. 09749/930080-0, www.rhoen.de

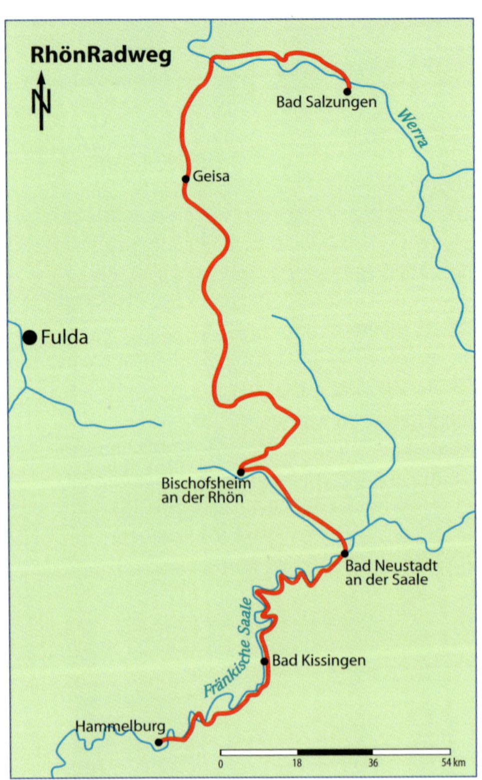

Wird über die deutschen Mittelgebirge berichtet, so gehört die Rhön immer mit dazu! Denn diese sanften Höhenzüge haben einen ganz besonderen Charme, wenn man die Rhön wirklich hautnah erlebt. Was könnte sich dazu besser eignen, als eine ausgedehnte Mehrtages-Radtour? Die Trasse des Rhön-Radwegs ist bestens präpariert: Meist geht es auf den 181 km ohne größere Steigungen abseits des Straßenverkehrs über asphaltierte Wege. Ganz ohne Steigungen läuft es dann aber doch nicht – wir sind halt im Mittelgebirge. Entschädigt werden wir durch wunderbare Natur in drei Bundesländern.

Bad Salzungen liegt wunderbar am Ufer der Werra – eingebettet in die Höhenzüge des Thüringer Waldes und der Rhön. Die Kelten waren vermutlich die ersten, die es sich hier gemütlich machten. Nach ihnen wurde die Hauptattraktion der Stadt benannt: Das Keltenbad, in dem sich alles um die Sole dreht. Hier, in der sogenannten **Solewelt**, können wir uns bestens fit machen für die anstrengende Radtour. Die Kurgäste kommen aber auch wegen des **Gradierwerkes** nach Bad Salzungen und lassen ihre Atemwege heilen. Entsprechend prachtvoll kommt das Kurhaus daher, welches es in klein auch noch als Modell zu sehen gibt. Anschauen müssen wir uns auch das Rathaus, den fachwerkgeschmückten **Bahnhof** und den weitläufigen **Burgsee**. Schauriges vermuten lässt die Ruine von Burg Frankenstein. Wenn wir den **Aussichtsturm** besteigen und den Fernblick genießen, gruseln wir uns nicht, sondern freuen uns auf´s Radeln!

Kurhaus in Bad Salzungen

Los geht´s in Bad Salzungen, wo wir sowohl die Schilder des Rhön- als auch des Werra-Radwegs finden. Diese geleiten uns zunächst durch das Werra-Tal über Tiefenort, Merkers, Donndorf, Vacha, Unterbreizbach und Buttlar nach Geisa. Diese rund 40 km bieten sich für eine erste Etappe an, denn bis hierher ist es nur etwas hügelig ohne große Steigungen.

Genau an der Stelle, wo schon die Heiden ein Bergheiligtum verkehrten, entstand die **Krayenburg** von Tiefenort. Heute sind die meisten Teile nur noch als Ruine erhalten – inmitten des üppigen Grüns entsteht aber eine ganz besondere Mystik.

In Merkers treffen wir auf die Europäische Route der Industriekultur, zu der das **Erlebnisbergwerk Merkers** gehört. Wir rauschen mit dem Förderkorb 500 m in die Tiefe und treten ein in eine andere Welt. Unter Tage fahren wir auf einer 21 km langen Strecke auf den ehemaligen Mannschaftswagen und erleben hautnah spannende Geschichten zum Abbau von Kalisalz und zum sogenannten Nazigold. Zum Ende des Zweiten Weltkriegs wurden hier unten Kunstgegenstände, Bargeld und Gold „gebunkert".

Mindestens seit 1250 gibt es das **Kloster Donndorf**, zu dem natürlich auch eine Klosterkirche gehört. Das Kloster erreichen wir über uralte, ausgewaschene Pflastersteine.

Die kleine Stadt Vacha bezeichnet sich selbst gerne als Tor zur Rhön. Sie spielte einst bei Reformation und Bauernkrieg eine entscheidende Rolle, wovon eine Gedenktafel an **Burg Wendelstein** zeugt. Die ist eine echte alte **Stadtburg** und schützte einst die Stadt an der Werrabrücke. Würdevoll und in schönem Fachwerk gestaltet kommt das **Rathaus** daher, vor dem der **Vitusbrunnen** sprudelt.

Auf den Kalibergbau treffen wir auch in Unterbreizbach wieder – im schönen, ehemaligen **Pförtnerhäuschen** des Kaliwerkes ist heute ein Vereinsheim untergebracht.

Die Familie von Buttlar war lange Zeit Eigentümer von Schloss Buttlar. Heute können wir in der ehemaligen **Wasserburg** Ferienwohnungen mieten. Schön anzusehen sind auch die Kirche Mariae-Geburt und die Fachwerk-Dorfschule.

Die **Altstadt** von Geisa liegt auf einem Bergrücken. Deren Mitte markiert der langgezogene Marktplatz, an dessen Ecke auch das neugotische Rathaus steht. Von der ehe-

32

maligen Stadtbefestigung sind noch weite Teile erhalten. Das **Schloss** hingegen ist noch komplett vorhanden und präsentiert uns einen alten Gewölbekeller sowie barocke Prunkräume.

Tipp: In Geisa bietet sich eine Übernachtung an, denn hinter Schleid geht´s deutlich bergauf. Die größte Attraktion der Gegend verlangt auch etwas Kletterarbeit von uns: Oben auf dem Berg liegt **Point Alpha**, eine Mahn-, Gedenk- und Begegnungsstätte. Die Mühen dort hinauf lohnen sich, denn hier spürt man noch heute die Bedrohung des Eisernen Vorhangs. Die Amerikaner vermuteten zu Zeiten der innerdeutschen Teilung, dass die Truppen des Warschauer Paktes genau an dieser Stelle angreifen würden.

Weiter geht´s von Geisa mit einer ersten deutlichen Steigung via Schleid und Tann nach Hilders. Nun heißt es durchschnaufen und noch ein paar Höhenmeter bis Ehrenberg hinauf pumpen. Auch hinter Ehrenberg kurbeln wir weiter rund 250 Höhenmeter hinauf – und das ohne größere Verschnaufmöglichkeiten. Als Belohnung geht´s flott bergab nach Urspringen und leicht hüglig nach Bischofsheim. Wir beenden hier die nächste Etappe, oder lassen die Räder weiter bergab rollen über Wegfurt nach Bad Neustadt an der Saale.

Schleid bietet sich für eine Rast an: Zum einen, um etwas Kraft zu tanken für die bevorstehenden Steigungen. Zum anderen um uns die **Dorfkirche** anzuschauen. Wer länger in der Gegend ist und zu den „Bergziegen" unter den Radler gehört, kann hier gleich mehrere anstrengende Touren unternehmen, wie z.B. auf den nahe gelegenen **Bocksberg**, der einst eine mittelalterliche **Gipfelburg** beheimatete.

In Tann verlassen wir Thüringen und rollen auf hessischem Boden weiter. Die Innenstadt wird vom herrlichen Stadttor geziert, das hier schon seit 1557 steht. Nicht weit davon finden wir das in Fachwerk gestaltete Elf-Apostel-Haus, ehe wir uns den Schlössern widmen, doch welches zuerst: Blaues, Rotes oder Gelbes Schloss? Mitten in der Stadt steht das **„Rhöner Museumsdorf"**. In den drei tollen alten Anwesen können wir gut nachvollziehen, wie man hier einst lebte und arbeitete.

Tipp: Wer zur rechten Zeit in Tann ist, kann einem der zahlreichen Feste beiwohnen: Vom Maimarkt über Johannismarkt bis zum **Wirtefest** im September ist hier (fast) immer etwas los.

In Hilders wird es bestimmt wieder eine Pause geben, denn die Waden geben uns eine eindeutige Rückmeldung über den anstrengenden Streckenverlauf. Dafür können wir gut durchatmen, denn Hilders ist **Luftkurort**. Unsere Augen werden auch verwöhnt: **Fachwerkhäuser** und die **Pfarrkirche St. Bartholomäus** geben schöne Motive ab.

Das gilt genauso für das Rhöndörfchen Urspringen, das wir in flotter Fahrt erreichen – die teils engen Gassen mit den Fachwerkfassaden laden zu einem Stopp ein.

Bayerischen, genauer gesagt unterfränkischen Boden haben wir in Bischofsheim unter den Pneus. Rund um den **Marktplatz** gibt es herrliche Einkehrmöglichkeiten und mit **Zentturm** auch noch etwas zum Ansehen. Wer gar nicht genug bekommen kann von den Bergen, kurbelt hinauf auf den **Kreuzberg**, der mit 928 m der zweithöchste Berg Unterfrankens ist. Zur Belohnung gibt´s einen Blick auf drei historische Kreuze.

Dass wir in Franken sind, sehen wir am imposanten **Maibaum**, der sich auf dem **Marktplatz** von Bad Neustadt in die Höhe reckt. Gekurt wird in der Stadt schon lange. Aber erst seit 2010 ist Bad Neustadt die erste **Modellstadt für Elektromobilität** – die Zukunft hat hier also schon lange begonnen!

Weiter geht´s von Bad Neustadt auf nur leicht welliger Strecke über, Bad Bocklet, Bad Kissingen, Aura und Elfershausen nach Hammelburg. Die rund 60 km sind an einem Tag problemlos zu meistern. Die Bahn fährt rund 2 ½ Stunden bis Bad Salzungen.

Hilders, Pfarrkirche St. Bartholomäus

In Bad Bocklet erreichen wir das nächste „Bad" auf der Radtour. Ein weitläufiger **Kurpark** und die große **Brunnenhalle** zeugen von der Geschichte des Kurortes, in dem schon bedeutende Persönlichkeiten zu Gast waren.

Deutlich größer und eleganter kommt Bad Kissingen daher, das als **ältester Gradierstandort Europas** gilt. Bayerisches Staatsbad, ältester Golfplatz Bayerns, herrliche alte Kurbauten rund um einen phantastischen **Kurgarten**: All´ das sorgt dafür, dass Bad Kissingen zu den „Great Spas of Europe" gehört. Gleich sieben Heilquellen werden für therapeutische Zwecke genutzt. Ein längerer Aufenthalt ist also angesagt in der Innenstadt, die vom **Markplatz** markiert und von historischen Gebäuden verschönert wird. Ansehen müssen wir uns auf jeden Fall den **Regentenbau**, das **Bismarck-Museum**, das **Kurtheater** und das **Spielcasino** im Kurpark.

Tipp: Bad Kissingen unterhält das größte **Kurorchester** aller deutschen Kurorte. Die Musiker sind Multitalente und beherrschen mehrere Instrumente. Das bieten sie das ganze Jahr hinweg dar und bekamen wegen der vielen Auftritte einen Eintrag ins Rekordbuch. Auch wenn Sie eigentlich andere Musik bevorzugen: Versäumen Sie es nicht, dem Kurorchester zu lauschen – Sie werden begeistert sein!

Nachdem wir uns in Elfershausen das **Schloss** angesehen haben, erreichen wir Hammelburg. Die Innenstadt ist wie geschaffen als Tourziel, denn vor dem herrlichen **Rathaus** liegt der Marktplatz, an dem wir es uns gut gehen lassen können. Schön anzusehen ist auch das **Kellereischloss**, das auch „Rotes Schloss" genannt wird. Aus dem 13. Jh. stammt die **Stadtbefestigung**, von der noch weite Teile erhalten werden konnten. Ein Bummel entlang der Mauern, Türme und Tore ist also ein schöner Abschluss der Radwanderung durch die Rhön.

Kartentipp:
ADFC-Regionalkarten 1:75.000 (siehe vordere Umschlagklappe):
„Rhön"
Digital für Smartphones und Tablets:
www.fahrrad-buecher-karten.de/rk-digital

33 Lahntalradweg

Von Bad Laasphe nach Lahnstein

50 Touren Info

245 km, durchgehende Beschilderung, teils zusätzlich Fahrbahnmarkierungen. Nur zwei Steigungen, bei denen die Bahn genutzt werden kann. Die Route führt zu Beginn über kleine Nebenstraßen, dann meist abseits des Straßenverkehrs über separate Rad- oder Feldwege, daher perfekt für Familien.

Start / Ziel: ???

Info: Lahntal Tourismus Verband e.V., Wetzlar, Tel. 06441/309980, www.daslahntal.de

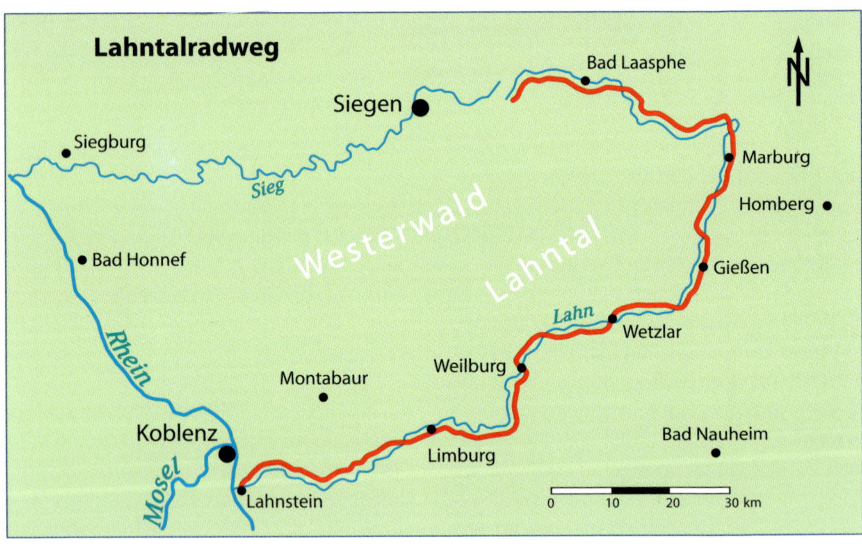

Wir sind schon bis Nummer „33“ vorgedrungen in unserem Buch – auffällig viele der schönsten Radfernwege Deutschlands orientieren sich an Flüssen – so auch der Lahntal-Radweg, immer noch ein echter Geheimtipp. Toll ausgebaut und gut beschildert geht es von den bewaldeten Höhen des Hochsauerlandes hinunter bis an den Rhein. Dabei passieren wir gleich drei Bundesländer – NRW, Hessen und Rheinland-Pfalz. Die Kanuten haben uns übrigens viel voraus: Für die Bootswanderer gilt die Lahn bereits seit Jahren als DER beliebteste Fluss!

Es ist ein unscheinbarer, grüner Tümpel neben einem Ausflugshotel auf 602 m Höhe, an dem die **Lahn** das Licht der Welt erblickt. Außer einigen Wanderern verirren sich nur wenige Gäste in diese südöstliche Region des **Rothaargebirges**. Das ist schon verwunderlich, denn immerhin sind wir in einer Region, in der es wahrlich „sprudelt“ – Eder, Sieg und einige kleinere Flüsse haben hier ihren Ursprung. Und mehr noch, auch die **Lahn-Freizeitstraße** findet hier ihren Anfang – sie geleitet uns durch das Lahntal bis zur Mündung in den Rhein. Während die Wanderer hier oben voll auf ihre Kosten kommen,

Brücke bei Wetzlar

müssen Radwanderer zunächst noch mit kleinen Nebenstraßen Vorlieb nehmen. Per pedes haben wir mehr als 300 km unter den Füßen, als Radler rund 250 km, ehe wir die Mündung bei Lahnstein erreichen. Der inzwischen sogar prämierte Lahn-Radwanderweg zählt laut Umfrage zu den 10 beliebtesten Radwanderwegen Deutschlands!

Tipp: Doch wir können noch eins draufsetzen: Die Lahn gilt als der beliebteste **Kanu-Wanderfluss** Deutschlands – ab Roth bei Marburg ist sie „paddelbar". Zahlreiche Anbieter sorgen auf den weiteren Kilometern für einen bequemen Rücktransport zwischen Aus- und Einstieg. Viele Regionen erzählen gerne von „unberührter Natur" – an der Lahn gibt es sie wirklich. Daher sind Kanutouren im **Vogelschutzgebiet „Obere Lahn"** zwischen dem 21. September und dem 30. April tabu.

Los geht´s offiziell am Lahnkopf im Rothaargebirge. Mit dem Bus ist das Quellgebiet zu erreichen, eine Anreise per Rad ist hier hinauf recht beschwerlich. Daher steigen viele Radler erst in Bad Laasphe in die Tour ein. Wer stilecht an der Quelle beginnt, gelangt über kleine Nebenstraßen und Wege hinunter nach Bad Laasphe. An Biedenkopf vorbei erreichen wir Marburg.

Vom **Lahnkopf** herab plätschert der Bach munter durch den westfälischen Kurort Bad Laasphe, wo die Gäste ihrer Leiden durch Kneipp-Kuren Linderung verschaffen. Beliebt ist Bad Laasphe als Station für Wanderer, die sich dem berühmten **Rothaarsteig** widmen. Nun wird´s hessisch – nachdem sich die Lahn entschlossen hat, sich südlich zu orientieren, kommt mit einigen Nebenflüssen – vor allem mit der Ohm, die vom vulkanischen Vogelsberg kommt – viel Wasser hinzu. Ein kleiner Abstecher führt

33

ins Landgrafenschloss von Biedenkopf, wo wir auch ein **Heimatmuseum** finden. Mit Marburg erreichen wir das erste Highlight. Zu Füßen von Schloss und Oberstadt liegt die altehrwürdige **Universitätsstadt** mit ihren quirligen Straßen und vielen jungen Menschen. Es gibt Einkaufsmöglichkeiten und Entspannung im **AquaMar**. Wir brauchen auch Zeit für Marburg, denn es gibt reichlich zu sehen, wie z.B. den goldenen Schrein der **Heiligen Elisabeth** in der gleichnamigen **Kirche**.

Weiter geht´s durch die nächste Uni-Stadt, Gießen. Gemeinsam mit der Lahn unterqueren wir die A 45, der Südteil der berühmten „Sauerlandlinie", und erreichen Wetzlar. Nach viel Trubel und Industrie wird es nun wieder richtig beschaulich – entlang der „romantischen Mittellahn" geht es vorbei an Braunfels und weiter nach Weilburg.

In Gießen müssen wir uns von Marburg kommend kaum umstellen, denn hier kommen auf rund 74.000 Einwohner rund halb so viele Studenten. Dass Wissen in Gießen groß geschrieben wird, können wir selbst im weltweit ersten **Mathematik-Mitmachmuseum** erkunden. Die Lahn hingegen stellt sich sehr wohl um – sie fließt nun wieder gen Westen. Modern und geschäftig wirkt die **Goethestadt Wetzlar**: Gleich zwei große Einkaufszentren laden hier zum Bummeln ein, während drumherum das Wirtschaftsleben brummt. Schnell übersehen ist da die tolle **Altstadt**, die einige Überraschungen parat hält. Wer hätte gedacht, dass wir hier immer wieder auf einen gewissen Goethe treffen?

Braunfels präsentiert sich als „märchenhafte Kurstadt" mit wunderbaren alten **Fachwerkhäusern**. Und mit einem **Schloss**, das wir schon von weitem durch das Tal erspähen können. Früher wurde hier in der Nähe unter großem Getöse der weltbekannte Lahnmarmor abgebaut.

Tipp: Ein kurzer, beschilderter Abstecher führt zur **Grube Fortuna**. Nein, nicht nur im Ruhrpott gab es Erzbergbau. Bei einer Fahrt unter Tage können wir hier die beschwerliche Arbeit der Bergleute nachvollziehen.

Auch in Weilburg wird die Silhouette vom wuchtigen **Schloss** geprägt. Hier steht auch das höchste **Stampflehmgebäude** Deutschlands. Bei dieser exotischen Bauweise wird eine erdfeuchte Lehmmischung in eine Schalung gebracht und so verdichtet, dass eine Mauer daraus entsteht. Nicht abenteuerlich genug? Dann machen Sie doch eine Fahrt mit dem Fahrgastschiff zum **Schiffstunnel**. Er sollte 1810 ein Verbindungsstück auf dem Schifffahrtsweg der Lahn zwischen Elbe und Rhein werden.

Weiter geht´s durch das deutlich engere Lahntal, das nun auch landschaftlich zur Hochform aufläuft. Nachdem wir die imposante Brücke der A 3 unterquert und den großen Campingplatz passiert haben, erreichen wir Limburg. Nur wenige Minuten später gibt Diez schon wieder Grund, länger von den Rädern zu steigen.

Kennen Sie auch den Blick auf den **Limburger Dom** von der A 3? Nun, seien Sie versichert – aus der Nähe sieht der Dom noch viel schöner aus! In exponierter Lage thront er über der **Altstadt**, die mit **alten Fassaden** und dem **Schloss** einen weiteren Anziehungspunkt bietet. Hinter Limburg spricht man vom „Unteren Lahntal" – in das **Schiefergebirge** hat sich unser Fluss gut 200 m tief eingegraben. Und schon haben wir in Diez unser drittes Bundesland auf unserer Lahn-Fahrt erreicht – Rheinland-Pfalz heißt uns willkommen! Die Lahn wird in Diez von einer tollen alten **Steinbrücke** überspannt, die mit dem Grafenschloss im Hintergrund ein tolles Fotomotiv abgibt.

Weiter geht´s entlang der Lahn – mit Nassau und später Bad Ems passieren wir schon wieder wohlklingende Ortsnamen. Schließlich setzt unser Fluss zum großen Finale an – teils geleiten uns enge Schleifen durch das Tal, bis wir in Lahnstein die Mündung in den Rhein erreichen.

Limburg

Unterwegs wird die Sicht frei auf **Kloster Arnstein** oder **Burg Langenau**. Unsere nächste Station Nassau verheißt wieder einen Exkurs in die Geschichte – nicht umsonst liegt es an der deutsch-niederländischen Ferienstraße **„Oranier-Route"**. Ein schweißtreibender Aufstieg zur **Burg**, dem Stammsitz der Grafen von Nassau, gehört zu einem Besuch einfach dazu.

In Bad Ems hat „Das Heilbad für Katarrhe und Asthma" alles zu bieten, was einen echten Kurort ausmacht – von Thermal-Heilquellen über **Kurpark**, **Brunnenhalle** und **Kurhaus**, etc. „Überflüssiges Geld" aus der Reisekasse können wir in der **Spielbank** „verbraten" oder vermehren. Berühmt ist übrigens auch das Emser Salz, das durch Verdampfen des Heilquellenwassers gewonnen wird. Wem´s im Hals kratzt, der lutscht einfach die bekannten Emser Halspastillen.

Die Römer hätten diese bestimmt auch gerne gehabt, als sie im „rauen Norden" zwischen 90 und 260 ihren Limes gegen die „Wilden" errichteten. Die Reste dieser ehemaligen **Grenzbefestigung** begleiten unseren weiteren Weg.

In Lahnstein ergießen sich die Wogen der Lahn nach 246 km in das breite Bett des Rheins. Hier ist für Camper eine Übernachtung auf dem Kur-Campingplatz Burg Lahneck obligatorisch. Wer Glück hat, und auf dem Campingplatz **Burg Lahneck** einen Platz in der „ersten Reihe" bekommt, hat direkt vom Stellplatz einen phänomenalen Blick gen Lahnstein und über den Rhein. Direkt neben dem Campingplatz finden wir ein Freibad mit ebenso toller Aussicht und natürlich auch die Burg Lahneck.

Kartentipp:

ADFC-Regionalkarten 1:75.000 (siehe vordere Umschlagklappe):
„Lahntal"

Digital für Smartphones und Tablets:
www.fahrrad-buecher-karten.de/rk-digital

34 Ahr-Radweg

Von Blankenheim-Wald bis Remagen

50 Touren Info

85 km, Freizeitroute Ahr-Rhein-Eifel **225 km**, durchgehende Beschilderung. Keine nennenswerten Steigungen am Ahr-Radweg, bei der Freizeitroute deutliche Steigungen. Die Route führt meist abseits des Straßenverkehrs über separate Rad- oder Feldwege, daher perfekt für Familien.

Start: Blankenheim-Wald

Ziel: Remagen

Info: Eifel Tourismus GmbH, Tel. 06551/96560, www.eifel-radtouren.de

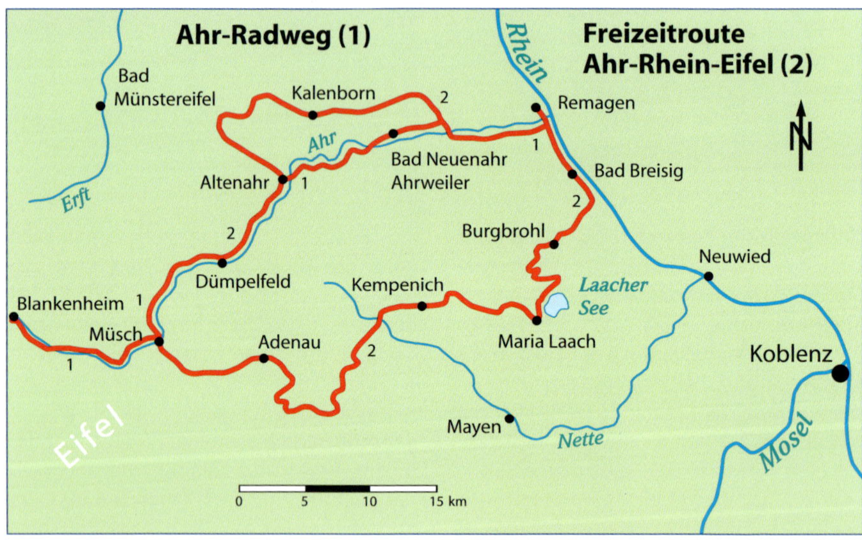

Das Schiefergestein ist es, was die Ahr überregional bekannt gemacht hat. An ihm und seinen steilen, sonnengefluteten Hängen liegt es, dass hier schon seit über 1.000 Jahren exzellenter Rotwein gekeltert werden kann. Mit nur 500 ha Anbaufläche ist die Weinregion nicht besonders groß, der Ruf, den der Geschmack des Weines genießt, ist indes umso größer. Der Ahr-Radweg gehört zu den 7 „Premiumrouten" des Landes Rheinland-Pfalz, was am guten Zustand der Strecke zu merken ist. Dabei kommt das Sponsoring eines Fahrradherstellers gerade recht, auf Grund dessen die Tour auch nicht zufällig in Remagen endet. Wem die „paar Kilometer" im Tal nicht reichen, kann sich auf der Freizeitroute Ahr-Rhein-Eifel bewegen und hat auf 225 km Länge genug Gelegenheit, Höhenmeter zu überwinden.

Von einem „blancium" ist in einer Urkunde des Klosters Prüm zu lesen, was auf das heutige Blankenheim zu deuten scheint. Überragt wir die Stadt von der gleichnamigen **Burg**, die im 12. Jahrhundert entstand und heute eine Jugendherberge ist.

Ahr und Wein gehören zusammen

Unter der Burg können wir durch einen alten Ortskern streifen – dabei finden wir Fachwerkhäuser, die Kirche St. Mariä Himmelfahrt und die Quelle der Ahr.

Tipp: In der Ortsmitte von Blankenheim steht das **Georgstor**. Seit 1990 gibt es hier das **Karnevalsmuseum**, in dem wir alles Wichtige über das Brauchtum – seit rund 400 Jahren wird in Blankenheim Karneval gefeiert – in Erfahrung bringen können. Alte Ornate, Plakate, usw. können wir im Museum bewundern. Wer möchte, kann auch Mitglied im Karnevalsverein Blankenheim 1613 e.V. werden.

Los geht´s in Blankenheim. Über Schuld, Dümpelfeld, Hönningen, Ahrbrück und Kreuzberg erreichen wir Altenahr.

Die **Teufelsley**, der größte Quarzitfelsen Europas, ist quasi der „Hausberg" von Dümpelfeld. Der Name des Ortes stammt vermutlich vom Begriff „Dümpel" für „feuchtes Land".

34

Brücke über die Ahr

Von der Gegend um Ahrbrück war zum ersten Mal 893 in einer Besitzurkunde des Klosters Prüm zu lesen. Es ging damals wohl um den heutigen Ort Pützfeld, in dem später auch eine Burg stand. Die hiesige **Marien-Wallfahrtskapelle** glänzt seit der Renovierung wieder in altem barockem Glanz.

Mit Altenahr haben wir einen der wichtigsten Ausflugsorte der Eifel erreicht. Beschützt wird die Stadt von der Ruine der **Burg Are**, die im 12. Jahrhundert erbaut wurde.

Tipp: Einen tollen Blick über das **Ahrtal** können wir geniessen, wenn wir uns von Altenahr aus mit dem 350 m langen **Sessellift** 164 m nach oben bringen lassen.

Weiter geht´s von Altenahr via Laach, Mayschoss, Rech, Dernau und Walporzheim nach Bad Neuenahr-Ahrweiler.

Auch in Mayschoss gab es einst eine wuchtige **Burg** – Saffenburg hieß sie, wurde im 11. Jahrhundert für Adalbert von Saffenburg erbaut und thronte hoch über dem Ahrtal. 1794 wurde sie zerstört und passt sich seitdem perfekt dem umliegenden Gestein an.

Der heutige Ort Mayschoss ist für seine guten Weine bekannt, die gerne in **Strauß-wirtschaften** verkostet werden. Wer nicht zuviel davon genossen hat, macht sich per pedes auf den **Rotweinwanderweg**, der mitten durch die Weinberge führt und spektakuläre Aussichten bereit hält.

Die älteste **Steinbrücke** über die Ahr finden wir in Rech. Die **Nepomukbrücke** ist die einzige Brücke, die 1910 eine Flutwelle überdauerte. Im Ort selbst ist das **Alte Winzerhaus**, ein Fachwerkbau aus dem 17. Jahrhundert, schön anzusehen.

Dernau war schon bei den Römern beliebt, die sich hier mit einer **villa rustica** (Hofanlage) verewigten. Ganz in der Nähe, aber mit etwas Kletterarbeit verbunden, liegt der ehemalige **Luftschutzbunker** der Bundesregierung, der teils als Museum zugänglich ist.

Noch viel mehr zu den römischen Hinterlassenschaften erfahren wir im **Museum Römervilla** von Bad Neuenahr-Ahrweiler. Es war ein Zufall, dass die Reste dieser villa rustica 1980 bei Straßenbauarbeiten entdeckt wurden. 60 m lang und 15 m breit war die Villa, die von den Römern zwischen dem 1. Jahrhundert bis 270 n. Chr. bewohnt wurde.

Im Doppelort Bad Neuenahr-Ahrweiler finden wir die meisten alten Gebäude im

Radeln im Ahrtal

Ort Ahrweiler, das von einer gut erhaltenen **Stadtmauer** und einem teils erhaltenen **Graben** umgeben ist. Die Ortsmitte erreichen wir durch eines der vier **Stadttore**. Fachwerk und Bruchsteine: Das sind die Fassaden, die uns entgegen blitzen.

Der Kurort Bad Neuenahr lässt uns in den **Ahrthermen** oder im **Kurpark** so richtig gut entspannen. Wer genug Geld in der Reisekasse hat, kann sein Glück im sehenswerten **Spielcasino** herausfordern.

Beide Orte haben nette kleine Fußgängerzonen mit reichlich Gaststätten und einladender Außengastronomie.

Weiter geht´s von Ahrweiler bzw. Bad Neuenahr über Heimersheim und Bad Bodendorf nach Sinzig. Die letzten paar Meter bis Remagen legen wir gemeinsam mit dem Rheinradweg zurück.

Mit Bad Bodendorf haben wir gleich den zweiten Kurort auf unserer kurzen Radreise erreicht. 42°C warme Quellen lassen die Besucher des **Thermalbades** ihre Schmerzen vergessen. Rechts und links der Ahr erstreckt sich das **Kurviertel** mit vielen sehenswerten Häusern.

Die Namensgebung von Sinzig, dem alten „Senatiacum“, ist umstritten. Ob es nun vom keltischen Begriff „beständig durchsickerndes Wasser im sumpfigen Wald“ oder vom römischen Stadthalter Sentius Saturnius kommt, bleibt offen. Das kann uns eigentlich auch egal sein, denn heute finden wir rund um die **Pfarrkirche St. Peter**, die im übrigens einen tollen Hochaltar Ihr Eigen nennt, eine ganze Reihe von historischen Häusern. Allen voran das **Schloss**, in dem heute das **Heimatmuseum** untergebracht ist und der alte **Zehnthof**. Als Besonderheit ist zu erwähnen, dass es nur vier andere Städte in Deutschland gibt, die wie Sinzig den Namen **„Barbarossastadt“** tragen dürfen. Das ist jenen Städten vorbehalten, in denen der Stauferkaiser Friedrich I. Barbarossa mehr oder weniger lang weilte. Natürlich finden wir auch ein **Denkmal** zu Ehren Barbarossas.

Remagen erlangte im 2. Weltkrieg Berühmtheit, als die Stadt am 7. März 1945 von den Amerikanern erobert wurde, was sich entscheidend auf den Kriegsverlauf auswirkte. Nach Sprengversuchen deutscher Truppen stürzte sie 10 Tage später ein – die **Brückentürme** sind heute noch erhalten. Nicht weit entfernt wurde von den Amerikanern das Kriegsgefangenenlager **Goldene Meile** eingerichtet, auf dem über 160.000 Menschen gefangen gehalten wurden.

Angenehmer als diese Geschichte(n) ist es, sich die schöne Innenstadt von Remagen und die **Apollinariskirche** anzuschauen. Letztere liegt auf dem gleichnamigen Berg über dem Rhein. Vermutlich gab es schon ab dem 5. oder 6. Jahrhundert hier eine Kapelle.

Kartentipp:
ADFC-Regionalkarten 1:75.000 (siehe vordere Umschlagklappe):
„Köln/ Bonn“
Digital für Smartphones und Tablets:
www.fahrrad-buecher-karten.de/rk-digital

35 Moselradweg

Von Trier bis Koblenz

50 Touren Info

208 km, erweiterbar um **93 km** bis Thionville. Durchgehende Beschilderung. Keine nennenswerten Steigungen. Die Route führt meist abseits des Straßenverkehrs über separate Rad- oder Feldwege, daher sehr gut für Familien geeignet.

Start: Trier

Ziel: Koblenz

Info: Mosellandtouristik Gmbh, Tel. 06531/97330, www.visitmosel.de

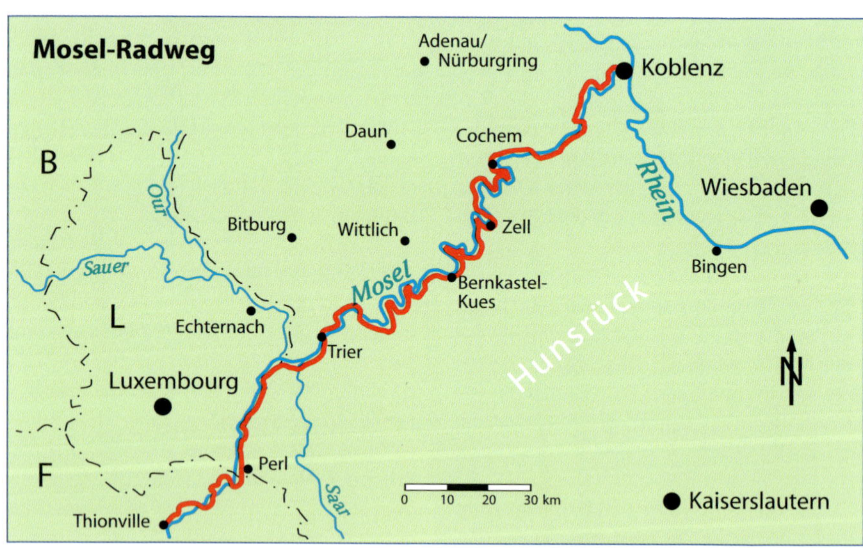

Und schon wieder ein Klassiker: Der Moselradweg erfreut sich bei Streckenradlern seit vielen Jahren großer Beliebtheit. Der Grund dafür liegt auf der Hand: Die umliegende Natur mit ihren teils steil aufragenden, rebenbewachsenen Hängen, die alten, vor Kultur strotzenden Weinorte, ein gut ausgebauter und gekennzeichneter Radweg – das alles sind gute Zutaten für eine perfekte Radreise. Auch auf die „menschlichen Bedürfnisse" Essen, Trinken, Schlafen sind die Gastgeber entlang der Strecke bestens eingestellt. Wer mag, kann die Tour noch um einige Kilometer erweitern und startet schon in Thionville, um zunächst durch Frankreich, dann entlang der deutsch-luxemburgischen Grenze zu radeln.

Ein Rundgang kann in Trier nur an der **Porta Nigra**, der höchsten römischen Erhebung nördlich der Alpen, beginnen. Am **Hauptplatz**, wo ein herrliches Gebäude das andere überstrahlt, betrachten wie das bunte Gemisch aus Touristen, Einheimischen und Marktleuten. Gleich in der Nähe finden wir das **Spielzeugmuseum**, die **älteste Apo-**

Reichsburg

theke Deutschlands und das **Rote Haus**. Vom Platz geht es zur **Doppelkirche**, die vom **Dom. St. Peter** und der **Liebfrauenkirche** gebildet wird. Unweit liegt das **Landesmuseum** mit einem „Weinschiff" der Römer. Vorbei an der Plastaula radeln wir zum **Amphitheater** und hinaus zu den **Kaiserthermen**.

Tipp: Im **Amphitheater** erzählt Gladiator Valerius von seinem tödlichen Zweikampf und lässt die Ruinen lebendig werden. Auch in den **Römerthermen** gibt es ähnlich erlebnisreiche Führungen: Hier ist es ein Tribun, der uns in seine Zeit entführt.

Los geht´s in Trier. Via Ehrang, Schweich, Leiwen und Neumagen-Dhron kommen wir nach Trittenheim. Das inzwischen teils enge Tal geleitet uns über Wintrich und Mülheim (Mosel) nach Bernkastel-Kues.

Direkt am Radweg liegt der alte **Fährturm** von Schweich, in der Ortsmitte die Kirche und das Amtshaus. In Schweich wohnte auch „der Knabe am Brunnen", der bekannte Schriftsteller Stefan Andres.

Longuich ist der erste typische Moselort mit historischen Häusern. Das Highlight davon liegt außerhalb am Berg – die **Römervilla Urbana** wurde weitgehend restauriert und versetzt uns mit Infotafeln zurück in jene Zeit, als römische Gutsherren diesen schönen Ausblick genossen.

Auch in Mehring fühlten sich die Römer wohl und errichteten eine **Villa**, die teilweise restauriert wurde.

In Neumagen-Dhron treffen wir erneut auf die Römer. Hier wurde das **römische Weinschiff** aus dem 3 Jahrhundert gefunden, das als Original im Trierer Museum steht. Der Ort selbst gilt als der älteste Weinort Deutschlands, was an den vielen alten Häusern deutlich wird.

Mit Bernkastel-Kues haben wir den ersten Touristen-Magneten im Moseltal erreicht. Die vielen Gäste irren nicht, denn die **Altstadt** rund um den **Marktplatz** ist in der Tat sehenswert. Zu nennen sind z.B. das „Spitzhäuschen", die **Kirche St. Michael und St. Sebastian** mit einem Hochaltar von 1440 oder das **Graacher Tor**, in dem heute das **Heimatmuseum** untergebracht ist. Mit Kindern ist der Besuch des **Spielzeug- und Puppenmuseums** Pflicht.

35

Weinort Neef

Weiter geht´s von Berkastel-Kues über Zeltingen-Rachtig nach Traben-Trarbach. Auf der nun linken Moselseite geht es nach Reil, dann wieder auf dem rechten Ufer nach Zell und Bullay. Nach einem weiteren Seitenwechsel erreichen wir hinter Beilstein den Touristenort Cochem.

Hinter der **Staustufe**, wo wir das quirlige Treiben auf dem Wasser beobachten können, erreichen wir den Doppelort Zeltingen-Rachtig, der rund um den **mittalterlichen Marktplatz** von Zeltingen zu gefallen weiss.

In Kröv ist eine **Weinprobe** oder ein Weinkauf Pflicht, denn wer würde nicht die Weinlage **„Kröver Nacktarsch"** kennen? Die Theorien über die Namensfindung reichen von der Geschichte, dass Jungen den Allerwertesten versohlt bekommen hatten, nachdem sie in einen Weinkeller gestiegen waren über das keltische Wort „Nackas" (felsige Höhle) bis dahin, dass ein Landvogt seinen Tagelöhnern versprochen hatte, an einem bestimmten Ort Trauben für den Eigenbedarf zu ernten – damit dies nicht so reichlich ausfiel, gab er so fettiges Fleisch aus, dass alle Durchfall bekamen. Ein Schlauer jedoch zog sich die Hosen aus und konnte so „mit nacktem Arsch" den ganzen Tag für die eigene Kasse ernten.

Auch Traben-Trarbach ist ein Doppelort, der in beiden Ortsteilen mit schönen Bauten wie dem **Brückentor**, den **Kirchen St. Niklaus** oder **St. Peter und Paul** gefällt. Im **Palais Böcking** wurde ab 1950 das **Mittelmoselmuseum** untergebracht.

Reil, Zell, Pünderich, Merl und Bullay sind allesamt Orte, die wir nicht einfach druchradeln sollten, weil sie reich sind an Sehenswertem. Das gilt auch für Bremm, doch hier liegt die Attraktion über uns – der mit 76% Steigung **steilste Weinberg Europas**. Wir können die Plackerei der Winzer am Besten nachvollziehen, wenn wir uns per pedes auf dem **Calmont-Klettersteig** bewegen.

Dicht gedrängt stehen die Fachwerkbauten in der **Altstadt** von Cochem, wo auch Wein und Gesang angesagt sind. Von barocker Natur ist das alte **Rathaus**, das ebenso wie die Kirche St. Martin am Marktplatz steht. Der Weg hinauf zur **Reichsburg** ist Pflicht, nicht nur für die Aussicht oder das **Rittermahl**, sondern auch, um sich bei der Führung Näheres über die Geschichte erzählen zu lassen. Richtig scharfe Sachen gibt es in der historischen **Senfmühle** im Ortsteil Cond. Wer mag, kann sogar selbst zum Kochlöffel greifen.

Tipp: Im Fachwerkort Ediger-Eller können wir im **Gasthof Christoffel** außergewöhnlich speisen. In eine Toga gewandet werden wir von „echten Römern" bedient. Hinter dem Restaurant fahren wir mit der Fähre nach Beilstein, das als „Dornröschen der Mosel" bekannt ist. Das Ensemble an **Fachwerk**- und **Bruchsteinbauten** zieht einfach jeden in seinen Bann. In der Kirche ist die wunderbare schwarze „Muttergottes von Beilstein" zu finden. Ein Spaziergang durch die Weinberge führt hinauf zur **Burgruine**.

Weiter geht´s von Cochem teils auf einem Radweg neben der Straße über Klotten und Müden nach Hatzenport. Der Endspurt bringt uns von Kobern-Gondorf und Winningen nach Koblenz, wo unsere Reise würdevoll am Deutschen Eck endet.

Kartentipp:
ADFC-Radreiseführer 1:50.000
Mosel-Radweg, Spiralbindung

Echte Bären und 100 andere Tier- und Vogelarten finden wir im **Wild- und Freizeitpark Klotten**. Zur weiteren Kurzweil gibt es 15 Fahr- und Spaßattraktionen.

Und wieder ein Doppelort: Treis-Karden lockt uns zum Aufenthalt mit zwei **Burgruinen**, der **Stiftskirche St. Kastor**, dem **Stiftsmuseum** und der **Pfarrkirche St. Martin**.

Von Moselkern aus führt ein Abstecher ins Elzbachtal, wo wir auf die phantastische **Burg Eltz** treffen. Auf einem 70 m hohen Felsen thront sie über dem Tal mit ihren 7 turmähnlichen Bauten, die bis zu 7 Stockwerke hoch sind.

Die **Kirche St. Rochus** von Hatzenport steht quasi „in zweiter Reihe". Sie ist, ebenso wie viele andere Gebäude im Ort, aus Bruchsteinen gefertigt.

Im engen Moseltal geht der Verkehr oft neue Wege, wie z.B. durch das **Burgtor** bei Kobern-Gondorf. Akutelle Namen gibt es hier auch: Die **Oberburg** wurde im 13. Jahrhundert für eine Familie von der Leyen erbaut.

Unser letztes Weindorf im Moseltal ist Winningen, das hinter dem **Horntor Fachwerkhäuser** und ein **Wein- und Heimatmuseum** für uns bereithält.

Koblenz ist der würdevolle Abschluss unserer Moselreise, die am **Deutschen Eck** endet, wo sich die Mosel mit dem Rhein vermischt. Darüber wacht der reitende Wilhelm I. seit 1897. Zuvor waren wir schon an der herrlichen **Altstadt** von Koblenz mit dem ehemaligen Verwaltungsgebäude der **Deutschherrenkommende**, der **Pfarrkirche St. Kastor**, dem **Alten Kauf- und Danzhaus** der **Balduinbrücke** und der ehemaligen kurfürstlichen **Burg** vorbeigeradelt. Die weitläufige Fußgängerzone bietet dann genug Platz, um das Erlebte nochmals Revue passieren zu lassen.

36 Nahe-Radweg

Von Selbach nach Bingen

50 Touren Info

122 km, durchgehende Beschilderung. Zwischen Selbach und Idar-Oberstein mehrere Steigungen und Passagen auf Nebenstraßen. Ab dann nur noch eine nennenswerte Steigung, die umfahren werden kann. Die Route führt ab Idar-Oberstein meist abseits des Straßenverkehrs über separate Rad- oder Feldwege, daher perfekt für Familien.

Start: Selbach

Ziel: Bingen

Info: Naheland Touristik GmbH, Tel. 06752/137610, www.nahe-radtouren.de

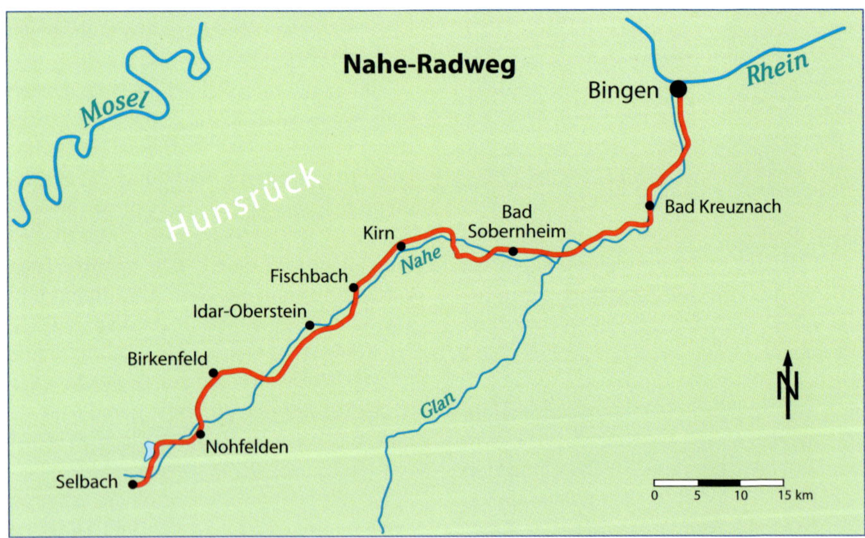

Es sind „nur" 122 km, die der Nahe-Radweg für uns bereithält. Aber was für welche! Im Oberlauf der Nahe kommen zunächst die „Bergziegen" voll auf ihre Kosten. Familien mit kleineren Kindern steigen bei Idar-Oberstein ein und werden ihre liebe Mühe haben, vorwärts zu kommen. Denn die Dichte an Sehenswertem ist so hoch, dass wir in jedem größeren Ort längere Pausen einlegen müssen. Edelsteine funkeln uns in Idar-Oberstein an, in Fischbach geht es tief unter die Erde, in Kirn eher hoch hinauf auf die Burgen. Die Kurorte Bad Sobernheim und Bad Kreuznach bilden das Intro für das große Finale, bei dem sich in Bingen die Fluten der Nahe mit denen des Rheins vermischen.

Die **Nahequelle** liegt noch im Saarland, etwas abseits von Selbach. Um sie zu erreichen, müssen wir ab Bahnhof Nohfelden für rund 15 km teils kräftig in die Pedale treten. Aus diesem Grunde beginnen viele Nahe-Radler ihre Tour erst in Nohfelden.

Die verpassen dann aber den **Bostalsee** – er ist mit rund 150 ha der größte Freizeitsee Südwestdeutschlands. Alles, was wir für einen Tag am Wasser brauchen, finden wir hier: Ruder- und Segelboote, Surfanlagen, Angelstellen und freilich auch Bademöglichkeiten.

Nohfelden wird von seinem 20 m hohen **Bergfried** geprägt. Ritter Bossel II. vom Stein gab 1285 den Auftrag zum Bau der Burg. Sie wird auch oft **Burg Veldenz** genannt, weil die Grafen von Veldenz die Anlage nach der Familie vom Stein übernahmen.

Tipp: Sind Sie länger in der Region zu Gast? Dann ist die **Bosener Mühle** am Bostalsee eine gute Adresse. In diesem **Kunst- und Kulturzentrum** werden Kleinkunst, Konzerte, Lesungen und vieles mehr angeboten. Wer lieber selbst aktiv ist, kann seine Kreativität unter Anleitung namhafter Künstler bei verschiedenen Kursen ausleben.

Los geht´s an der Nahequelle bei Selbach. Nach einem kurzen Straßenstück rollen wir über Nohmühle zum Bostalsee, dessen Ufer wir nach rechts folgen. Gonnesweiler und Türkismühle sind die nächsten Ortsnamen, ehe wir einen kräftigen Anstieg nach Nohfelden verkraften müssen. Hinter dem Ort geht es wieder bergab. Dieses Gefälle müssen wir zur Erholung nutzen, denn nun wird es bis zur Querung der Autobahn richtig anstrengend. Via Birkenfeld, Elchweiler, Niederhambach, Niederbrombach und Kronweiler gelangen wir nach einer weiteren Steigung nach Idar-Oberstein.

Birkenfeld verführt zu einem längeren Aufenthalt. Das **Schloss**, die Ruinen der **Burg**, die Ausstellungen im **Maler-Zang-Haus** und das Museum lassen die Zeit im Nu verfliegen.

Wer nicht nur eine Unterkunft, sondern auch viel Spaß drumherum sucht, findet das im **Hunsrück Ferienpark Hambachtal**.

Ein rund 10 km langer Abstecher führt von Kronweiler nach Baumholder, das von seinen weitläufigen **Kasernen** geprägt wird. Der Zutritt bleibt uns dort natürlich verwehrt, den **Stadtweiher** aber dürfen wir sehr wohl für ein erfrischendes Bad nutzen. Zwitschernde und gefiederte Freunde finden wir auf der großen **Sittichfarm**.

Idar-Oberstein ist ohne Frage „der Knaller" im oberen Drittel der Nahe. Es ist nicht umsonst das Zentrum der **Deutschen Edelsteinstraße**, denn hier dreht sich wirklich alles um die funkelnden Kleinode, die aus den Minen gewonnen werden. Auch in der **Edelsteinmine Steinkaulenberg**, am **Edelsteinschürfplatz Weiherschleife** sowie in weiteren Schleifereien und Goldschmieden geht der Mund vor Staunen nicht mehr zu. Den „finalen Kick" können wir uns dann in der **Edelstein Erlebniswelt** holen – wer hier nicht in den Bann gezogen wird, dem ist nicht zu helfen! Wir können die Edelsteine in zwei weiteren Museen bewundern, ehe wir aufsteigen zu den **Burgen Schloss Oberstein** und **Bosselstein** oder zur mystischen **Felsenkirche**. Diese soll der Ritter vom Oberen Stein in Auftrag gegeben haben, um Buße für seinen Brudermord zu tun.

Tipp: Stilvolles Kochgeschirr „made in Germany" finden wir im **Fissler Shop**. Neben einem Werksverkauf gibt es auch appetitanregende Kochvorführungen.

Weiter geht´s abseits der großen Straßen über Nahbollenbach, Georg-Weiherbach, Fischbach und Kirnsulzbach nach Kirn, wo unser Nahe-Radweg „Halbzeit" hat. Ohne große Anstrengungen rollen wir dann über Merxheim und Meddersheim nach Bad Sobernheim.

In Fischbach gehört ein Abstecher ins **Historische Kupferbergwerk** zum Pflichtprogramm. Die Straße dorthin ist zwar eng, kurvig und etwas anstrengend, die Mühen aber lohnen sich. Seit Napoleons Zeiten gibt es hier eines der wichtigsten und größten Kupferbergwerke Deutschlands. Bei der Besichtigung finden wir den originalen Zustand des Bergwerks vor, wie es im Mittelalter ausgesehen hat – beeindruckend sind vor allem die Ausmaße!

36

In Kirn sollten wir auf die **Kyrburg** steigen. Sie ist nicht nur das Aushängeschild des Ortes, sondern auch Heimat eines **Whiskymuseums**. Wer nicht zuviel davon trinkt, kann noch die tolle Aussicht auf Kirn genießen,an dessen Marktplatz die Architektur aus 6 Jahrhunderten vertreten ist.

Kennen Sie eine **Felkekur**? Kein Wunder, wenn Ihnen das nichts sagt, denn Bad Sobernheim ist das einzige Felkeheilbad in Deutschland. Emanuel Felke wurde damals gerne als „Lehmpastor" bezeichnet, weil er seinen Patienten neben guter Ernährung und Bewegung im Freien auch Einreibungen mit Heilerde verabreichte. Schlafen mussten die dann in Licht-Luft-Hütten auf dem Lehmboden oder auf Strohsäcken.

Ganz in die Richtung „Neues erleben" geht auch der 3,5 km lange **Barfusspfad** in der Flussaue, bei dem wir z.B. eine Flussquerung durch eine Furt oder über eine **Hängebrücke** schaffen können.

Tipp: Am ersten Wochenende im Oktober können wir in Fischbach die **historische Kupferschmelze** und einen **mittelalterlichen Markt** bestaunen.

Weiter geht´s durch Odernheim, Schloßböckelheim, Oberhausen a.d.N., Norheim und Bad Münster am Stein nach Bad Kreuznach. Über Genslingen, Grolsheim und Deitersheim erreichen wir rasch Bingen, unser Ziel am Rhein.

Radfahrer bei Oberhausen

Zwischen Bad Münster am Stein und Bad Kreuznach können wir ganz befreit ein- und ausatmen, denn **Gradierwerke**, die zusammen 1,1 km lang sind, verströmen einen Duft wie am Meer. So ist auch ein Halt im **Salinental** obligatorisch. In den Gradierwerken säuselt salziges Quellwasser an Reisigbüscheln herab. Durch die Verdunstung entsteht jenes Klima, das unseren Atmungsorganen so gut tut.

Irgendwann sollten wir uns aber aufmachen in die Innenstadt von Bad Kreuznach, denn hier wartet noch ein tolles altes Stadtbild auf uns, das mit den **Brückenhäusern** seinen Höhepunkt findet. Drumherum können wir durch eine bestens erhaltene **Altstadt** flanieren, finden zahllose **Einkehrmöglichkeiten** und können unsere müden Knochen im **Bäderhaus** auf Vordermann bringen lassen.

Mittelrhein, Rheingau, Rheinhessen und Nahe – das sind die Weinanbaugebiete, die in Bingen zusammentreffen. Klar, dass wir hier Weine allerbester Qualität finden. Genießen können wir sie in einer toll gepflegten Stadt, die von **Burg Klopp** bewacht wird. Rechts und links der **Nahemündung** können wir uns den **Mäuseturm** im Rhein, den **Park** oder das **historische Museum** ansehen. Oder wir folgen einfach dem Rheinradweg, denn der führt ab hier geradewegs ins UNESCO-Welterbe „Oberes Mittelrheintal“.

Kartentipp:
ADFC-Regionalkarte 1:75.000 (siehe vordere Umschlagklappe):
„Pfalz Nord/Hunsrück/Nahe“
Digital für Smartphones und Tablets:
www.fahrrad-buecher-karten.de/rk-digital

37 Deutsche Weinstraße

Von Bockenheim bis Wissembourg

50 Touren Info

97 km, plus **35 km** Varianten, durchgehende Beschilderung. Diverse kleinere Steigungen, die auf den Panorama-Varianten auch stärker und länger ausfallen. Die Route führt meist abseits des Straßenverkehrs über separate Rad- oder Feldwege, wegen der Steigungen für Familien nur eingeschränkt zu empfehlen, eine Grundkondition sollte vorhanden sein.

Start: Bockenheim
Ziel: Wissembourg
Info: Deutsche Weinstraße, Tel. 06321/39160, www.deutscheweinstrasse-pfalz.de

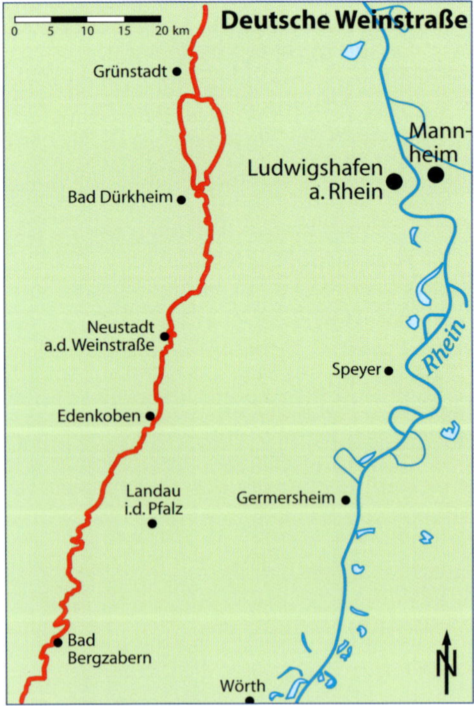

Im Jahre 1935 wurde die Deutsche Weinstraße als erste weintouristische Themenstrecke in Deutschland geschaffen. Nach wie vor gehört sie zu den bekanntesten und beliebtesten ihrer Art. Das gilt auch seit vielen Jahren für die Fahrradroute, die sich in Nord-Süd-Richtung durch die Pfalz schlängelt. Dabei radeln wir nicht nur durch eines der größten Weinanbaugebiete Deutschlands, sondern auch durch große und kleine Orte, die reich an Geschichte und Geschichten sind. So kommen neben den Weintrinkern auch die Fachwerk- und die Burgenfans auf ihre Kosten. Damit nicht nur der Geist, sondern auch der Körper gestärkt wird, haben wir die Möglichkeit, in zahllosen Gasthäusern einzukehren und die gute Pfälzer Küche zu genießen.

Der ab 500 n. Chr. aus mehreren fränkischen Höfen entstandene Ort Bockenheim liegt am Nordende der Südlichen Weinstraße. Stilecht gibt es zwischen den Ortsteilen Groß- und Kleinbockenheim auch seit 1995 das **Haus der Deutschen Weinstraße**. Es ist einem römischen Kastell nachempfunden und dient vor allem als Veranstaltungsplatz.

Tipp: Wer eine **„Weinstraßenhochzeit"** plant, kann diese bei wundervoller Aussicht im Turmzimmer des Hauses der Deutschen Weinstraße realisieren.

Los geht´s in Bockenheim. In grober Südrichtung kommen wir durch Grünstadt, dann haben wir zwei Alternativen. Die eine führt

Schwungvoll durch die Weinberge

über Freinsheim nach Bad Dürkheim, die andere direkt dorthin.

Die **Martinskirche** gilt seit 1698 als Wahrzeichen von Grünstadt. Nach kurzer Fahrt stehen wir in Neuleiningen vor einer der imposantesten **Burgen** Deutschlands: In Verbindung mit den kleinen Gassen der **Altstadt** ein herrliches Bild! Klar, dass die im 13. Jahrhundert erbaute **Burg Neuleiningen** mit ihren fast quadratisch angeordneten Ecktürmen an der höchsten Stelle des Ortes gebaut wurde.

Wer die Route über Freinsheim wählt, kann sich hier eine 1,3 km lange **Stadtmauer** ansehen, die sogar noch 11 der vormals 20 Türme behalten hat. Als Eichbrunnen der Region diente früher der **„Vier-Röhren-Brunnen"**, der mitsamt Vorhalle und Brunnenhaus ebenfalls noch erhalten ist.

Thuringheim hieß der Ort, der unterhalb des Klosters Limburg schon 946 erwähnt wurde. Nach kriegerischen Auseinandersetzungen lag der Ort fast vollständig in Schutt und Asche, doch nachdem die Leininger ihren Stammsitz hierher verlegt hatten, wurde eine sehenswerte Stadt errichtet, die bis heute erhalten geblieben ist. Das heutige Kurhaus steht auf den Überresten des Leininger **Residenzschlosses** – heute können wir dort unsere Reisekasse im **Casino** aufs Spiel setzen. Ansehen müssen wir uns in Bad Dürkheim auf jeden Fall das **größte Weinfass der Welt**!

Tipp: Das **größte Weinfest** der Welt startet jedes Jahr in Bad Dürkheim – irreführender Weise unter dem Namen Wurstmarkt. Keimzelle des Festes war der St. Michaels-Markt, der 1417 zum ersten Mal stattfand.

Weiter geht´s von Bad Dürkheim über Wachenheim und Deidesheim nach Neustadt a.d.W. Weiter durch die Weinfelder geht es mit oder ohne Schlenker über St. Martin nach Edenkoben und Landau.

Mehrere **Adelshöfe** und **schlossartige Wohnanlagen** bilden das Zentrum von Wachenheim, das als „Wein- und Sektstadt" gilt. Wer

37

Ein Herz für guten Wein

genau hinschaut, findet auch noch Reste der **Stadtmauern**.

Neustadt an der Weinstraße ist so etwas wie die „deutsche Weinhauptstadt", denn das **Deutsche Weinlesefest** steigt hier jedes Jahr im Oktober, auf dem auch immer die deutsche Weinkönigin gekürt wird. Die **Stiftskirche** und eine tolle **Altstadt** lassen die Zeit bei einem Besuch im Nu verfliegen.

Rechts über uns liegt unübersehbar das **Hambacher Schloss**. Es kostet zwar viel Schweiß, dort hinauf zu gelangen, doch ist ein Besuch fast Pflicht. 1832 fand hier das Hambacher Fest mit rund 30.000 Besuchern statt, bei dem es Reden zur deutschen Einheit und zu bürgerlichen Rechten gab: Hier lagen damit die Wurzeln der Demokratiebewegung.

Maikammer ist ein weiterer hübscher Weinort. Etwas darüber liegt **St. Martin** mit herrlichen, kleinen, verwinkelten Gassen und **Fachwerkhäusern**. Hier macht die Weinprobe besonders viel Spaß.

Rebenumrankte **Winzerhäuser** und alte **Torbögen**, dazu ein **Weingut** im ehemaligen **Kloster** und den größten deutschen **Holzweinfaß-Keller** – der Luftkurort Edenkoben ist zu Recht ein beliebtes Ausflugsziel. Kennen Sie Johann Adam Hartmann aus Edenkoben? Der Auswanderer diente J.F. Cooper als Vorbild für seinen Roman „Lederstrumpf". Gewürdigt wird dies mit dem **Brunnen** im Ort.

In Rodt bietet sich ein Umweg an, denn so radeln wir durch das denkmalgeschützte **„Schatzkästlein der Weinstraße"** (Rodt) zuerst zum **Schloss Villa Ludwigshöhe**, das Ludwig I. „in des Königreiches mildesten Theil" errichten ließ. Wer die Wandmalereien genossen hat, fährt mit dem Sessellift hinauf zur Ruine der **Rietburg**. Der Blick schweift von hier über die Rheinebene bis zum Odenwald und Schwarzwald.

Auf den ehemaligen **Festungsanlagen** wurden einige Parks angelegt, was Landau den Beinamen „Gartenstadt" einbrachte. Die zeitweilige französische Enklave auf deutschem Gebiet hat sich zu einem Zentrum der Südpfalz gemausert.

Ein Abstecher in den malerischen Ort Burrweiler lohnt sich, denn die alten Häuserzeilen, der **Doppeltorbogen** und das **Amtshaus** werden überragt von der **Pfarrkirche St. Mariä Heimsuchung**.

Weiter geht´s von Landau via Leinsweiler, Klingenmünster, Bad Bergzabern und Schweigen-Rechtenbach nach Wissembourg.

Die **Arkadenhalle** des 1619 erbauten Rathauses ist das Aushängeschild von Leinsweiler. In Klingenmünster und Umgebung hingegen sind es die **Stauferburg Landeck**, die **Salierburg Waldschlössel** und die **Fliehburg Heidenschuh**. Entstanden ist Klingenmünster, als sich Handwerker und Bauern um das hiesige Kloster herum ansiedelten.

In Bad Bergzabern kommen wir nicht umhin, uns das **Schloss** anzusehen, in dem

Klare Sache

einst eine Linie der Wittelsbacher residierte. Das **Heimatmuseum** finden wir im Gasthaus zum Engel, das zu den schönsten Renaissance-Häusern der Region zählt.

Schweigen-Rechtenbach ist der letzte Ort auf der deutschen Seite unserer Radreise. Hier steht das **Deutsche Weintor**, das seit 1936 das südliche Ende der Deutschen Weinstraße markiert – das war damals zumindest die offizielle Begründung. Da aber hier, direkt an der Grenze zu Frankreich, auch eine große Hakenkreuzfahne aufgehängt wurde, dürfte es ebenso reine Provokation des Nachbarn gewesen sein.

Wissenbourg, im Elsass gelegen, war einst freie Reichsstadt. Aufgrund seiner Lage war der Ort immer wieder Schauplatz kriegerischer Auseinandersetzungen. Zum Glück ist das heute vergessen, so dass wir diese schöne Stadt rund um das **Hotel de ville** (Rathaus) und das **Maison du Sel** (Salzhaus) genießen können.

Kartentipp:
ADFC-Regionalkarte 1:75.000 (siehe vordere Umschlagklappe):
„Pfalz"
Digital für Smartphones und Tablets:
www.fahrrad-buecher-karten.de/rk-digital

38 Saarland-Radweg

Rund um Saarbrücken

50 Touren Info

362 km, durchgehende Beschilderung. Die Route führt meist abseits des Straßenverkehrs über separate Rad- oder Wirtschachtswege, sobald die Routen entlang der Flüsse und Bäche verlassen werden – daher perfekt für Familien.

Start / Ziel: Saarbrücken

Info: Tourismus Zentrale Saarland, Tel. 06681/9272019, www.urlaub.saarland

Das Saarland ist zwar das kleinste Bundesland, zu entdecken gibt es hier allerdings reichlich. Der Saarland-Radweg zieht einen großen Bogen durch das Land und stößt oft an dessen Grenzen. Das gilt für die innerdeutschen wie auch für die europäischen Grenzen – Frankreich und Luxemburg können wir eine Stippvisite abstatten. Die Zentrale Achse ist die Hauptstadt Saarbrücken, die allein schon eine Reise wert ist. Durch verschiedene Verbindungsrouten kommen Familien mit Kindern ebenso voll auf ihre Kosten wie sportlich ambitionierte Radler. Eines ist für alle gewiss: „savoir vivre" – die Kunst, zu leben – wird bestimmt nicht zu kurz kommen.

Saarbrücken – na klar, der Name kommt von der alten Brücke über die Saar… Weit gefehlt! Sarabriga dürfte der Ursprung sein und bedeutete im Keltischen „fließendes Gewässer" – Sara und „großer Stein" – briga. Und auf jenem großen Stein wurde eine **Burg** erbaut, die schon 500 Jahre vor der ersten Brücke stand. Saarbrücken ist reich gesegnet mit Sehenswürdigkeiten, allen voran das von Stengel im barocken Stile erbauten **Schloss**, in dem heute eine Verwaltung untergebracht ist. Als Wahrzeichen der Stadt gilt die im 18. Jh. erbaute **Ludwigskirche**, doch auch die **Alte Brücke**, die **Deutschherrenkapelle**, das **Alte Rathaus**, **Schloss Halberg** und der **Stadt-**

Saarschleife vom Cloef gesehen

park sind Dinge, die wir uns unbedingt ansehen sollten.

Tipp: Aus einer Acker- und Waldlandschaft entstand ab dem 19. Jahrhundert eine Parkanlage. Sowohl im Deutsch-Französischen Krieg 1870/71 als auch im Zweiten Weltkrieg spielte dieser Streifen eine wichtige Rolle. Um eine friedliche Nutzung zu manifestieren, weihten Kanzler Adenauer und Präsident Debré 1960 die erste und einzige **„Deutsch-Französische Gartenschau"** ein. Noch heute wird in diesem herrlichen Fleckchen Grün vieles beboten wie Musik, Steilbahn, Café oder 70 Nachbauten weltberühmter Originale in der **Gulliver-Welt**. Wer nicht laufen oder radeln mag, fährt einfach mit der **Parkbahn**.

Los geht´s in der Stadtmitte von Saarbrücken am Ufer der Saar entlang flussaufwärts. In Sarreguemines überqueren wir die Saar und folgen dem Fluss Blies via Bliesmengen-Bolchen, Bliesbruck, Gersheim, Breitfurt und Blieskastel nach Homburg.

Die Schilder können nicht irren – wir sind in Frankreich! Sarreguemines, auf deutsch Saargemünd, steht seit Jahrhunderten im Zeichen der Steingutfertigung. Die Produktionen umfassen nicht nur feinstes Geschirr, sondern auch Dekorationen aller Art, Kachelöfen, etc. Auf einem rund 3 km langen **Rundgang** erfahren wir deutlich mehr darüber und werden auch an zwei interessanten Museen vorbeigeleitet.

Hinter Bliesbruck machen uns Schilder auf den **Europäischen Kulturpark Blies-**

38

bruck-Reinheim aufmerksam. Archäologische Funde ließen hier die Zeit aus dem 1. bis 4. Jahrhundert aufleben, als es hier eine gallorömische Siedlung gab.

Die Grafen von der Leyen verewigten sich in Blieskastel mit herrlichen **Barockbauten**, allen voran die **Schlosskirche** mit **Orangerie**. Im Ort sollten wir die Räder stehen lassen und per pedes auf den Gollenstein hinauf steigen, denn dort steht der mit fast 7 m höchste **Menhir** Mitteleuropas.

Von der „Stadt des Baumes" redet man in Homburg gerne, weil es hier viel Grün gibt. Tief darunter finden wir die größten **Buntsteinhöhlen** Europas. Die obersten drei der insgesamt 12 Etagen können wir besichtigen.

Weiter geht´s durch Jägersburg. Dann heißt es durchschnaufen, denn nun wird´s anstrengend. Durch Höchen pumpen wir hinauf zum 518 m hohen Höcherberg. Die wohlverdiente Abfahrt führt uns durch Lautenbach, Dörrenbach, Niederkirchen, Oberkirchen und Freisen hinauf nach Nohfelden.

Nach den Mühen macht es auch nichts mehr aus, auf dem Höcherberg noch den **Aussichtsturm** zu besteigen – die Aussicht lässt die schmerzenden Waden schnell vergessen.

Unterwegs lockt ein Abstecher nach Ottweiler mit einer **Museumsapotheke**, dem Saarländischen Schulmuseum, einem **Rosen-Barockgarten**, einem **Pavillon** und einer tollen **Altstadt**. Warum das alles hier in der Provinz? Nun, die Nassauer hatten hier lange eine Residenz und wir dürfen heute ihre Hinterlassenschaften bewundern.

Nohfelden s. Tour 36.

Weiter geht´s von Nohfelden am Bostalsee vorbei. Hinter Bosen geht es wieder gut bergauf, auch nach der Autobahnquerung gibt es nochmals eine Steigung zu verkraften, ehe wir an der Primstalsperre vorbei hinunter nach Nonnweiler rollen. Durch Kastel, über den Handenberg und durch Primstal, Wadern, Weiskirchen und Losheim kommen wir nach Mettlach.

Die Abkühlung im **Bostalsee** tut gut, bevor wir wieder Steigungen bezwingen, die durch die **Peterbergkapelle** oder den **Planetenwanderweg** an der **Primstalsperre** erträglicher werden.

Um Wadern herum können wir unsere müden Waden vergessen, denn wir werden durch **Schloss Dagstuhl** mit seinem herrlichen Garten und dem **Öttinger Schlösschen** abgelenkt.

In Losheim haben wir erneut die Möglichkeit, in den See zu springen, bevor wir nach Hauslach hinauf kurbeln. Dann geht es in flotter Fahrt hinunter nach Mettlach, das seit vielen Jahren Stammsitz der Firma Villeroy & Boch ist. Ein Besuch des **Keravision** sollte nicht fehlen, denn hier wird uns die Geschichte der Keramik multimedial näher gebracht. Im **Park** der alten **Abtei** finden wir das **größte Mosaik der Welt** mit mehr als 130.000 Stücken.

Tipp: Nur ein paar Meter die Saar hinauf kommen wir zur **Saarschleife**, einem wahren Naturwunder. Versäumen Sie es nicht, auf den **Cloef** hinauf zu steigen – die Aussicht auf diese Flussschlinge ist atemberaubend! Wer abkürzen und / oder sich einige Berge ersparen mag, kann dem Saarradweg nun direkt nach Saarbrücken folgen.

Weiter geht´s ein Stück saarabwärts, um dann eine „satte" Steigung hinauf via Taben-Rodt nach Weiten zu schaffen. Auch dahinter gibt es noch genügend Grund, den kleinsten Gang zu wählen, denn uns in den Weg stellen sich immer wieder Steigungen, ehe es durch Nenning hinunter zur Mosel geht. Ein paar Kilometer geht es moselaufwärts, dann bei Schengen links hinauf. Durch Sehndorf wuchten wir uns nach oben. Steigungs- und Gefällstrecken wechseln immer wieder ab, während wir durch kleine Orte rollen, um via Völklingen zurück nach Saarbrücken zu fahren.

Wenn wir auf römischen Spuren in der Gegend um Nenning wandeln, so finden wir das größte und **besterhaltene Mosaik** nörd-

Was für eine Aussicht!

lich der Alpen, ein **Badehaus**, einen **Palast** und eine **Römervilla**.

An der Mosel kommen wir an Schengen vorbei, wo einst das europäisch bedeutsame Schengen-Abkommen unterschrieben wurde.

Bei unserem „Auf-und-Ab-Radeln" bewegen wir uns immer dicht an der französischen Grenze. Typisch für diese Region sind die vielen Obstbäume, die nicht nur für gesunde Nahrung, sondern auch abends für „Hochprozentiges" sorgen können.

Am **Europa-Denkmal** bei Berus können wir beruhigt von den Rädern steigen, denn statistisch gesehen sind wir hier am sonnenreichsten Ort Deutschlands. 1994 wurde die **Völklinger Eisenhütte** als erstes Industriedenkmal Deutschlands in die UNESCO-Liste aufgenommen. Nicht umsonst, denn hier erfahren wir alles darüber, wie beschwerlich einst die Metallgewinnung war. Beeindruckend sind die Abmaße der Hallen und Anlagen, mit denen hier gearbeitet wurde.

Über den Saarradweg führt ein Abstecher nach Saarlouis. Hier ließ sich Sonnenkönig Ludwig XIV. eine **Festungsstadt** erbauen, die lange ihresgleichen suchen muss. Erst beim Blick auf das Modell wird deutlich, wie detailgenau diese 6-eckige bzw. sternenförmige Anlage errichtet wurde.

Kartentipp:
ADFC-Regionalkarte 1:75.000 (siehe vordere Umschlagklappe):
„Saarland"
Digital für Smartphones und Tablets:
www.fahrrad-buecher-karten.de/rk-digital

39 Liebliches Taubertal

Von Wertheim bis Rothenburg o.d.T.

50 Touren Info

100 km für den Klassiker, **148 km** für die Sportive Variante, **515 km** für den Main-Tauber-Radachter. Jeweils durchgehende Beschilderung. Beim Klassiker keine nennenswerten Steigungen, bei den beiden anderen Touren diverse, auch stärkere Anstiege. Die Route führt meist abseits des Straßenverkehrs über separate Rad- oder Feldwege, daher ist der Klassiker gut für Familien geeignet.

Start: Wertheim

Ziel: Rothenburg o.d.T.

Info: Touristikgemeinschaft „Liebliches Taubertal", Tel. 09341/825806, www.liebliches-taubertal.de

Ein grünes Radlogo als Zeichen für einen Radweg – das ist eingängig. Aber was bedeutet wohl ein K oder ein S auf dem Schild? Oder zwei nebeneinander liegende rote Kreise? Die Erklärung bekommen wir im Main-Tauber-Gebiet. Wir haben gleich drei beschilderte Radwege zur Auswahl: Den „Klassiker" und die Version für „Sportive" des Radwegs „Liebliches Taubertal" und den „Main-Tauber-Fränkischer Radachter". Die beiden letztgenannten sind eher was für „Bergfreaks", hier sind eher Kondition und ein gutes Fahrrad angesagt. Stürzen wir uns also auf den „Klassiker", der ohne größere Steigungen dem Verlauf der Tauber folgt. Dass wir in dieser Gegend nicht nur guten Wein im „Bocksbeutel", sondern auch schöne Landschaften und Städte finden, gehört zu dieser Strecke.

Direkt an der Grenze zu Bayern gelegen ist Wertheim die nördlichste Stadt von Baden-Württemberg. An der Mündung der Tauber in den Main siedelten schon sehr früh Menschen, die seit dem 13. Jahrhundert in einer „beurkundeten" Stadt wohnen. Hoch

Auf der Balthasar Neumann Brücke bei Tauberrettersheim

über der sehenswerten **Altstadt** prangt **Burg Wertheim**, die von hohen Mauern umgeben ist. Der einstige Grafensitz wurde über lange Zeit immer wieder erweitert und umgebaut. Unten im Tal wartet ganz in der Nähe das **Rokokoschlösschen** im Hofgarten darauf, entdeckt zu werden.

Tipp: Wer nicht nur mehr über die Region um Wertheim, sondern auch etwas über den hier angebauten Wein erfahren möchte, macht sich per pedes auf den **Wein-Tauber-Wanderweg**, der auf 20 km rund um die Stadt führt.

Los geht´s in Wertheim. Über Reicholzheim, Bronnbach, Werbach und Hochhausen wird Tauberbischofsheim erreicht.

Im Jahre 836 war bereits von einem „Biscofesheim" die Rede. Nachdem es 1237 die Stadtrechte verliehen bekommen hatte, entwickelte sich Tauberbischofsheim rasch zu einem Verwaltungssitz. Die Stadtherren bezogen ihren Sitz im **Kurmainzschen Schloss**, an dem wir heute noch den uralten **Türmersturm** von 1280 sehen können. Mehr über die Region erfahren wir im hiesigen **Tauberfränkischen Museum**. Sowohl am Schloss, als auch an vielen anderen Häusern wurde Fachwerk in vollendeter Form verbaut. Das wird vor allem am **Marktplatz** deutlich, an dem auch das **Rathaus** von 1865 steht.

Weiter geht´s von Tauberbischofsheim über Distelhausen, Lauda und Königshofen nach Bad Mergentheim.

Der Doppelort Lauda-Königshofen liegt mitten in dem uns schon lieb gewonnen Taubertal, das sich von hier bis auf 320 m die Anhöhen hinauf zieht. Vom **Ölberg** haben wir einen guten Überblick über die Region und die uns zu Füßen liegende **Altstadt**. Wer mit der Bahn fährt, genießt das schöne **Bahnhofsgebäude**, das zwischen 1871 und 1873 entstand. Daran, dass Laubda-Königshofen einmal Sitz eines Bahnbetriebswerkes war, erinnert eine **Dampflok** der Baureihe 50, die nahe einer Schule steht.

Etwas abseits unseres Weges liegt Gerlachsheim mit einer sehenswerten **Barockkirche**, die diesen Abstecher durchaus lohnenswert macht.

Bad Mergentheim hat aber auch eine Menge zu bieten. Neben dem **Kurviertel** mit seinen Solequellen gilt es vor allem, das **Schloss** mit seiner Kirche anzusteuern. Wir haben beides dem seit 600 Jahren hier ansässigen Deutschen Orden zu verdanken.

Etwas abseits liegt der Ort Löffelstelzen, dessen Kirchturm auch als **Wasserturm** für den hoch gelegenen Ort dient.

Weiter geht´s von Bad Mergentheim über Weikersheim, Röttingen, Bieberehren und Creglingen nach Rothenburg o.d.T.

Das Taubertal, das wir hier durchradeln, wird auch **„Taubergrund"** genannt. Es heißt, es sei hier nicht nur besonders breit, sondern auch besonders sonnig.

Auf unserer Fahrt konnten wir neben uns an den Hängen die typische Landschaft mit Steinriegeln, Hecken, Trockenwiesen und Blüten bewundern. Die Steine wurden von Bauern und Winzern zusammengetragen, um als „Heizungen" für Pflanzen und Tiere zu dienen. Hauptziel in Weikersheim ist das **Renaissanceschloss**, das uns mit dem **Barockgarten**, dem **Alchemiemuseum** und den prachtvollen Innenräumen verzaubert. Jedes Jahr gibt es hier mit der **„jeuness musicales"** eine Akademie für junge Musiker. Auch den Ortskern mit **Museum**, **Pfarrkirche** und **Marktplatz** sollten wir uns nicht entgehen lassen.

In Bieberehren zweigt der sportive Teil des Radweges Liebliches Taubertal ab. Mit einigem Schweiß geht es später wieder hinunter ins Tal des Mains. Diesem folgt man dann einfach flussabwärts und kommt durch die herrliche alte **Reidenzstadt Würzburg**. Der Main-Radweg führt uns durch die „Nordschleife" des Flusses bis nach Gemünden, um dann wieder Richtung Süden zu verlaufen und in Wertheim auf den Startort der hier beschriebenen Tour

Rothenburg ob der Tauber

zu treffen. Um dem **„Main-Tauber-Fränkischer Radachter“** zu folgen, geht es ab Wertheim zunächst weiter flussabwärts. Nach vielen Flussschlingungen erreicht man Miltenberg, von wo aus es hinaus aus dem Tal und hinauf in die **Hüggellandschaft** geht. Nach reichlich Auf und Ab gelangen wir dann via Eberstadt zurück an die Tauber, auf die wir nördlich von Bad Mergentheim treffen.

Creglingen hat in seiner **Altstadt** über der Tauber schöne Winkel und bemerkenswerte Bauten aufzuweisen, wie z.B. die **Kirche** oder den **Faulturm**.

In Tauberzell lohnt eine Extrarunde auf einem **Kunstpfad**, an dem teils archaisch, teils sehr modern anmutende Plastiken aus Holz und Metall aufgestellt wurden.

Von der Bronnenmühle können Sie die Räder bis zum Gasthaus „Unter den Linden“ tauberabwärts mitnehmen, sich dort stärken, die Räder anketten und per pedes die wenigen 100 m hinauf in die Stadtmitte von Rothenburg o.d.T. gehen. Als Inbegriff einer trutzigen, freien, stolzen Stadt hat **Rothenburg** ungeheuer viel zu bieten, nicht nur die obligatorische Romantik. Zusätzlich zu den Hinweisen in **Tour 12** sei Ihnen angeraten, sich ein wenig treiben zu lassen und den vielen Menschen zuzuschauen. Diese führen Sie auch zum **Rathaus**, wo zur vollen Stunde von 11 bis 15 Uhr und 20 bis 22 Uhr an der Kunstuhr der legendäre **Meistertrunk** verfolgt werden kann. Wer nicht mehr mit dem Rad zurück fährt, sollte sich einer **Führung des Nachtwächters** anschließen – ein ganz außergewöhnliches Erlebnis.

Tipp: Bei Weikersheim können wir die Tour zur **„Hohenloher Residenzen-Tour“** ausweiten, indem wir durch das Vorbachtal über Schrozburg nach Langenburg radeln. Von hier aus ist auch eine weitere Exkursion bis Rothenburg o.d.T. möglich.

Kartentipp:
ADFC-Regionalkarten 1:75.000 (siehe vordere Umschlagklappe):
„Würzburg/Fränkisches Weinland“; „Spessart/Main/Odenwald“; „Neckar-Odenwald“; „Kocher und Jagst“
Digital für Smartphones und Tablets:
www.fahrrad-buecher-karten.de/rk-digital

40 Sächsische Mittelgebirge / Krušnohorská magistrála

Grenzüberschreitende Rundtour von Reinhardtsdorf-Schöna

50 Touren Info

244 / 421 km, durchgehende Beschilderung als Radfernweg Sächsische Mittelgebirge, auf tschechischer Seite als Radweg Nr. 23. Auf ganzer Strecke hügeliger Verlauf, einige starke Steigungen. Die Route führt meist abseits des Straßenverkehrs über separate Rad- oder Feldwege. Für Familien geeignet, wenn die Kinder eine Grundkondition mitbringen.

Start und Ziel: Reinhardtsdorf-Schöna

Info: Tourismusverband Erzgebirge e.V., Tel. 03733/188000, www.erzgebirge-tourismus.de

Zwei Radrouten – ein europäischer Gedanke: so lässt sich diese lange Rad-Runde treffend beschreiben: Wir radeln durch teils unberührte Natur zunächst für 244 km auf deutscher, dann für 170 km auf tschechischer Seite. Ein Blick auf das Höhenprofil dieses Fernradweges verrät, dass Sportler und E-Biker sich hier besonders wohl fühlen. Wer sich aber Zeit lässt und sich für Schiebe-Passagen nicht zu schade ist, kann auch als wenig Trainierter auf dieser Strecke Wundervolles erleben: Liebliche Auen, verwundene Flussläufe, sattgrüne Bergwiesen, schattenspendende Wälder, Kulturgüter und ganz viel Historie: All´ das wird uns auf dieser abwechslungsreichen Tour geboten.

Unsere Tour startet an der Elbe – gar nicht weit entfernt von den touristisch so beliebten Zielen Bad Schandau und Königsstein. Schöna liegt am linken Ufer der Elbe und bildet mit zwei anderen Orten eine Gemeinde, die sich über 32 qkm erstreckt. Im

Blick vom Kleinen Zschirnstein auf Kleingießhübel

Ortsteil Reinhardtsdorf können wir uns die Barockbauernkirche ansehen, während sich in unserem Startort Schöna das fachwerkgeschmückte **Dorfmuseum** für ein erstes Fotomotiv anbietet.

Los geht´s in Schöna, das wir nach Südwesten Richtung Grundhäuser und weiter nach Reuterhof verlassen. Wir radeln via Kleingießhübel, Cunnersdorf, Rosenthal, Ottomühle, Glasergrund, Hellendorf, und Bärhau nach Breitenau. Von hier fahren wir über Fürstenwalde, Gottgetreu und Fürstenau nach Geising.

Schon auf den ersten Kilometern lernen wir den hügeligen Verlauf unserer Strecke ganz gut kennen – wissen aber auch schnell die ruhige Natur und die entspannten Abfahrten zu schätzen. Auf unseren ersten 244 km legen wir in Summe rund 4.380 Höhenmeter zurück, wobei der niedrigste Punkt unserer Tour bei 121 und der höchste bei 892 m üN liegt.

Nicht ganz so hoch ist der **Kleine Zschirnstein**, ein Tafelberg, der neben uns in die Höhe ragt, wenn wir durch Kleingießhübel radeln.

Rosenthal bildet mit Bielatal eine Gemeinde – im Ortsteil Bielatal steht ein schönes **Jagdschloss**. Der historische Hochofen erinnert uns daran, dass hier mal Industriegeschichte geschrieben wurde.

Tipp: Seit mehr als 400 Jahren gibt es die **Ottomühle**. Und seit über 400 Jahren wer den Gäste hier mit kulinarischen Genüssen verwöhnt. Wer müde ist vom Radeln, findet hier auch eine Unterkunft für die Nacht.

Auf unserer Tour kommen wir bei Bärhau vorbei am Mordgrundbach. Ob uns der Name beunruhigen muss? Diese Frage kommt auch in Fürstenwalde auf, wenn wir erfahren, dass es hier ein **„schwarzes Kreuz"** gibt. Es steht an der Grenze zu Tschechien und wurde wegen der gleichnamigen Wiesen so genannt, die hier eine **Moor- und Sumpfwiesenlandschaft** formen. Da sind wir ja froh, dass wir in der Dorfkirche von Fürstenwalde Beistand bekommen.

Auch in Fürstenau sind wir direkt an der Grenze zu unseren Nachbarn unterwegs. Es gibt hier für den „kleinen Grenzverkehr" sogar einen eigenen **Wanderübergang**. Das Besucherbergwerk erzählt uns aus der Zeit, in der hier ein Silberstollen betrieben wurde.

40

Tipp: Ende Juni steigt in Fürstenau das **Heidefest** mit einem Programm für die ganze Familie. Vor der Alten Schule zeugt eine **Pyramide** davon, dass wir hier in einer sehr traditionsreichen Umgebung unterwegs sind

Weiter geht´s von Geising via Georgenfeld, Rehefeldzaunhaus, Neu-Rehefeld, Teichhaus, Torfhaus, Cämmerswalde, und Rauschenbach nach Frauenbach. Etwas weiter entfernt von der Grenze rollen wir durch sehr ruhige Natur bzw. mit nur wenig Wohnbebauung an Heidebach vorbei nach Heidersdorf, ehe wir nach Grüntal gelangen. Nun wird es noch „ruhiger“: Hinter Dörfel haben wir die Natur (fast) für uns alleine, bis wir nach Pobershau kommen. Marienberg ist dann wieder etwas größer, genau wie Wolkenstein, das wir durchradeln. Das Thermalbad Wiesenbad liegt auf unserem Weg vorbei an Geierswalde und Königswalde nach Annaberg-Buchholz.

Tipp: Von Geising ist es nicht weit nach Altenberg, das sich als Übernachtungsort anbietet: Hier wird mehrfach an die alte Bergbautradition erinnert: Zwei **Bergbaumuseen**, ein Bergmannsbrunnen und ein **Besucherbergwerk** warten darauf, entdeckt zu werden. Deutlich rasanter ist ein Besuch der **Sommerrodelbahn**.

Nachdem wir über lange Strecken hinweg durch unberührte und völlig ruhige Natur geradelt sind, freuen wir uns, dass es im **Thermalbad Wiesenbad** die Gelegenheit zum Regenerieren gibt. Wer nicht ins Thermalwasser springen mag, schaut sich die Kurparkhalle, die **„Ortspyramide“** und die toll gelegene Kirche von Neundorf an.

Annaberg-Buchholz war einst das Zentrum des Silberbergbaus, was für einen raschen Zuwachs bei den Einwohnerzahlen sorgte. Und so finden wir noch heute mit Annaberg und Buchholz gleich zwei quirlige Städtchen mit einigen Wohn- und Geschäftshäusern aus der Gründerzeit. Besonders schön anzusehen sind die **Klosterstraße**, die Kirchgasse und der Annaberger Marktplatz. Eine Übernachtung sollten wir unbedingt einplanen, um Annaberg-Buchholz in vollen Zügen genießen zu können. So ist es dann auch möglich, mit Adam Ries eine Stadtführung zu unternehmen und geheime Ecken der **Altstadt** kennen zu lernen.

Unter dem Motto **„Manufaktur der Träume“** steht das einzigartige **Museum für Volkskunst**. Es gibt nicht nur viel in sondern auch auf dem Gebäude zu sehen: Vom vermutlich schönsten Balkon der Stadt genießen wir einen herrlichen Weitblick.

Im Ortsteil Fronhau steht ein voll funktionstüchtiges **Hammerwerk**. Die erhaltenen Neben- und Wohngebäude erzählen vom beschwerlichen Leben dazumal.

Tipp: Die **Annaberger Kät** ist das größte Volksfest von ganz Sachsen. Wer nicht im Frühjahr hier ist und dies verpasst, besucht vielleicht das **Berg- und Hammerfest** am Frohnauer Hammer oder das Klosterfest.

Weiter geht´s von Annaberg-Buchholz durch Schlettau, Scheibenberg, Langenberg, Schwarzenberg, Lauter und Blauenthal nach Eibenstock. Die „internationale“ Tour führt weiter durch Wildenthal nach Oberwildenthal und quert die Grenze zur Tschechischen Republik.

Die Zschopau und die Rote Pfütze fließen genau dort zusammen, wo der Ort Schlettau liegt. Mit seinem Ortsteil Dörfel, der auch an unserem Weg liegt, gilt Schlettau als eine der ältesten Städte des oberen Erzgebirges. Ansehen müssen wir uns das **Schloss** und die **Kirche** im Ort.

Einen längeren Stopp, besser noch eine Übernachtung, sollten wir in Schwarzenberg einplanen, denn die Stadt ist einfach toll: Hoch über dem Ort strahlen das verwinkelte Schloss und die **St.-Georgen-Kirche** um die Wette. Der **Bergfried** des Schlosses stand als erstes hier oben. Die Geschichte der Großen Kreisstadt geht bis ins 12. Jh. zurück, als hier eine Befestigungsanlage errichtet wurde, die den Handelsweg schützen sollte. Zu Zeiten der DDR war Schwarzenberg der bedeutendste Produktionsstandort für Waschmaschinen in ganz Osteuropa. Zum Einkehren gibt es reichlich Gelegenheit rund um das ehemalige **Rathaus.** Aber nicht, bevor wir uns den **Brunnen** und das **Glockenspiel** angesehen bzw. -gehört haben.

Tipp: Wer noch nicht genug hat vom Radeln, kann auf den **Mulderadweg** wechseln. Der führt auf bestens ausgebauter und beschilderter Trasse entlang der Zwickauer, der Freiberger und der Vereinigten Mulde.

Rathaus in Eibenstock

Was könnte es besseres geben, als eine lange und anstrengende Radtour in einem Erholungsort zu beenden? Eibenstock jedenfalls trägt dieses Prädikat und hat uns neben Erholung noch viel mehr zu bieten, wie das schmucke **Rathaus** von 1905. Auf dem Postplatz sehen wir uns die **kursächsische Postmeilensäule** an, ehe wir uns am Ufer der Talsperre überlegen, welche Tour wir als nächstes angehen. Wem dazu noch der Überblick fehlt, der steigt auf den 33,89 m hohen **„Glück-Auf-Turm"** und lässt Augen und Sinne in die Ferne schweifen.

Weiter geht´s über die Grenze zur Tschechischen Republik. Ab hier radeln wir über den Radweg Nr. 23 via Jeleni, Horni Blatná, Bozi Dar, Medenec, Kalek, Mikulovice, Deutscheinsiedel, Fojtivice, Petrovice, und Tisa nach Decin. Hier treffen wir wieder auf die Elbe, der wir flussabwärts folgen, um zu unserem Start-Ort zurück zu gelangen.

Die herrliche, ruhige Natur bleibt uns erhalten. Zwischendurch kommen wir durch den beschaulichen kleinen Ort Jeleni, der für seine **Spitzenklöppelei** bekannt war und an der weitläufigen **Talsperre Jesenice** vorbei, die um 1960 herum aufgestaut wurde. Eine alte Straßenbrücke lugt noch heute aus der Wasseroberfläche heraus.

Horni Blatná bietet sich für einen längeren Stopp an – auch, um sich die tolle barocke **Kirche St. Lautentius** anzusehen, die auf dem Marktplatz steht.

In Medenec wurde einst Kupfer abgebaut, was wir im **Schaubergwerk** nachvollziehen können. Wer nicht unter Tage mag, sieht sich die überirdischen Reste der Anlage an.

In Tisa lassen wir die Räder stehen und wandern durch das abenteuerliche **Sandsteinlabyrinth „Tyssaer Wände"**.

Das Elbsandsteingebirge ist in Form der 100 m hohen **„Schäferwand"** auch in Decin präsent, doch hier steht ein Besuch des **Schlosses** auf dem Pflichtprogramm, das eindrucksvoll auf einem Felsen über der Elbe thront. Der Aufstieg lohnt sich nicht nur wegen der Gebäude und der Aussicht, sondern auch für den duftenden **Rosengarten**.

Kartentipp:

ADFC-Radtourenkarten 1:150.000 (siehe hintere Umschlagklappe): **Blatt 14 „Lausitz/Östliches Erzgebirge"; Blatt 13 „Saale/Westliches Erzgebirge"; Blatt 18 „Oberfranken/Vogtland"**

41 Neckartal-Radweg

Von Villingen-Schwenningen bis Mannheim

50 Touren Info

358 km, durchgehende Beschilderung. Einige kleinere bis mittlere Steigungen. Die Route führt meist abseits des Straßenverkehrs über separate Rad- oder Feldwege, daher perfekt für Familien, wenn die Kinder bereits über eine Grundkondition für die (wenigen) Steigungen verfügen.

Start: Villingen-Schwenningen

Ziel: Mannheim

Info: Arbeitsgemeinschaft „Neckartal-Radweg", Marketing und Tourismus Villingen-Schwenningen, Tel. 0711/50479416, www.neckartalradweg-bw.de

Der Neckar erweist sich als echter Baden-Württembergischer Fluss, denn er verlässt dieses Bundesland auf seiner rund 370 km langen Reise nicht einmal. Auf den ersten Kilometern, erfreuen wir uns in erster Linie an Naturschauspielen, denn der Fluss strengt sich mächtig an, sich durch den Schwarzwald und die Schwäbische Alb zu kämpfen. Später kommen dann noch die „klassischen" Sehenswürdigkeiten hinzu: Bekannte Städtenamen wie Tübingen, Stuttgart, Heilbronn oder Heidelberg liegen ebenso auf unserem Weg wie kleinere, unbekanntere Orte, die aber nicht minder interessant sind. Fast auf der gesamten Strecke haben wir Asphalt unter den Rädern. Daher ist es auch nicht so schlimm, wenn wir das ein oder andere Mal kräftiger in die Pedale treten müssen, um kurze Steigungen zu bewältigen.

An der Stelle des heutigen Schwenningens gab es um 895 eine Siedlung namens Suanninga. Dass es heute mit Villingen eine Doppelstadt bildet, war einst undenkbar, denn 1524 wurde der Ort durch Bauern aus Villingen völlig zerstört. Dennoch erwuchs im Laufe der Jahrhunderte ein Dorf, das zum größten Württembergs avancierte – es dauerte es bis 1907, um schließlich die Stadtrechte zu erlangen.

Ein Besuch des benachbarten Villingen ist eine Reise in eine vergangene Zeit. Inmitten der gut erhaltenen **Stadtmauer** können wir eine wahre **Kirchentour** unternehmen.

Blick auf Heilbronn

Tipp: 1858 gründete Johannes Brück in Schwenningen eine Uhrenfabrik – hier entstanden die berühmten Schwarzwalduhren, auch als Kuckucksuhren bekannt. Mehr dazu erfahren wir im **Heimat- und Uhrenmuseum**.

Los geht´s in Schwenningen. Via Deißlingen kommen wir nach Rottweil und weiter über Epfendorf, Oberndorf a.N., Sulz, Horb und Rottenburg nach Tübingen.

Die Gründung Rottweils 73 n. Chr. geht auf die Römer zurück – damit ist sie eine der ältesten Städte des Landes. Heute liegt Rottweil an der **Deutschen Uhrenstraße** – der Grund dafür, dass wir im Saal des alten **Rathauses**, am **Stadtarchiv**, im **Salinenmuseum** und am **Heilig-Kreuz-Münster** jeweils Sonnenuhren finden. Die **Altstadt** lädt zum längeren Verweilen ein. An deren Rand finden wir das **Schwarze Tor**, das einst zur **Stadtbefestigung** von 1230 gehörte. Auch die Ruine der **Bernburg** am nördlichen Stadtrand können wir erklimmen.

Über 2.000 Jahre alt sind die verwinkelten Gassen des **mittelalterlichen Rottenburgs**. Wahrzeichen ist der Turm des **Doms St. Martin**, doch auch das **Diözesanmuseum** und das **römische Museum** sollten wir uns nicht entgehen lassen. Über dem Ort liegt die **Wurmlinger Kapelle** mit einer romanischen Krypta.

Tübingen ist eine international bekannte **Universitätsstadt**, was dem Ort einen jungen Charme verleiht. Die bunten Häuserfronten der **Altstadt** und der **Hölderlinturm** sind von unserem Radweg aus besonders schön anzusehen. Nachdem wir uns auch die **Stiftskirche**, das **Alte Rathaus** und das **Schloss** angesehen haben, erholen wir uns noch in einem der Gasthöfe. Ein Treffpunkt nicht nur für frisch Verliebte ist das **Seufzerwäldchen**. Wer über den Dingen stehen mag, steigt auf den Turm der **Stiftskirche**.

Heidelberg am Neckar

Weiter geht´s von Tübingen über Pliezhausen, Nürtingen und Wendlingen nach Esslingen. Durch die Großstadt Stuttgart radeln wir nach Freiberg, Lauffen und Heilbronn.

Über eine halbe Mio. Menschen leben in der Landeshauptstadt Stuttgart, wobei der gesamte Ballungsraum 2,7 Mio. Einwohner zählt. Charakteristisch für die Stadt sind die umliegenden Hügel und tollen Grünanlagen wie der **Schlosspark**, der **Rosensteinpark**, usw. **Stiftkirche**, **Schloss**, **Opernhaus**, **Kunstmuseum**, **Mercedes-Benz-Museum**, **Porsche-Museum**, **Schloss Rosenstein** mit dem **Museum für Naturkunde**, oder die **Musikinstrumentensammlung** im **„Fruchtkasten"** (spätgotischer Steinbau) – das alles ist nur ein Bruchteil von dem, was wir uns in Stuttgart ansehen können.

Neben der imposanten **Damenstiftskirche St. Johannes** fallen in Oberstenfeld einige alte Häuser, teils mit Fachwerk, ins Auge.

Wer guten Wein mag, ist hier genau richtig. Zahlreiche **Besenwirtschaften** und Gasthäuser locken zur Einkehr.

Im alten Zentrum Steinheims locken das **Rathaus** und das **Urmensch-Museum** zum Stopp. Dies ist dem hier gefundenen „homo steinheimensis" gewidmet. Für historisch Interessierte bietet sich ein Besuch des **Kloster- und Stadtmuseums** an.

Die Schillerstadt Marbach ist stolz auf sein Schiller-Nationalmuseum mit dem deutschen Literaturarchiv. Dabei wäre die historische Altstadt schon Anlass genug, hier zu verweilen.

Ein einstündiger Marsch führt über den Weinlehrpfad hinauf zur Burgruine **Hohenbeilstein**.

Das Zentrum von Heilbronn hält rund um den **Marktplatz** reichlich historische Gebäude, wie das **Kätchenhaus** oder die **Kilianskirche**, bereit.

Weiter geht´s von Heilbronn durch Neckarelz, Erberbach und Neckargemünd ins Touristen-

Blick vom Götzenturm auf den Neckar

Mekka Heidelberg. Unser Schlussspurt führt uns nach Mannheim und über Ladenburg zur Mündung in den Rhein.

Die vielen Touristen können nicht irren – Heidelberg ist eine Reise wert! Ein tolles Motiv bietet schon die **„Alte Brücke“** mit **Altstadt** und **Schloss** im Hintergrund. Nach dem Altstadt-Bummel geht es am besten per pedes hinauf zum Schloss, das seit 1683 eine Ruine ist. Das **Apothekermuseum** bestätigt den Ruf der „Ärztestadt“, während wir vom Schloss aus die herrliche Aussicht genießen.

Tipp: Sie haben sich in der Altstadt zu lange den Schwärmereien hingegeben? Kein Problem – Sie können auch einfach mit der Bahn nach Mannheim zurück fahren.

Weiter geht´s an der Mannheimer Kurpfalzbrücke. Stets am Südufer des Neckar entlang geht es unter mehreren Brücken entlang nach Seckenheim.

Es lohnt sich, den Schildern in die **Altstadt** von Ladenburg zu folgen, die von Fachwerkhäusern geprägt wird und aus denen die **St. Galluskirche** empor ragt. **Hexenturm** und **Martinstor** sind Reste der Stadtbefestigung.

Nach wechselhafter Geschichte drohte das **Seckenheimer Schloss** zu verfallen, ehe es in den 1960er Jahren restauriert wurde.

Die Innenstadt Mannheims wurde um die 1606 erbaute Festung herum in exakten Quadraten angelegt. Die Fassade des größten **Barockschlosses** Süddeutschlands misst satte 450 m. Um den Marktplatz gesellen sich das **alte Rathaus** und die **Untere Pfarrkirche**.

Kartentipp:
ADFC-Regionalkarten 1:75.000 (siehe vordere Umschlagklappe):
„Region Rhein/Neckar“; „Heilbronner Land/Stuttgart Nord“; „Tübingen/Reutlingen/Stuttgart Süd“
Digital für Smartphones und Tablets:
www.fahrrad-buecher-karten.de/rk-digital

42 Donau-Bodensee-Radweg

Von Ulm bis Kressbronn

50 Touren Info

161 km auf der Hauptroute, Gesamtlänge von Haupt-, Ost- und Westroute **500 km**, durchgehende Beschilderung. Auf der Hauptroute nur wenige Steigungen, Ost- und Westroute deutlich anstrengender. Die Route führt meist abseits des Straßenverkehrs über separate Rad- oder Feldwege, Hauptroute auch für Familien zu empfehlen.

Start: Ulm

Ziel: Kressbronn

Info: Oberschwaben Tourismus, Bad Schussenried, Tel. 07583/92638-0, www.oberschwaben-tourismus.de

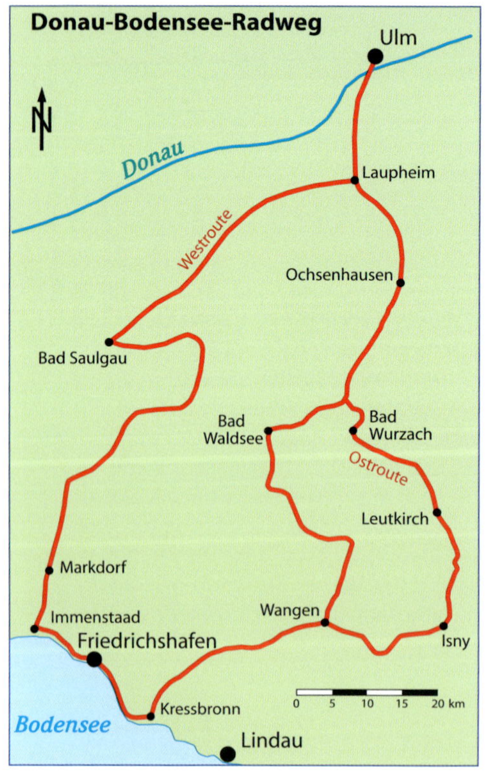

Und schon wieder gibt es mehrere Alternativstrecken: Die Region zwischen Donau und Bodensee ist aber auch dermaßen schön, dass wir immer wieder die Qual der Wahl haben, welche Orte wir uns ansehen mögen. Die Hauptroute des Donau-Bodensee-Radweges verläuft weitgehend steigungsfrei und hat mit Bad Waldsee, Wolfegg und Wangen erstklassige Etappenorte zu bieten. Sowohl die Ostroute über Bad Wurzach und Isny als auch die Westroute über Bad Saulgau nach Immenstaat haben ihren besonderen Reiz. Zu beachten ist hier aber, dass wir hier immer wieder Berge hinauf kurbeln müssen. Egal, ob Sie eine oder gleich alle drei Touren abfahren: Ein tolles Radelerlebnis ist garantiert!

Von der Donau her sind die Ausmaße des **Ulmer Münsters** am Besten zu erkennen – mit 161,60 m sehen wir den **höchsten Kirchturm der Erde** – symptomatisch für den damaligen Größenwahn, denn die Kirche war für 29.000 Menschen geplant, obwohl die Stadt damals nur 12.000 Einwohner zählte. Ebenfalls einzigartig auf der Welt ist das **Brotmuseum**. Die wichtigsten Ziele liegen in der Nähe des **Rathauses** mit seiner astronomischen Uhr und dem imposanten Treppenhaus: Das **Stadtmuseum**, der **Metzgerturm** oder das alte **Fischerviertel**, das auch Blauviertel genannt wird, lassen die Zeit im Nu verfliegen.

Tipp: Von Ulm aus besteht die Möglichkeit, über gute Radwege nach **Blaubeuren** zu radeln. Mit einigen kleineren Steigungen

Ulm

wird Ulm dann nach 28 km erreicht. Auf dem Weg liegt der 21 m tiefe **Blautopf**, eine der ergiebigsten Karstquellen Europas.

Los geht´s in Ulm gen Süden über Erbach, Achstetten und Laupheim. Über Lietingen erreichen wir Ochsenhausen.

Schon von Weitem können wir das prachtvolle **Renaissance-Schloss** von Erbach ausmachen. Obwohl es sich im Besitz der Reichsfreiherren von Ulm zu Erbach befindet, ist es für uns zugänglich, in erster Linie im Bereich des **Museums**.

Auch in Achstetten finden wir ein **Schloss**, dieses aber im klassizistischen Stile. Es geht auf eine 1386 erwähnte **Burg** zurück und wird von den Grafen Reuttner von Weyl bewohnt. Auch die beiden Gotteshäuser, die **Kapelle Mariä Verkündung** und die **Kirche der Heiligen Oswald und Agatha** sind sehenswert.

Die nächsten Schlösser im Bunde sind **Schloss Großlaupheim** und **Schloss Kleinlaupheim**. Wer Kirchliches mag, schaut sich die **Kirche St. Peter und Paul** an, wer lieber über den Dingen schwebt, wird sich der **Sternwarte** bedienen oder neidvoll in den Himmel schauen, wenn die hier stationierten Heeresflieger vorbei rauschen.

Kein Schloss, aber ein ehemaliges **Benediktinerkloster** bestimmt die Silhouette von Ochsenhausen. Im Ort ist auch Zeit zur Gemächlichkeit angesagt, denn eine Fahrt mit dem „Öchsle" gehört einfach dazu. Mit dieser **Schmalspurbahn** können wir „unter Dampf" nach Biberach an der Riß fahren.

Weiter geht´s von Ochsenhausen über Unterschwarzbach, Bad Waldsee und Bergatreute nach Kißlegg.

Schon bei den Römern gab es bei Bad Waldsee eine Straße, die Donau und Bodensee verband. Ab 850 gab es hier einen Königshof, seit 1298 den Rang einer Stadt, seit 1887 sogar den Rang einer Oberamtsstadt. Nachdem

Immenstaad am Bodensee

1950 der Kurbetrieb mit **Moorbädern** startete, wurde Waldsee 6 Jahre später der schmucke Beiname Bad verpasst. Markantestes Bauwerk der Stadt ist die **Kirche St. Peter**, die auf einem Chorherrenstift basiert. Eine außerordentlich prachtvolle Bronzegrabplatte ist der „Eiserne Mann", ein Ritter in Rüstung. Ebenfalls aus dem Häusermeer ragt das um 1400 errichtete **Wurzacher Tor** heraus. Hier mussten Händler und Marktbesucher einst „Pflastergeld" und „Torzoll" bezahlen.

Der schwere Ortsname Bergatreute dürfte von einem Sippenchef stammen, der Berengar hieß. Mit der **Pfarr- und Wallfahrtskirche St. Philippus und Jacobus** können wir eine schöne Barockkirche bestaunen.

Die Gegend um Kißlegg dürfte schon bei den Römern besiedelt gewesen sein, zumindest lassen das Münzen erahnen, die man hier fand. Hinter einer üppig bewachsenen Hecke steht das **Alte Schloss** mit den für die Region typischen **Staffelgiebeln**. Wo es ein Altes Schloss gibt, muss es auch ein **Neues Schloss** geben – dieses stammt aus dem 18. Jahrhundert und ist damit rund 200 Jahre jünger.

Tipp: Ein kurzer Abstecher führt von Bad Waldsee nach Bad Schussenried, das von einem großen **Klosterkomplex** bestimmt wird. Der dortige **Bibliothekssaal** wird als „geistvollste, festlichste und heiterste Halle des Barock" bezeichnet.

Weiter geht´s von Kißlegg über Wangen und Neukirch nach Kressbronn am Bodensee. Wer mag, folgt dem Bodensee-Radweg noch über Langenargen nach Friedrichshafen.

In Wangen wurde kurzerhand der gesamte **Stadtkern** unter Denkmalschutz gestellt. Wenn wir so durch die Straßen flanieren, können wir das gut nachvollziehen, denn allein an der **Schmiedstraße**, wo einst die Feilen-, Sensenschmiede und andere ihrer Zunft die Feuer schürten, reiht sich ein tolles Haus an das nächste. Besonders schön anzusehen ist das **Thiemannhaus.** Nicht weit entfernt liegen das verzierte **Ravensburger Tor** und die Herrenstraße, die zu den schönsten Straßenzügen Süddeutschlands zählt. Mit dem gotischen **Rathaus**, der **Spitalkirche** und der **Oberstadtkirche St. Martin** haben wir weitere wichtige Ziele bei unserer Stadterkundung.

Im Neukirchener Ortsteil Hinteressach steht das sogenannte **Hexenhäusle**. Das kunterbunte kleine Haus ist heute in Privathand, entworfen hat es der Künstler Melchior Setz.

Die Gemeinde Kressbronn ist auf der Karte fast ein Kreis. Ganz in der Nähe liegt der **Schleinsee**, der – man höre und staune – mit seinen 16 ha in Privatbesitz ist. In Kressbronn selbst fühlten sich zunächst die Römer, dann die Alemannen wohl. Im 1829 erbauten sogenannten **„Schlössle"** befindet sich heute ein ausgefallenes **Museum**, wo es u.a. schwimmende Kunst eines einheimische Bootsbauers zu sehen gibt. Am schmucken **Rathausplatz** erheben sich die **Eligiuskapelle** und die **Kirche St. Gallus**. Das ist nur ein Teil der Gotteshäuser von Kressbronn. Wer darüber mehr erfahren und sehen mag, macht sich auf den rund 17,5 km langen Kirchenweg.

Für die Rückfahrt nach Ulm haben wir die Wahl zwischen den öffentlichen Verkehrsmitteln, der Westroute über Immenstaat, Wilhelmsdorf, Aulendorf, Bad Saulgau und Bad Buchau oder der Westroute über Leutkirch und Bad Wurzach. Die Namen verraten: Es gibt auch hier reichlich zu sehen – dank der vielen **Badeorte** aber auch etliche Möglichkeiten zur Entspannung!

Kartentipp:
ADFC-Regionalkarten 1:75.000 (siehe vordere Umschlagklappe):
„Bodensee"; „Allgäu"; „Ulm und Umgebung"
Digital für Smartphones und Tablets:
www.fahrrad-buecher-karten.de/rk-digital

43 Bodensee-Königssee-Radweg

Von Lindau bis zum Königssee

50 Touren Info

418 km, durchgehende Beschilderung. Mehrere auch starke und längere Steigungen. Die Route führt meist abseits des Straßenverkehrs über separate Rad- oder Feldwege, wegen der vielen Steigungen für Familien nicht zu empfehlen.

Start: Lindau

Ziel: Schönau am Königssee

Info: Arbeitsgemeinschaft Bodensee-Königssee-Radweg beim Tourismusverband München/Oberbayern, Tel. 08025/9244952, www.bodensee-koenigssee-radweg.de

Ganz im Süden Deutschlands haben wir einen echten „Höhepunkt" unter den Radfernwegen. Das gilt zum einen für die Etappenorte, denn Namen wie Lindau, Immenstadt, Füssen, Bad Tölz oder Bad Reichenhall garantieren viel Sehenswertes. Das gilt aber auch für den Streckenverlauf, denn es geht durch das recht hügelige Alpenvorland. Und dass die Hügel auch hier schon richtig kleine Berge sind, bekommen unsere Waden gut zu spüren. Untrainierte oder solche, die nur 3-Gang-Räder oder Rennräder mit schmalen Reifen fahren, sollten in sich gehen und überlegen, ob dieser Radweg das Richtige für sie ist. Wer ein gutes Rad sein eigen nennt und auch daheim öfters kräftiger in die Pedale tritt, den erwartet ein einmaliges Radel-Erlebnis!

Lindaus **Altstadt** liegt auf der gleichnamigen Insel im Bodensee, die schon früh besiedelt wurde. Das älteste Bauwerk dürfte eine **Befestigungsmauer** gewesen sein, die vor Eindringlingen vom Festland schützen sollte. Wer genau diese errichtete, ist aber unklar. Mit dem **Münster Unserer**

Forggensee

Lieben Frau, der **Kirche St. Stephan**, der **Peterskirche** und der **Barfüßerkirche** gibt es gleich vier sehenswerte Gotteshäuser. Ein berühmtes Bild gibt auch die **Hafeneinfahrt** ab, die vom **bayerischen Löwen** bewacht wird.

Tipp: Einen wichtigen Termin im Kalender stellt jedes Jahr das „Internationale Bodenseefestival" dar. Bekannte internationale Musikgrößen geben sich dann die Bühnenklinke in die Hand.

Los geht´s in Lindau. Wir rollen einige Zeit am Bodensee entlang, um ihn dann via Hörbranz zu verlassen. Im Allgäu wird es direkt hügeliger, wenn wir über Oberstaufen, Immenstadt, Oy-Mittelberg und Nesselwang nach Füssen radeln.

Oberstaufen gibt es mindestens seit 868, zumindest laut Urkunden des Klosters St. Gallen. Das bedeutendste Bauwerk der Stadt ist die **Kirche St. Peter und Paul**, die auf eine Stiftskirche aus dem Jahre 1328 zurück geht.

Immenstadt ist seit 1360 eine „richtige Stadt" und hat rund um das **Rathaus** und die **Nikolaikirche** schöne Fassaden zu bieten. Außerdem hat der Ort die längste **Sesselbahn** Bayerns, den größten **Natursee** und die **größte Stadtfläche des Allgäus** zu bieten. Ein kurzer Abstecher zum **Kleinen** und zum **Großen Alpsee** ist schon wegen des Landschaftsschutzgebietes empfehlenswert.

Der Touristenort Oy-Mittelberg feiert gerne – sich selbst und seine Gäste. In der **Kirche St. Anna von Oy** finden wir eine prunkvolle Ausstattung.

43

St. Bartholomä am Königssee

Oberhalb von Oy liegt die **Wallfahrtskirche Maria Rain** – kaum zu glauben, wie üppig dieses kleine Gotteshaus ausgestattet wurde.

Zu Füßen der Nesselburg entstand der Ort Nesselwang, der die Besucher heute mit schönen Häuserfassaden und der **Kirche St. Andreas** empfängt. Nicht nur für die durstigen Kehlen ist das **Brauereimuseum** zu empfehlen – wir können hier den ganzen Körper mit einem Bierbad regenerieren.

Füssen und Königsschlösser s. Tour 40.

Wer seine Augen an der Pracht der Königsschlösser geweidet hat, geht noch zum **Alpsee** und ein Stück weiter zur **Marienbrücke**, denn das Foto mit **Wasserfall** und Schlössern gehört zum Radurlaub einfach dazu!

Weiter geht´s von Füssen an Forggen- und Bannwaldsee vorbei über Halblech, Trauchgau und Bad Kohlgrub nach Eschenlohe. Nachdem wir das Ufer des Kochelsees gesehen haben, erreichen wir rasch Bad Tölz.

Ein kleiner Abstecher führt von Trauchgau nach Steingaden und weiter zur **Wieskirche**. Diese Abzweigung ist ungemein lohnenswert, denn das 1147 gegründete **Welfenmünster** ist schon eine Pracht. Noch üppiger ist aber die berühmte Wieskirche ausgestattet. Diese „Wallfahrtskirche zum gegeißelten Heiland auf der Wiese" wird sogar von Busgruppen aus Übersee angesteuert – und die wissen, wo´s schön ist!

Der Ort **Bad Kohlgrub** verdankt seinen Namen vemutlich den Köhlern, die hier auf ihren Meilern Holzkohle herstellten. Klarer ist, dass die Verleihung des Titels „Bad" auf der Heilkraft des **Hochmoores** beruht.

Eine wirklich kühne und toll anzusehende Konstruktion ist die **Loisachbrücke** von Eschenlohe.

„Typisch Bayern" mag man sagen, wenn man die **Marktstraße** von Bad Tölz entlang rollt. Herrliche Hausfassaden, viele mit **Lüftelmalereien**, säumen den Weg zur **Kirche Mariä Himmelfahrt**, die 1454 erbaut wurde und damit das älteste Gebäude weit und breit ist.

Bekannt ist Tölz vor allem durch die **Jodquellen**, die den Markt ab 1846 zum aufstrebenden Kurort machten. Die Marktstraße zählt ohne Frage zu den schönsten Straßenzügen Altbayerns – hier muss man eine Rast einlegen, um die herrlichen Gebäude zu betrachten.

Tipp: Einen wundervollen Ausblick über Stadt und Land haben wir, wenn wir von Bad Tölz auf den **Kalvarienberg** fahren / steigen. Der Blick schweift bis hinein ins **Karwendelgebirge**.

Weiter geht´s von Bad Tölz am Tegernsee und am Schliersee vorbei nach Bernau am Chiemsee. Traunstein und Bad Reichenhall sind die beiden letzten großen Städte auf der Reise zum Königssee.

Der **Tegernsee** ist einer der saubersten Seen Bayerns. Er wurde vor etwa 18.000 Jahren vom gleichnamigen Gletscher geformt. Mit dem **Schliersee** erreichen wir den nächsten See, der auf 777 m Höhe liegt. In dem Gasthaus, das sich mitten im See auf einer **Insel** befindet, schmeckt es besonders gut.

Noch getoppt werden diese beiden Seen nur durch den **Chiemsee**, der nicht umsonst „bayerisches Meer" genannt wird: Er ist der drittgrößte See Deutschlands. Fast undenkbar, diesen See zu besuchen, ohne auf die **Fraueninsel** mit ihrem **Nonnenkloster** oder auf die **Herreninsel** zu fahren. Hier können wir uns gleich zwei **Schlösser** ansehen. Die 20 Prunkräume von **Schloss Herrenchiemsee** ruinierten die Staatskasse König Ludwigs II. Lieblich, friedlich und idyllisch geht es hingegen in den Gassen der kleinen Fraueninsel zu.

Ein kurzer Weg führt von Bernau nach Prien und dort zum **Marktplatz** mit der **Rokoko-Kirche St. Maria Himmelfahrt** und dem **Heimatmuseum**. Unüberhörbar ist die alte **Dampfstraßenbahn**, deren Schienen wir zum Seeufer folgen.

Zentrum des Chiemgaus ist Traunstein, dessen Mitte durch einen großzügigen **Stadtplatz** mitsamt **Lindlbrunnen** markiert wird. Die **Salinenkirche** weist auf die Bedeutung des Salzes für die Stadtentwicklung hin. Ein Abstecher bringt uns nach Seeon, wo uns ein Holzsteg auf die Insel mit dem gleichnamigen **Kloster** führt. Nach wechselvoller Geschichte blieben zum Glück einige Teile der herrlichen Anlage, wie die **Klosterkirche**, erhalten.

Bad Reichenhall ist für seine Solequellen, sein Gradierwerk und seinen Salzabbau überregional bekannt.

Der **Königssee** ist sehr tief – das hat er den Eisströmen zu verdanken, die ihn bildeten. Um unsere Reise zu krönen, fahren wir mit dem Boot über den See und besuchen die schmucke **Wallfahrtskirche St. Bartholomä.**

Kartentipp:
ADFC-Regionalkarten 1:75.000 (siehe vordere Umschlagklappe):
„Allgäu";„Bayerische Seen";„Chiemgau";„München/Alpenvorland"
Digital für Smartphones und Tablets:
www.fahrrad-buecher-karten.de/rk-digital

44 Bodensee-Radweg

Von Konstanz rund um den Bodensee

50 Touren Info

260 km, durchgehende Beschilderung. Bis auf zwei kurze Passagen keine nennenswerten Steigungen. Die Route führt meist abseits des Straßenverkehrs über separate Rad- oder Feldwege, daher perfekt für Familien.

Start und Ziel: Konstanz

Info: Internationale Bodensee Tourismus GmbH, Tel. 07531/909490

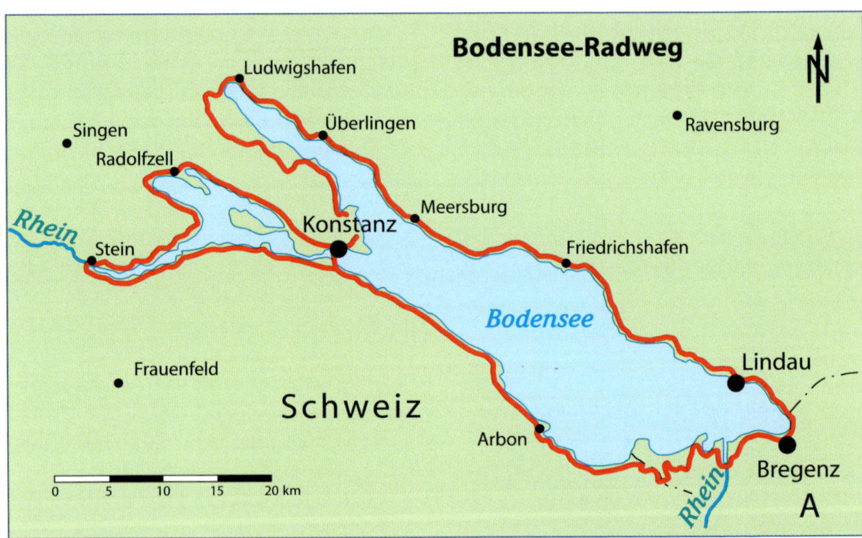

Auch der Bodensee-Radweg gehört ohne Frage mit in die Riege der Klassiker unter den Radtouren: Er vereinigt einfach alles, was einen attraktiven Radfernweg ausmacht: Gelassenes Radeln auf guten Pisten, zuverlässige Kennzeichnungen und eine herrliche Umgebung. Nicht zu vergessen ist das meist gute Wetter, denn der Bodensee gehört zu den sonnigsten Regionen Deutschlands. Wir radeln durch drei Nationen, was den Charme hat, dass wir die alpenländische Küche in ihrer ganzen Vielfalt genießen können. Wer abkürzen mag, kann dies in vielen Orten tun und eine Mini-Kreuzfahrt unternehmen.

Die **Kurtisane Imperia** begrüßt seit 1993 die seeseitig anreisenden Besucher von Konstanz. Auch auf dem Festland geht es modern zu, trotz der zahlreichen historischen Gebäude wie **Rathaus**, **Zeughaus**, **Münster** oder das mächtige **Schnetztor**. Wer Fisch nicht nur auf dem Teller mag, sollte das **Sea-Life-Center** besuchen, während es die Romantiker eher über die **Seepromenade** zum **Stadtgarten** zieht.

Tipp: Ein längerer Abstecher führt am Untersee entlang bis hin zum **Rheinfall** von Schaffhausen. Fast 150 m breit und 22 m tief stürzen sich die Fluten über die Felsen in die Tiefe.

Blick auf Überlingen

Los geht´s in Konstanz. An der Insel Mainau vorbei kommen wir nach Dingelsdorf und haben dahinter eine kleine Steigung zu überwinden, während wir uns vom Überlinger See verabschieden. Ab Bodman-Ludwigshafen radeln wir dann wieder in Seenähe, wobei vor Sipplingen nochmals Kletterarbeit gefordert ist. Via Überlingen, Meersburg und Immenstaad erreichen wir Friedrichshafen.

Die **Blumeninsel Mainau** dürfte jedem ein Begriff sein. Unzählige Pflanzen und Blumen verwandeln jedes Jahr das kleine Eiland in eine Oase der Entspannung.

Die **Seepromenade** von Überlingen vermittelt südländische Lebendigkeit. Etwas landeinwärts ragen das 5-schiffige **Münster St. Nikolaus** sowie das **Heimatmuseum** empor. Spannend ist auch das **mittelalterliche Befestigungssystem**. Mit Schweiß wird die **Birnau** erreicht, wo wir eine der prächtigsten Barockkirchen Deutschlands finden.

Das **Pfahlbaumuseum** von Unteruhldingen ist ohne große Mühen zu erreichen – ein Besuch in die Stein- und Bronzezeit wird besonders den Kindern gefallen.

Wichtigstes Ziel in Friedrichshafen ist das **Zeppelinmuseum**, das wichtige Fragen der Luftfahrt beantwortet. Eine lange Uferpromenade erschließt Gaststätten und Parkanlagen, alles mit herrlichem Seeblick, der vom **Aussichtsturm** im Hafen noch weiter reicht.

Weiter geht´s von Friedrichshafen via Langenargen und Wasserburg nach Lindau. Vor Bregenz passieren wir die österreichische Grenze, nicht viel später sind wir in der Schweiz bei Rorschach.

Bei Kressbronn rollen wir über die **„Golden Gate“** (Brücke) des Bodensee und schauen uns in Wasserburg die geschichtsträchtige **Burg** auf der Halbinsel an. Ein Besuch der nächsten Halbinsel ist Pflicht, denn Lindau

Die Birnau mit Blick auf den See (Bild oben)

hat allerhand zu bieten. Am Besten rollen wir schon über den Bahndamm hinüber, denn von dort aus geht es immer geradeaus zur **Hafenpromenade** mit dem **Mang-Turm**. Vorbei an Stadttheater, **Altem Rathaus**, **Stephans-** und **Stiftskirche** schlängeln wir uns durch die Altstadt, wobei die Zeit im Nu verfliegt.

Die Hauptattraktion von Bregenz ist die international bekannte **Seebühne**. Die älteste Bodensee-Stadt verbindet moderne Architektur und Geschäftigkeit in der **Unterstadt** mit der verträumt-ruhigen Atmosphäre der mittelalterlichen und barocken **Oberstadt**.

Durch die perfekte Idylle des **Naturschutzgebietes Rohrspitz** kommen wir zum Rhein, der hier den Bodensee speist.

Das **Museum „Alte Garage"** widmet sich in Rorschach der Autoherstellung, auch wenn es hier nie eine gab. Wer (viel) Zeit hat, fährt mit der Bahn nach St. Gallen, genießt das wundervolle Flair dieser **historischen Kantonsstadt** und rollt entspannt mit den Rädern wieder zurück an den See.

Tipp: Gute Bremsen am Rad? Na dann auf mit der **Pfänderbahn** auf den 1.062 m hohen Pfändergipfel! Nachdem wir uns von der Aussicht und die Kinder vom Spielplatz losgeeist haben, geht es in schneller Fahrt zurück ins Tal.

Weiter geht´s von Rohrschach über Arborn, Romanshorn und Kreuzlingen zurück nach Konstanz. Wer die Runde wirklich komplettieren mag, umrundet noch den Untersee, indem er über Steckborn, Stein am Rhein und Radolfzell radelt.

„Mostindien"? Wie kommt man in der Schweiz auf einen solchen Namen für eine Region rund um Arbon? Ganz einfach – der Kanton sieht auf der Karte der Form Indiens ähnlich und die Bäume hier tragen in aller Regel Tafe-

Hafenbecken in Lindau

läpfel, die zu Most verarbeitet werden – schon ist die Erklärung gefunden. Auch die Römer waren offenbar von dieser Gegend begeistert, denn sie tauften sie „Arbor felix", glücklicher Baum.

Tipp: Ein Abstecher nach **Gottlieben** lohnt sich wegen der kulinarischen Genüsse und der schmucken Häuser rund um den Dorfplatz.

Die **Insel Reichenau** ist bekannt als die Insel der **drei Kirchen** – alle sind ein perfektes Abbild romanisch-gotischer Baukunst. Auf der Wasserburg Schöpflin können wir auf den Beobachtungsturm steigen und uns einen Überblick verschaffen.

Mehr über die Gegend erfahren wir im **Heimatmuseum**, das im **Turmhof** von Steckborn untergebracht ist.

Stein am Rhein, das „Rothenburg der Schweiz" beeindruckt schon bei der Einfahrt. Hinter der Brücke liegt das **Kloster St. Georgen** mit der **Stadtkirche**. Links hinter der Brücke finden wir Häuser, von denen eines schöner ist als das andere – Stein, Stufengiebel, Fachwerk: Alles wird geboten.

Rund um den **Ratoldus-Brunnen**, der auf dem Radolfzeller **Marktplatz** steht, finden wir an den Marktständen gleich zweimal in der Woche alles, was das Herz begehrt. Der Stadtgarten in der Nähe des Bahnhofs wird gerne als **„Schönster Wartesaal Deutschlands"** bezeichnet.

Ein Abstecher führt hinter Radolfzell zum **Mindelsee**, der in ein Naturschutzgebiet eingebettet liegt. Der See und seine umliegende Landschaft wurden einst durch den Rheingletscher geformt.

Auf unserem Weg um den **Untersee** kommen wir auch durch Allensbach, das uns aus dem Fernsehen bekannt ist. Hier ist der Sitz eines Meinungsforschungsinstituts, dass auch vielleicht Sie schon zu Ihren politischen Interessen oder Marktverhalten befragt hat.

Kartentipp:
ADFC-Radreiseführer 1:50.000
Bodensee-Radweg, Spiralbindung

45 Fünf-Flüsse-Radweg

Rundtour von Regensburg durch Jura und Frankenalb

50 Touren Info

294 km, durchgehende Beschilderung, einige kleinere Steigungen. Von Kelheim nach Neumarkt recht lange Etappe (78 / 90 km) mit rund 100 Höhenmetern. Von Neumarkt nach Nürnberg und von Amberg nach Regensburg meist abfallende Strecke, von Nürnberg nach Amberg deutliche Steigungen mit 200 Höhenmetern. Die Route führt meist abseits des Straßenverkehrs über separate Rad- oder Feldwege. Für Familien bedingt geeignet, Kinder sollten eine gewisse Grundkondition mitbringen. Teils Kies / Schotter als Untergrund, daher sind schmale Rennradreifen nicht empfehlenswert.

Start und Ziel: Regensburg

Info: Ostbayerischer Jura, Tel. 09621/39594, www.fuenf-fluesse-radweg.info

Regensburg, Kelheim, Neumarkt, Nürnberg, Amberg: Fünf klangvolle Städtenamen, die Sehenswertes und Geschichte im Überfluss versprechen. Donau, Altmühl, Pegnitz, Vils und Naab: Fünf Flüssenamen, die genussvolles Radeln auf bestens ausgebauten Wegen und hervorragender Infrastruktur versprechen. Nun kombinieren wir beides miteinander und erhalten den Fünf-Flüsse-Radweg, der uns in (empfohlenen) fünf Tagen durch das Bayerische Jura und die Frankalb führt.

Mit der **Fränkischen Schweiz**, dem **Veldensteiner Forst**, dem **Hirschwald** und natürlich dem **Altmühltal** durchrollen wir gleich vier **Naturparks**. Noch mehr Einladungen bedarf es sicherlich nicht, sich aufzumachen, um diese wundervolle Region im Herzen Bayerns zu entdecken.

Los geht´s in Regensburg. An der Donau entlang rollen wir gemütlich durch den Kurort Bad Abbach nach Kelheim, wo die Altmühl in die Donau mündet.

Es fällt schwer, sich vom historischen Anblick Regensburgs loszureißen. Wer in der „Stadt der Kaiser und Könige" die „Standart-Sehenswürdigkeiten" wie das **Besucherzentrum Welterbe im Salzstadel** schon abgegrast hat, dem sei ein Besuch des **Kunstforums Ostdeutsche Galerie** empfohlen. Wer sich mutig durch die „schiefen Eingangssäulen" gewagt hat, kann sich einer einzigartigen Sammlung aus ehemals deutsch geprägten Kulturräu-

Weltenburg Kloster an der Donau

men im östlichen Europa widmen. Zu sehen sind u.a. Kollwitz, Polke oder Corinth. Bad Abbach erreichen wir an seiner Schmuckseite, dem Donauufer. Wer Zeit hat, macht eine Tour mit dem **Ausflugsboot** oder lässt das Rad eine Zeit stehen und begibt sich per pedes auf den **Jurasteig**, der als Prädikatswanderweg ausgezeichnet wurde.

Kelheim s. Tour 47.

Weiter geht´s von Kelheim zunächst an der Altmühl entlang via Essing, Riedenburg und Dietfurt auf einer ehemaligen Bahntrasse nach Beilngries. Ab hier folgen wir ein Stück dem Ludwig-Donau-Main-Kanal entlang über Plankstetten und Berching nach Mühlhausen. Hier haben wir die Wahl, entweder direkt nach Neumarkt i.d.Obf. zu fahren oder die rund 12 km längere Route über Freystadt zu wählen. In beiden Fällen sind einige Höhenmeter zu überwinden.

Zu Riedenburg, Dietfurt und Beilngries s. Tour 47.

Unterwegs winkt **Schloss Prunn**, eines der beliebtesten Fotomotive des Altmühltals. Es gilt als die besterhaltenste mittelalterliche Ritterburg Deutschlands. Hier wurde bei Umbauten eine Abschrift des **Nibelungenliedes** gefunden. Plankstetten empfängt uns mit einer imposanten **Klosteranlage**. Neben der romanischen **Kirche** aus der Gründungszeit des Klosters beeindruckt auch die barocke **Abtei**, die nach größeren Zerstörungen mehrfach wieder aufgebaut werden musste. Auch Berching weiß mit einer tollen **historischen Innenstadt** zu gefallen, in der wir Fachwerk und Tore sehen können. Freystadt war einst von einer Stadtmauer umgeben, von der heute noch zwei Tore erhalten sind.

Rund um das spätgotische Rathaus präsentiert Neumarkt i.d.Obf. eine wundervolle **Altstadt**, die mit der Kirche **St. Johannes**, **Unterem Tor**, **Schuldturm**, **Historischem Reitstadel**, **Schlossweiher** und vielem mehr zu gefallen weiß. Die gepflegten Einkehrmöglichkeiten und das weit gefächerte Kunst- und Kulturangebot machen Neumarkt zu einem idealen Etappenziel.

45

Lorenzkirche in Nürnberg

Tipp: Eine wirkliche – auch lange – Auszeit vom Alltag können wir im **Kloster Plankstetten** nehmen. Geistliche Einkehr, Bildung und Erholung werden hinter diesen Mauern ebenso gelebt wie ein konsequentes ökologisches Wirken. **„Kloster auf Zeit"** ist nur eines der Angebote. Das Kursprogramm ist unter www.kloster-plankstetten.de zu finden.

Weiter geht´s von Neumarkt i.d.Obf. am Ludwig-Donau-Main-Kanal entlang über Berg, Burgthann und Wendelstein nach Nürnberg.

Tipp: Ein Abstecher führt von Neumarkt zu weiteren sehenswerten Zielen wie der weithin sichtbaren Burgruine Wolfstein, zur barocken Wallfahrtskirche Mariahilf oder zur Sternwarte auf den Mariahilfberg.

In Berg lohnt es sich, von den Rädern zu steigen und sich die Ruine des **Brigittenklosters** anzusehen, ehe es in den weitläufigen **Nürnberger Reichswald** geht. Bei der **Schwarzachklamm** lohnt ein Abstieg über die Holztreppe, denn die Klamm sieht erst von unten so richtig spektakulär aus! Von den Strapazen können wir uns dann in einem Gasthaus erholen.

Nürnberg ist unser nächstes Highlight der Tour: Zu Füßen der berühmten **Burg** bietet die Innenstadt mit vielen **Kirchen**, **historischen Gebäuden**, **Gaststätten** und einer **Einkaufsmeile** reichlich Unterhaltung.

Weiter geht´s von Nürnberg via Lauf (Pegnitz), Hersbruck, Neukirchen und Sulzbach-Rosenberg nach Amberg. Hier warten die einzigen längeren Steigungen auf Radler. Pedalrittern, die die Anstiege scheuen, bietet die Bahn eine Alternative, das bergige Relief schnell und zügig zu überwinden.

Lauf an der Pegnitz hält für uns das **Wenzelschloss** bereit, das malerisch auf der Pegnitzinsel steht. Die Silhouette der Stadt wird zudem vom Judenturm, dem **Nürnberger Tor**, dem **Hersbrucker Tor** und der **Kirche St. Johannis** geprägt.

In der **Frankenalbtherme** von Hersbruck können wir uns erstmal erholen, bevor wir uns aufmachen, die nächste **Altstadt** mit ausgefallenen **Bürgerhäusern** und **Tortürmen** zu erkunden. Ebenfalls nicht alltäglich ist das **Deutsche Hirtenmuseum**, in dem wir von der Haltung über die Schlachtung und Verarbeitung von Schafen vieles erfahren können.

In Sulzbach-Rosenberg gibt es direkt schon wieder Grund, längere Zeit von den Rädern zu steigen. Rund um das **Schloss** erhebt sich eine **mittelalterliche Ortsmitte**, die von einer Stadtbefestigung umgeben ist. Bestens erhalten sind auch noch der **Zipfelturm**, der **Stadtturm**, die **Kirche St. Marien** und das **Rathaus** am **Luitpoldplatz**.

Amberg ist ohne Frage einer der Höhepunkte dieser Radreise – allein der Rosengarten im **kurfürstlichen Schloss** verzaubert die Gäste. Die **Altstadt** setzt dann noch eins drauf: **Schiffbrücke**, **Rathaus**, **Martinskirche** und **Zeughaus** – alles weist darauf hin, dass hier Geschichte geschrieben wurde. Und in der Tat! Amberg war lange Zeit Hauptstadt der Oberen Pfalz und zugleich ein Zentrum der Eisenerzgewinnung.

Weiter geht´s von Amberg über Theuern, Ensdorf, Schmidmühlen, Kallmünz und Pielenhofen, ehe wir durch Etterzhausen wieder zurück nach Regensburg kommen.

Der Ort Kallmünz gibt ein schönes Bild ab: Am Ufer der Naab erhebt sich die **Altstadt** mit hellen Häusern und roten Giebeln und über allem thront die Ruine der **Burg**. Wer durch die engen Gassen schlendert, weiß sogleich, warum sich der Maler Oskar Koller – genauso wie andere Künstler – hier inspiriert fühlte. Im **Rathaus** können wir ein entsprechendes **Museum** dazu besuchen. Das zweite **Museum** im Ort zeigt Exponate von Wintersport und Fischerei.

In Pielenhofen ist das 1240 gegründete **Zisterzienserinnen-Kloster** nicht zu übersehen. Seit 1981 wird es als Schule und Internat genutzt. Der Chor der Regensburger Domspatzen hat hier seine Heimat. Am Flussufer liegt ein Einbaum – ein Boot dieser Art wurde schon vor rund 8.000 Jahren gefertigt.

Bei Penk können wir eine der seltenen **Wehrkirchen** bestaunen: Diese vereinten damals die Funktionen Burg, Herberge und Kapelle. Mit dicken Mauern und Schießscharten versehen sollten sie Angreifern die Stirn bieten. Wer genau hinsieht, erkennt, dass der Turm und das Schiff dieselbe Breite haben.

Kartentipp:
ADFC-Regionalkarte 1:50.000 (siehe vordere Umschlagklappe):
„Nürnberger Land/Oberpfalz"
Digital für Smartphones und Tablets:
www.fahrrad-buecher-karten.de/rk-digital

46 Radrunde Allgäu

Rundtour von Bad Wörishofen über Wangen, Sonthofen, Füssen und Kaufbeuren

50 Touren Info

450 km, durchgehende Beschilderung als Radrunde Allgäu, auf ganzer Strecke hügeliger Verlauf, einige starke Steigungen. Die Route führt meist abseits des Straßenverkehrs über separate Rad- oder Feldwege. Für Familien geeignet, wenn die Kinder eine Grundkondition mitbringen.

Start und Ziel: Bahnhof Bad Wörishofen

Info: Allgäu GmbH, Gesellschaft für Standort und Tourismus, Tel. 0831/5753730, www.radrunde-allgaeu.de

Mächtige Berge, funkelnde Seen inmitten einer sanft modellierten Landschaft, herzhaftes Essen, süffiges Bier, stolze Schlösser, Burgen, alte Kirchen und Klöster. Eines scheint klar: Gründe gibt es mehr als genug, warum viele Gäste immer wieder ins Allgäu kommen.

All-Gäu bedeutet das „hügelige Gebiet". Im Norden zeigt sich das Allgäu eher flach. Im Osten liegen sanfte Hügel, während sich im Süden die Berge vor uns mächtig gen Himmel recken. Der Westen des Allgäus reicht bis zum Bodensee, wobei sich hier Hügel und enge Täler abwechseln. Und mitten durch diese Landschaft zieht sich eine 450 km lange Traum-Radtour, die uns genau diesen Zauber der Region erschließen wird.

„Die Gesundheitsstadt" nennt sich Bad Wörishofen gerne selber. Zurecht, denn das Heilen von Menschen hat hier in der Tat eine lange Tradition. Kein geringerer als Pfarrer Sebastian Kneipp entwickelte hier sein ganzheitliches Naturheilverfahren, das noch heute weltweit anerkannt ist. Und so finden wir in Bad Wörishofen einen **Kneipp-Waldweg**, **Kneipp**- und **Gradieranlagen**, mehrere blühende Parks und eine wunderbare **Therme**, die Südseefeeling aufkommen lässt.

Klosterkirche Ottobeuren

Tipp: Fast schon selbstredend, dass es in Bad Wörishofen alljährlich Gesundheitstage gibt, bei denen sich alles um die Genesung dreht. Der Kulturkalender verspricht aber über das ganze Jahr hinweg reichlich Auswahl, wie „Jazz goes Kur", Tulpentag, Literaturfestival, Musikfeste, Kurkonzerte und vieles mehr.

Los geht´s am Bahnhof von Bad Wörishofen, wo wir die Schilder der „Radrunde Allgäu" finden. Wir folgen der Radrunde gegen den Uhrzeigersinn und rollen via Dirlewang, Markt Rettenbach, Ottobeuren, Bad Grönenbach, Illerbeuren und Leutkirch nach Bad Wurzach.

Auf den ersten Kilometern rollen wir entspannt und ohne allzu große Steigungen durch grüne Wiesen und Felder mit teils wunderbaren Fernblicken hinüber zum Alpen-Panorama. Das wichtigste Ziel in Ottobeuren ist nicht zu übersehen: Staunen ist angesagt bei der 764 gegründeten **Klosteranlage**. Lange Mauern schützen die strahlend weißen Klostergebäude. Hier finden wir die **Benedictuskapelle**, **Kunstsammlungen**, einen **Kaisersaal**, den **Bibliothekssaal** und die **barocke Klosterkirche St. Alexander und Theodor**. Die „Klosterkirche zur Heiligen Dreifaltigkeit" dürfte eine der schönsten Kirchen Deutschlands ein.

Der rund 8.000 Einwohner zählende Ort Ottobeuren darf sich zudem **Kneipp-Kurort** nennen und hält daher alles für eine entspannte Rast bereit.

Im Ortsteil Stephansried wurde am 17. Mai 1821 Sebastian Kneipp geboren, der in Ottobeuren aufwuchs und sich als Knecht in Bad Grönenbach verdingte. Hier lernte er Latein und Grundlagen der Naturheilkunde. Als er selbst an Tuberkulose erkrankte, entdeckte er die Heilkraft des Wassers.

Tipp: Wer eine größere Stadt zum Übernachten bevorzugt, fährt hinter Ottobeuren via Benningen nach Memmingen. Von der **Stadtmauer** sind noch 2 ½ km und 5 Tore erhalten. Sie umschließen eine **Altstadt**, die als eine der schönsten Süddeutschlands gilt. Rund um den Marktplatz erheben sich tolle

46 alte Häuser, darunter das **Rathaus**, mehrere **Zunfthäuser**, das **Parishaus**, den **Hermansbau**, das **Grimmelhaus** und die **Stadtpfarrkirche St. Martin**.

Kleine Weiler wie Herrgotts und Falkenhof begleiten unseren Weg durch grüne Felder nach Bad Wurzach, dem nächsten Kurort unserer Radrunde. Wir sind im ältesten **Moorheilbad** Baden-Württembergs und steuern Rathaus, Stadtpfarrkirche und **Schloss** mit dem Stadtbrunnen an.

Weiter geht´s von Bad Wurzach über Kißlegg, Wolfegg, Bad Waldburg und Wangen nach Isny. Maierhöfen, Lindenberg, Oberreute, Oberstaufen und der Alpsee begleiten unseren Weg nach Immenstadt.

Nachdem wir uns in Kißlegg das Alte und das **Neue Schloss** angesehen haben, rollen wir am Zellersee vorbei via Ober- und Oberriedgarten nach Wolfegg mit seiner **Loretokapelle**. Die Strecke wird etwas anstrengender, ehe wir nach Wangen hinab rollen und ganz rasch merken, warum die Stadt mit dem Slogan „in Wangen bleibt man hangen" wirbt. Der ganze Stadtkern wurde unter Schutz gestellt. In der **Schmiede**- und in der **Herrenstraße** wird schnell klar warum: Sie gelten als schönste Straßen der Region. **Gotisches Rathaus**, Spitalkirche, Thiemannhaus und vieles mehr lassen die Zeit rasch verfliegen.

Das gilt auch für Isny. Über die gut erhaltene Stadtmauer hinweg blicken wir auf eine ganze Reihe schmucker Türme. Sie gehören zu **Speicherturm**, Wasserturm, Bläserturm, **Rathaus** und **Pfarrkirche**. Und weil wir schon auf der Käsestraße unterwegs sind, müssen wir uns noch in einer Käserei mit Proviant eindecken.

Es wird wieder etwas anstrengender, wenn wir weiter nach Lindenberg radeln, um uns dort im einzigen **Hutmuseum** Bayerns inspirieren zu lassen. Zur Entschädigung werden die Ausblicke auf die Region immer spektakulärer – da bleiben wir immer wieder gerne stehen und vergessen das Weiterradeln.

Oberstaufen klingt schon nach „bergauf", ist aber mit durchaus erträglichen Anstrengungen zu erreichen – immerhin liegt der Ort an der **Alpenstraße** und an der Europäischen Wasserscheide.

Nachdem wir uns im 2,5 qkm großen **Alpsee** abgekühlt haben, suchen wir uns in Immenstadt rund um den Marien- oder den **Klosterplatz** ein schattiges Plätzchen zur Einkehr.

Weiter geht´s von Immenstadt nach Sonthofen und über Obermeiselstein nach Fischen. Von dort wenden wir uns wieder nach Norden, um über Sonthofen, Burgberg, Oy-Mittelberg und Wertach hinauf nach Schattwald und Tannheim zu kurbeln. Nach dem anstrengenden Abstecher ins österreichische Hochtal rollen wir entspannt hinunter nach Pfronten und Hopfen, um in Füssen eine weitere Etappe zu beenden.

Tipp: Wer ein wenig abkürzen mag, setzt von Immenstadt die Tour direkt nach Sonthofen weiter fort und verzichtet auf den Abstecher Richtung Oberstdorf.

Unsere Radrunde führt von Immenstadt auf weiterhin hügeliger Route Richtung Süden – wer mag, radelt bis **Oberstdorf**, das einer der bekanntesten Ferienorte der Region ist. Über den kleinen Ort Fischen geht es wieder gen Norden nach Sonthofen, wo wir das Heimathaus in einem **historischen Bauernhaus** besuchen. Unser Radweg verläuft völlig auto- und steigungsfrei an der Iller – eine echte Traumpiste! Wer sich in diesen Radweg verliebt, steuert weiter an der Iller entlang nach Kempten, genießt eine phantastische **Altstadt** und radelt von dort nach Oy.

Die Variante hat Charme, denn unsere Radrunde verlässt hinter dem Ort Häuser das Illertal und wird anstrengend. Nach etwas Schweiß, aber dafür wundervollen Aussichten können wir uns im **Rottachsee** abkühlen, ehe wir den Luftkurort Oy-Mittelberg ansteuern.

Die Radrunde führt uns vorbei am Ufer des **Grüntensees**. Wer nicht ausgelastet ist,

Blick auf Oberstaufen

tobt sich im Kletterpark aus. Blicken Sie auf den 1.720 m hohen Berg **Grünten**, denn man sagt hier: „Trägt der Grünten einen Hut, wird das Wetter gut".

Sieht´s gut aus, kurbeln wir hinauf und passieren die österreichische Grenze. So radeln wir durch das wunderbare Tannheimer Tal mit den Urlaubsorten **Schattwald**, **Tannheim** und **Grän**, ehe es in flotter Fahrt hinunter nach Pfronten und weiter am idyllischen **Hopfensee** vorbei nach Füssen geht.

Tipp: Hinter Oy-Mittelberg kommt die Passage für echte „Bergziegen". Wer nicht ins Hochgebirge hinaufpumpen möchte, radelt von Oy-Mittelberg über Nesselwang mit seinem **historischen Ortskern** direkt nach Pfronten. Der Bogen über Tannheim in Österreich ist zwar wunderschön, aber auch äußerst anstrengend.

Weiter geht´s von Füssen gen Norden über Roßhaupten, Marktoberdorf und Kaufbeuren zurück nach Bad Wörishofen.

Es ist DAS Ziel aller Urlauber aus Europa und Übersee: **Schloss Neuschwanstein**. Und ja, es sieht vielleicht etwas kitschig aus, aber es gibt sicherlich kaum jemand, der dem Charme dieses Traumschlosses nicht erliegen würde. Und so gehört es einfach dazu, in Füssen sein Quartier zu beziehen, um abends die herrliche Fußgängerzone mit tollen alten Hausfassaden und Mangschloss sowie Mangfall zu genießen. Die Übernachtung in Füssen hat nämlich den Vorteil, dass wir früh morgens am Schloss Neuschwanstein sein können und damit den Touristenbussen voraus sind – die Führung kann zuvor schon im Internet gebucht werden! So bleibt auch noch Zeit, das gegenüber liegende **Schloss Hohenschwangau** zu genießen, ehe wir am Ufer des Forggensees vorbei Richtung Norden weiterradeln.

Eigentlich geht es nun fast nur noch bergab, wenn wir hinter Roßhaupten in die Blumenstadt Marktoberdorf steuern. Hier sehen wir uns im **Heimatmuseum** Mausefallen und Bügeleisen an – auch nicht alltäglich, so eine Sammlung.

Die „Dampflokrunde", ein alter Bahnradweg, geleitet uns nach Kaufbeuren, das eine gut erhaltene **Stadtmauer** sein Eigen nennt. Noch imposanter sieht aber der **Fünfknopfturm** aus, um den herum sich eine sehenswerte Altstadt ausbreitet.

Kartentipp:
ADFC-Regionalkarte 1:75.000 (siehe vordere Umschlagklappe):
„Allgäu"
Digital für Smartphones und Tablets:
www.fahrrad-buecher-karten.de/rk-digital

47 Altmühlradweg / Altmühltal-Radweg

Von Rothenburg o.d.T. nach Kelheim

50 Touren Info

231 km, durchgehende Beschilderung mit eigenem Symbol in beide Richtungen. Etappenempfehlung: Aufteilung in 7 bis 9 Etappen. Steiler Anstieg auf die Frankenhöhe, dann überwiegend flach auf kaum befahrenen Sträßchen. Kleinere Steigungen später nur auf Radwegen, daher perfekt für Familien geeignet.

Start: Bahnhof Rothenburg o.d.T.

Ziel: Ortsmitte Kelheim

Info: Infozentrum Naturpark Altmühltal, Tel. 08421/98760, www.altmuehltalradweg.de

Zum Abschluss noch ein echter Klassiker! Für eifrige Radwanderer gehört es schon zum guten Ton, die Altmühl bereist zu haben. Rothenburg ob der Tauber, der Inbegriff deutscher Romantik, ist der Start für die Reise entlang der Altmühl, die zu Beginn nicht mehr als ein Rinnsal ist. Auf kleinen Sträßchen und Radwegen radeln wir durch ruhige Natur und werden höchstens durch einen Storch „gestört", der seine Mahlzeit sucht. Das Fränkische Seenland verspricht Entspannung, bevor wir ins romantische Tal der Altmühl eintauchen.

Rothenburg, die ehemalige Reichsburg, bildet das würdevolle Intro des Altmühl-Radweges. Die perfekt erhaltene **Stadtmauer** mit mehreren **Stadttoren** umringt eine sehenswerte **Altstadt**, die mit der **Spitalbastei**, der **Rossmühle**, dem **Rathaus** und der **St. Jakobs-Kirche** ihre Höhepunkte hat. Gruseln ist im mittelalterlichen **Kriminalmuseum** bei der Betrachtung der Folterinstrumente angesagt! Wer es eher sanfter mag, besucht das **Weihnachtsmuseum** in der Herrngasse, wo jeden Tag Weihnachten ist. Ganz in der Nähe können wir uns im **Christ-**

12 Apostel

kindelmarkt mit entsprechenden Artikeln eindecken.

Los geht´s am Bahnhof Rothenburg o.d.T. Nach dem „Warmradeln" durch die Felder gilt es, den „inneren Schweinehund zu besiegen", denn die Frankenhöhe verlangt uns viel Kletterarbeit ab. Nette kleine Orte wie Colmberg oder Leutershausen geleiten uns auf dem Weg ins Fränkische Seenland.

Tipp: Ein beschilderter Abstecher führt nach Hornau – der gleichnamige Weiher gilt als „offizielle" **Quelle der Altmühl**. Wer Ortskundige nach der „eigentlichen Quelle" fragt, bekommt erstaunlich unterschiedliche Versionen zu hören. Die offizielle Version lautet jedenfalls, dass hier in 430 m Höhe die Quelle ist und dass sie bis zur Mündung in die Donau 225 km zurücklegt. Spannend dabei ist, dass Kelheim auf 330 m liegt. Das Gefälle des Flusses ist also denkbar gering – die Kanuten bekommen das deutlich zu spüren, denn selbst altmühlabwärts müssen sie sich mächtig anstrengen.

Die Gastronomie in der **Burg Colmberg** lädt zur idyllischen Rast. Die Burg wurde einst als Stützpunkt gegen die Rothenburger erbaut und hat dadurch eine wechselvolle Geschichte hinter sich. In Jochsberg können wir uns bei der **Brauerei Reindler** mit einer deftigen Brotzeit stärken, bevor wir durch weitläufige Natur nach Leutershausen radeln.

Nachdem sich die Ansbacher Markgrafen zurückzogen, verlor Leutershausen als eine der **kleinsten Städte Bayerns** immer mehr an Bedeutung.

Das **Gustav-Weißkopf-Museum** erinnert an den berühmtesten Sohn der Stadt, dem 1901 in Amerika der erste Motorflug der Welt gelang. Neben dem Tor steht auch ein Modell der **Flugmaschine**.

Das **Fränkische Seenland** hat sich zu einem Touristen-Magneten der Region entwickelt. Zur Regulierung der Altmühl und zur Wasserversorgung des Rhein-Main-Donau-Kanals entworfen, können wir als Gäste herrliche **Badeseen** genießen. Ob Sprung ins kühle Nass, Dampferfahrt oder eine Zusatz-Radrunde um Altmühl-, Brombach- oder Rothsee – alles ist möglich!

47

Radler bei Essing

Nicht zu vergessen die „Seen-Hauptstadt" **Gunzenhausen**, unter dessen **Wehrtürmen** wir shoppen, flanieren und gut essen können. Rund um den tollen **Marktplatz** finden wir eine Altstadt, in der auch Kirchen wie die **Stadtpfarrkirche** nicht fehlen. In einer Römerführung erfahren wir, dass hier einst der rätische Limes zu finden war.

Tipp: Ein beschilderter Abstecher führt nach **Weißenburg**, wo wir eine weitere perfekt erhaltene **Stadtmauer** vorfinden, die eine grandiose **Altstadt** umschließt. Allein für das Wahrzeichen, das **Ellinger Tor**, lohnt ein Abstecher. Historisch Interessierte stoßen auf viele Spuren der Römer – vor allem im **Römermuseum**, in dem u.a. Reste einer Viereckschanze zu sehen sind. Der „Knaller" ist hier aber der größte Römerschatz, der jemals in Deutschland gefunden wurde.

Weiter geht´s von Gunzenhausen über Graben nach Treuchtlingen.

Unweit des Weges liegt die **„Steinerne Rinne"**, eine interessante Laune der Natur. Historisches Highlight der Etappe ist „Graben". Hier, an der sogenannten **Fossa Carolina**, versuchte einst Karl der Große, eine Verbindung von Main und Donau herzustellen. Unsere müden Knochen können wir in der **Treuchtlinger Therme** regenerieren.

Weiter geht´s ins „richtige" Altmühltal, das nun enger wird und mit Pappenheim das nächste „Highlight" parat hält. Vorbei an den 12 Aposteln erreichen wir Eichstätt.

Das hübsche **Pappenheim** wird von seiner mächtigen **Burgruine** bewacht. Die **12 Apostel**, eine mysteriöse Felsformation, sind Fotomotiv und Wahrzeichen des Altmühltals zugleich. In die Urgeschichte werden wir in **Solnhofen** entführt, wenn wir uns den dort gefundenen **Urvogel** anschauen. Als Etappenort bietet sich die alte Bischofsstadt **Eichstätt** an. Dann können wir auch die auf dem Berg gelegene **Willibaldsburg** mit wertvollen Ausgrabungsfunden besuchen und auf der anderen Bergseite selbst Ausgrabungen unternehmen.

Weiter geht´s via Pfünz, Arnsberg, Kinding und Kipfenberg nach Beilngries.

In **Pfünz** sollten wir den kurzen Anstieg nicht scheuen, denn oben wartet ein schön restauriertes **Römerkastell**. Unser weiterer

Weg wird wieder gut bewacht durch wuchtige Burgen, wie die in **Arnsberg** oder **Kipfenberg**. Nachdem wir die A 9 unterquert haben, lernen wir in **Kinding**, was eine **Wehrkirche** ist. Nach einem Bad beim **Naherholungsgebiet Kratzmühle** erreichen wir Beilngries, in dem schon italienisches Flair aufkommt. Bewacht wird Beilngries von seinem **Schloss Hirschberg**, das aus einer Burg hervorging. Der Aufstieg lohnt sich nicht nur wegen der Aussicht, sondern auch für Blicke in die Folterkammer und in das 7 m tiefe Verlies. Berühmt ist das **Felsenkeller-Labyrinth**. In dem rund 500 Jahren alten Kellergewölbe ist auf 350 m Gängen ein Brauereimuseum untergebracht.

Beilngries

Weiter geht´s durch Töging, Dietfurt und Eggersberg nach Riedenburg.

Tipp: Ein kurzer Abstecher führt zum **Schloss Eggersberg** mit seinen Superlativen – hier gibt´s den längsten **Bronze-Keltengürtel** und den kleinsten **Dino** der Welt zu bestaunen.

Mit sechs **Wachtürmen** wurde Dietfurt einst gesichert – heute bieten sie den Bürgen ausgefallene Heime. Die **Altstadt** wird vom **Rathaus** aus dem 17. Jh. dominiert, das am **Marktplatz** steht. Ganz in der Nähe sollten wir die Räder abstellen und uns per pedes auf zum APA machen. Der **Archäologiepark Altmühltal** ist 35 km lang und erklärt uns an Audio-Säulen genau, wie hier einst die Menschen gelebt haben.

Nicht minder imposant ist die größte Bergkristallgruppe der Welt im **Riedenburger Kristallmuseum**. Wer in Riedenburg noch die **Burgen** besucht, sollte sich hier ein Nachtlager suchen.

Weiter geht´s via Essing nach Kelheim, wo der Altmühltal-Radweg endet.

Die letzte Etappe ist noch mal ein richtiger Kracher. Die tollkühne **längste Hängebrücke Europas** führt in die **Altstadt Essings**, die zu Füßen einer **Burgruine** liegt. In der Höhle **Schulerloch** gibt es nicht nur Tropfsteine, sondern auch öfters Konzerte. Kelheim empfängt uns so, wie wir die Altmühltour begonnen haben – mit einer **Stadtmauer** und **historischen Türmen**. Hier vermischen sich die Wogen der Altmühl mit den Fluten der **Donau**. Ein Aufstieg zur **Befreiungshalle** sollte ebenso auf dem Programm stehen wie ein Ausflug durch den **Donaudurchbruch** zum **Kloster Weltenburg**.

Kartentipp:
ADFC-Regionalkarten 1:75.000 (siehe vordere Umschlagklappe):
„Romantisches Franken“ (1:60.000); „Altmühltal/Ingolstadt“
Digital für Smartphones und Tablets:
www.fahrrad-buecher-karten.de/rk-digital

48 Donau-Radweg Teil 1

Von Donaueschingen bis Ingolstadt

50 Touren Info

350 km, durchgehende Beschilderung. Keine nennenswerten Steigungen. Die Route führt meist abseits des Straßenverkehrs über separate Rad- oder Feldwege, daher ideal für Familien.

Start: Donaueschingen

Ziel: Ingolstadt

Info: Arbeitsgemeinschaft Deutsche Donau, Tel. 0731/1612814, www.deutsche-donau.de

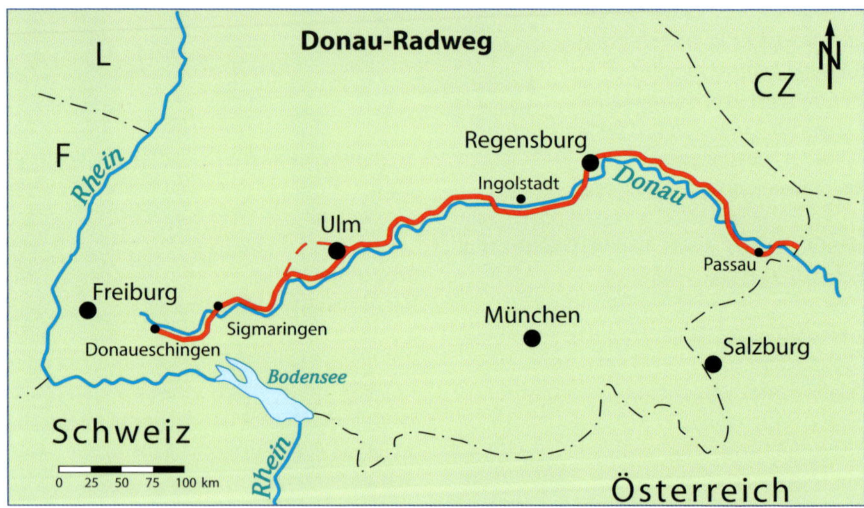

Der Donau-Radweg ist „die Mutter aller Fernradwege". Kaum ein Radwanderer, der nicht zumindest einige Passagen dieser Strecke gefahren wäre. Schon seit Jahrzehnten ist die Route touristisch perfekt erschlossen. Übernachtungs- und Einkehrmöglichkeiten sind ebenso in unüberschaubarer Anzahl vorhanden wie Reiseanbieter aller Art. In dieser Tour wollen wir uns dem oberen Abschnitt der Donau widmen und starten – freilich – an der Quelle in Donaueschingen. Wir stellen fest, dass bis Ulm garnicht so viele Radtouristen anzutreffen sind. Hinter Ulm mehreren sich die Radler. Kein Zufall, denn auch die Dichte an Sehenswertem nimmt proportional zu.

Brigach und Breg bringen d´Donau z´weg. Das lernt jedes Kind in der Schule. Um es aber einfacher zu machen, wurde die offizielle Quelle der Donau in den **Schlosspark** von Donaueschingen gelegt. Hier weiß ein Schild: „über dem Meere 687 m, bis zum Meere 2.840 m". Doch einfach losradeln geht nicht, dafür ist Donaueschingen zu schön. Das **Schloss** von 1772 sollten wir uns ebenso ansehen wie dessen **Garten** oder den **Karlsbau** mit den Fürstlich Fürstenbergischen Sammlungen. Auch die barocke **Stadtkirche St. Johann Baptist** sollten wir uns nicht entgehen lassen.

Tipp: Um genug Kraft für die Reise zu haben, können wir uns in Donaueschingen mit

Neuburg an der Donau

einem „Bauernplättli" stärken. Dabei gibt es kerniges Bauernbrot, Blut- und Leberwurst, Gurken, Tomaten und ein Stück Schwarzwälder Speck.

Los geht´s im Schlosspark von Donaueschingen. Über Pfohren, Geisingen, Immendingen, Tuttlingen, Mülheim und Fridingen kommen wir nach Beuron.

Unübersehbar ist die 1417 erbaute **Entenburg** von Pfohren. Neben der **Wasserburg** gibt es die im 18. Jahrhundert erbaute **Kirche St. Johann**.

Den Architekturpreis für Industriebau bekam 1973 das **Zementwerk** von Geisingen. Wer Näheres erfahren mag, kann an einer Führung teilnehmen. Mit dem 841 m hohen Wartenberg gilt Geisingen als das Eingangstor der Donau in die Alb.

Bei Immendingen stehen im **Weißenbachtal** ein **Schau-Kohlenmeiler** und ein alter Hochofen. Die wahre Attraktion des Ortes sind aber die **Donauversickerungen**. Hier versickert ein großer Teil der Donau in den unterirdischen Kalkkluften. Wo das Wasser danach bleibt, ist eine Sensation: 170 m tiefer und 12,7 km entfernt tritt es im Aachtopf erst wieder zu Tage!

Tuttlingen hat viele seiner alten Gebäude über die Jahre retten können. Einen guten Überblick darüber können wir uns von den Türmen aus verschaffen. Um die Urlaubskasse aufzubessern, können wir uns in den **Kellergewölben der Burg** auf die Suche nach einem immer noch nicht gefundenen Schatz machen.

Der kleine Ort Mülheim hat mit den Resten der **Stadtmauer** und dem **Schloss** gleich zwei Anlaufstellen für uns zu bieten.

Beuron ist ohne Frage der erste „Kracher" unserer Donau-Reise. Als Pelegrin Ende des 11. Jahrhunderts eine Marienerscheinung hatte, stiftete er an dieser Stelle ein **Augustinerchorherrenstift**. Um 1738 entstand eine **Stiftskirche**, die uns vor lauter Prunk die Augen kaum mehr schliessen lässt.

48

Ingolstätter Schloss

Weiter geht´s von Beuron aus durch das teils enge Tal über Gutenstein nach Sigmaringen. Via Mengen, Riedlingen, Zwiefaltendorf, Ehingen und Erbach gelangen wir nach Ulm.

Wir kommen an Schlössern, Burgen und Ruinen vorbei, ehe wir Sigmaringen erreichen, das von seinem 1895 erbauten **Schloss** dominiert wird. Ebenfalls ein Muss ist ein Besuch der barocken **Kirche St. Johann**, die auf eine **Burgkapelle** von 1359 zurück geht.

Direkt an einer Handelsstraße lag Riedlingen, woraus sich ein schmuckes Städtchen entwickelte, das Reste einer **Wehranlage**, ein **Rathaus** – das früher ein Kaufhaus war – und noch vieles mehr zu bieten hat.

In Zwiefaltendorf gehen wir unter die Erde, um die **Tropfsteinhöhle** zu erkunden. In Zwiefalten bleiben wir oberirdisch, um uns das **Kloster** anzusehen – die **Klosterkirche** gilt als eine der schönsten der Region!

Ähnlich ist es in Obermarchtal – auch hier gibt es ein stolzes **Kloster** mit **Klosterkirche** zu bestaunen.

Im Rathaus von Ehingen tagten einst die Landesstände von Schwaben-Österreich. Es musste, ebenso wie viele andere Gebäude, nach mehreren Großbränden mehrfach neu aufgebaut werden.

In Ulm ist eine Übernachtung Pflicht, denn hier gibt es so viel zu sehen, dass wir gleich mehrere Tage dafür bräuchten. Herausragend im wahrsten Sinne ist das **Ulmer Münster**, denn es hat den mit 161,60 m höchsten Kirchturm der Welt und zeugt von einem Bau-Boom, der damals grassierte. Das Münster war ursprünglich so geplant, dass 29.000 Menschen hinein passen sollten. Diese und weitere Infos erhalten wir im **Stadtmuseum**, das wir ebenso wie das Rathaus am Marktplatz finden. Ausgefallen ist das einzige **Brotmuseum** der Welt, das wir etwas außerhalb der Innenstadt finden.

Nicht versäumen dürfen wir es, ins **alte Fischerviertel** zu gehen – das sogenannte Blauviertel ist sehr romantisch!

Tipp: Eine Alternativroute führt von Ehingen über Blaubeuren nach Ulm. Die Strecke führt direkt vorbei am Blautopf, 21 m tief und eine der größten Karstquellen Europas. Immer noch nicht ganz erforscht ist das Höhlensystem unterhalb der Quelle. Sehenswert ist auch die in der Nähe stehende Hammermühle des ehemaligen Wasserwerks.

Weiter geht´s von Ulm nach Elchingen. Nach Querung der Autobahnen warten Leipheim, Günzburg, Gundelfingen und Dillingen auf uns. Via Höchstädt, Donauwörth und Neuburg erreichen wir mit Ingolstadt das Ziel dieser Donau-Tour.

Kaum haben wir die Autobahnen gekreuzt, schon gibt es in Leipheim Grund, von den Rädern zu steigen, denn das **Gässen-Schloss** bedient jedes Klischee, das man von einem Märchenschloss erwartet.

In Günzburg flanieren wir durch die Innenstadt bis zum tollen **Marktplatz**. Wer wieder ein **Schloss** sehen mag, wird hier ebenso fündig wie Museums- und Kirchenfreunde, die z.B. die **gotische Spitalkirche** besuchen können. Um mit Kindern das **Legoland** zu besuchen, sollte man sich rechtzeitig um eine Übernachtungsmöglichkeit bemühen.

Im Stadtkern Gundelfingens fällt vor allem das **Rathaus** von 1677 ins Auge, das im Ratssaal ein überwältigendes Gemälde beherbergt. Nicht weit entfernt steht die **Kirche St. Martin**, deren Wurzeln ins 7. Jahrhundert zurück reichen.

Dillingen lässt uns immer wieder mit der Zunge schnalzen – allein die Ausstattung des **Goldenen Saales**, der Aula in der ehemaligen Uni, ist beeindruckend. Nicht weniger beeidnruckend sind die **Basilka St. Peter** (Deckenfresken von 1735) und das alte Rathaus von 1500.

Auch in Höchstädt stellt der **Marktplatz** den attraktivsten Teil des Ortes dar. Hier recken sich außer dem **Heimatmuseum** die **Kirche St. Mariä Himmelfahrt** und alte Bürgerhäuser in die Höhe.

„Via triumphalis", die alte Reichsstraße, ist das Prachtstück Donauwörths. Wieder, muss man sagen, denn im 2. Weltkrieg wurden 70% der Stadt zerstört, doch in liebevoller Kleinarbeit wurden die wundervollen Hausfassaden wieder hergestellt. Vom **Riedtor** aus rollen wir zum wuchtigen **Rathaus**, doch auch in den umliegenden Straßen und Gassen finden sich viele sehenswerte Häuser.

In Neuburg an der Donau müssen wir das **Schloss** besuchen, das im 16. Jahrhundert entstand. Das i-Tüpfelchen der Anlage ist die ehemalige **Hofkirche** von 1618. Die **Amalienstraße** ist ohne Frage der schönste Straßenzug der Stadt.

Schon im 6. Jahrhundert wurde Ingolstadt gegründet, das wir würdevoll durch das 1385 erbaute **Kreuztor** erreichen. Wenige Pedaltritte später stehen wir vor dem **Liebfrauenmünster** mit seinem mächtigen Hauptschiff. In Ingolstadt gibt es gleich ein altes und ein neues **Schloss**, welches wir uns ebenso ansehen sollten wie viele weitere historische Gebäude in dieser ehrwürdigen alten Stadt.

Tipp: Lassen Sie sich abends zwischen 22 und 14 Uhr in Dillingen vom Türmer zurufen „So, Gesell, so!" Wenn er das aus der Stadt heraus gerufen hat, ruft der Diensthabende im Rathaus das Selbe zurück.

Kartentipp:
ADFC-Regionalkarten 1:75.000 (siehe vordere Umschlagklappe): **„Donaubergland" E-Bike-Karte; „Ulm und Umgebung"; „Augsburg und Umgebung"; „Altmühltal/Ingolstadt"**
Digital für Smartphones und Tablets:
www.fahrrad-buecher-karten.de/rk-digital

48 Donau-Radweg Teil 2

Von Ingolstadt bis Passau

50 Touren Info

243 km, durchgehende Beschilderung. Keine nennenswerten Steigungen. Die Route führt meist abseits des Straßenverkehrs über separate Rad- oder Feldwege, daher perfekt für Familien.

Start: Ingolstadt
Ziel: Passau
Info: Arbeitsgemeinschaft Deutsche Donau, Tel. 0731/1612814, www.deutsche-donau.de

Und weiter geht´s mit unserem Rad-Klassiker! Es ist müßig, darüber zu diskutieren, ob der erste oder nun folgende zweite Teil unserer Donau-Reise schöner ist. Fest steht, dass wir auch hier eine Fülle an Sehenswürdigkeiten „zu bewältigen" haben. Darunter Traumziele wie Kloster Weltenburg mit dem Donaudurchbruch, die Befreiungshalle, Regensburg mit der steinernen Brücke, Straubing-Bogen als Heimat des Rautenwappens oder Passau mit der größten Orgel der Welt. Wer dann vom Donau-Virus infiziert ist, rollt weiter durch die Wachau oder nach Wien oder noch viel weiter – schließlich mündet der Fluss erst nach 2.840 km am schwarzen Meer. Kaum zu glauben: Bis zu 200.000 Radler sind jedes Jahr auf diesem Teil des Donau-Radweges unterwegs – und die können nicht irren: Es lohnt sich!

Los geht´s in Ingolstadt. Durch die kleineren Orte bzw. Städte wie Vohburg, Pförring, Neustadt / Donau, Bad Gögging, Kelheim und Bad Abbach erreichen wir Regensburg.

Die Attraktion Vohburgs ist schon auf den ersten Blick zu erkennen – die Ruine der **Burg**. Doch auch die **Altstadt** um den Burgberg herum verdient mit der **Pfarrkirche St. Peter** und dem Rathaus eine genauere Betrachtung.

Herzog Ludwig, der Strenge, schützte 1273 Neustadt mit einer exakt 200 x 300 m langen **Wehranlage**, die noch heute die Innenstadt mit vielen alten Häusern prägt.

In Bad Gögging können wir unsere müden Knochen im **Moorbad** oder in den **Schwefelbädern** regenerieren.

Der Limes, die sog. **Teufelsmauer**, verlief einst an Eining vorbei. Kein Wunder, dass wir hier diverse Spuren der Römer finden, wie das **Kastell Abusina**.

Kloster Weltenburg ist das Prunkstück der Region, es zählt zu den Meisterwerken des „Asam-Barocks". In der Klosterkirche wurde durch geniale Lichtführung ein sympathisch strahlendes Inneres geschaffen – die Ausstattung der Kirche ist einfach toll. Von Weltenburg aus bietet es sich an, mit dem Schiff nach Kelheim zu fahren. Dies erspart zum einen eine „Bergetappe", zum anderen können wir so den Donaudurchbruch so richtig genießen.

In Kelheim angekommen, schauen wir uns erst die **Altstadt** mit ihren **Stadttoren** an und bewegen uns dann per pedes oder per Rad hinauf zur **Befreiungshalle**. König Ludwig I. ließ 1842-63 dieses Denkmal errichten, das den Soldaten im Befreiungskrieg gegen Napoleon gewidmet ist.

Nicht nur Rheuma-Kranke, sondern auch wir als „strapazierte" Radler wissen die Moor- und **Schwefelheilbäder** zu schätzen, die wir in Bad Abbach finden.

„Mittelalterliches Wunder Deutschlands" wird Regensburg genannt. Hervorgegangen aus einem Römerlager erwuchs eine herrliche Stadt, die mit **Rathaus**, **Schloss** und **Dom**

Regensburger Dom

St. Peter ihre Höhepunkte findet. Eine der ältesten Brücken der Welt ist die **steinerne Brücke**, die seit 1146 die Donau überspannt. Direkt daneben stehen der **Reichsstädtische Salzstadel** und das **Brucktor** aus dem 14. Jahrhundert.

Tipp: Hausgemachte Würstchen vom Holzkohlegrill essen wir im **„Wurstkuchl"** an der steinen Brücke von Regensburg. Schon seit 500 Jahren gibt es hier diese Leckereien mit Sauerkraut und Senf.

Weiter geht´s von Regensburg durch Donaustauf und Wörth nach Straubing. Weiter via Bogen und Pfelling gelangen wir nach Deggendorf.

Um das Wahrzeichen von Donaustauf, die **Veste Stauf**, zu erreichen, müssen wir einen Berg erklimmen. Neben den Resten der romanischen Burg aus dem 12. Jahrhundert haben wir eine tolle Aussicht zu erwarten.

Etwas weiter liegt die **Walhalla** schön und anmutig auf dem Berg. Ludwig I. gab 1830 den Auftrag zum Bau dieses Abbildes eines griechischen Pantheon. Er sollte eine Ruhmeshalle für „große Deutsche" werden und beinhaltet auf Tafeln die Namen von 150 Berühmtheiten.

Weil es Herzog Ernst von Bayern nicht gefiel, dass sein Sohn eine Ehe mit der „ordinären Augsburger Bürgerstochter" Agnes Bernauer führte, ließ er die Dame in den Fluten der Donau ertränken. Ihr zu Ehren finden alljährlich im **Schlosshof Festspiele** statt. Wenn wir uns das Schloss angesehen haben, widmen wir uns noch dem **Stadtturm** und der interessanten Altstadt. In Niederbayerns einzigem Zoo können wir mehr als 1.000 Tiere beobachten.

Das **Kloster von Oberalteich** wurde geschlossen, nachdem es über 700 Jahre im Besitz der Benediktiner war – zurück blieb eine besichtigenswerte Kirche.

Bei Zinzendorf kommen wir am Schild „Straubing-Boden – Heimat des bayerischen Rautenwappens" vorbei: Es war einst das Familienwappen der Grafen von Bogen. Als die Rechte ans Haus der Wittelsbacher über-

48 gingen, machten diese es zum Bestandteil des Bayerischen Staatswappens. Wem das zu theoretisch ist, schaut sich den großen **Marktplatz** an, der von Bürgerhäusern und **zwei Toren** bestanden ist.

Bogenberg ist jedes Jahr Schauplatz einer **Pfingstprozession**, bei der 13 m lange Kerzen (bis zu einem Zentner schwer) von Holzkirchen über 45 km weit hierher getragen werden. Hintergrund ist ein donauaufwärts (!) schwimmendes Marienbild, was hier Halt gemacht haben soll.

Metten hat eine herrliche **Klosteranlage** und –kirche, die eine der wertvollsten Barockausstattungen der Welt besitzt. Sehenswert ist auch die Bibliothek mit 180.000, teils seltenen Werken.

„Dort, wo sich die sanften Höhenzüge des Bayerischen Waldes in der Donauebene verlieren, liegt Deggendorf". Schöner als der Verkehrsverband kann man die Lage der Stadt nicht ausdrücken. Mittendrin steht das gotische **Rathaus**, das sich zwischen dem **Oberen Stadtplatz** und dem **Luitpoldplatz** befindet. Nahebei steht die **Kirche St. Mariä Himmelfahrt**, deren 54 m hoher Turm einst nur in einer Höhe von 5 m mit einer Leiter zu betreten war. In friedlicheren Zeiten baute man einen kleinen **Vorturm** davor, so dass wir heute keine Probleme haben, hinauf zu gelangen und die tolle Sicht über Stadt und Land zu genießen.

Weiter geht´s im Endspurt von Deggendorf über Niederalteich, Winzer, Vilshofen und Irring. Unter der Autobahn her haben wir Passau rasch erreicht.

Kloster Niederalteich geht auf eine Gründung durch Odilio II. im Jahre 741 zurück. Wer sich die barocke **Klosterkirche** angeschaut hat, kann sich im **Klosterhof** (Gasthaus) eine Brotzeit gönnen.

Vilshofen an der Mündung der Vils gelegen hat mit dem **Stadtturm** seit 1644 ein schmuckes Wahrzeichen. Unübersehbar sind auch die beiden wuchtigen Türme des **Klosters Schweikelberg**.

Passau

Wo fangen wir an bei Passau? Beim **Römermuseum**? Beim **Dom St. Peter** mit Kapellen, vergoldeter Kanzel und größter Orgel der Welt? Mit dem **Lambergpalais** neben dem Dom? Mit der **Veste Oberhaus**, die stolz über dem Fluss thront? Oder streifen wir einfach durch die alten Gassen, um ein historisches Gebäude neben dem anderen zu bestaunen? Ganz gleich, wie Sie sich entscheiden – Passau bietet für jeden Geschmack etwas. Was Sie jedoch auf keinen Fall versäumen dürfen: Zur **„Ortsspitze"** kommen, um auf einer der Parkbänke das **Dreiflusseck** zu bewundern. Die unterschiedlichen Färbungen der Flüsse sind in der Tat beeindruckend!

Tipp: Ein anstrengender, aber lohnenswerter Abstecher führt hinaus aus Passau Richtung Fürstenzell. Das **Gasthaus Platte** liegt auf 505 m und verwöhnt seine Gäste mit leckerem Essen bei herrlicher Aussicht bis in den Bayerischen Wald.

Kartentipp:
ADFC-Regionalkarten 1:75.000 (siehe vordere Umschlagklappe):
„Altmühltal/Ingolstadt"; „Regensburg und Umgebung"
Digital für Smartphones und Tablets:
www.fahrrad-buecher-karten.de/rk-digital

49 Inntal-Radweg

Von Kiefersfelden bis Passau

50 Touren Info

240 km, durchgehende Beschilderung. Keine nennenswerten Steigungen. Die Route führt meist abseits des Straßenverkehrs über separate Rad- oder Feldwege, daher perfekt für Familien.

Start: Kiefersfelden

Ziel: Passau

Info: Tourismus Arge Inn, c/o Tourismusgemeinschaft Inn-Salzach e.V., Tel. +43(0)463/502512, www.innregionen.com

Am Malojapass auf 1.815 m Höhe können wir diese Radreise starten. Dann rollen wir zunächst durch die Schweiz und Österreich, ehe wir ab Kiefersfelden auf deutschem Boden radeln. Das wären dann insgesamt rund 530 km, wobei die Strecke durch unsere südlichen Nachbarländer eher anstrengend ausfällt, da der ein oder andere Berg bezwungen werden muss. Anders ab Kiefersfelden: Hier radeln wir meist auf der Krone des Damms ohne größere Steigungen und vor allem weitgehend ohne Straßenverkehr. Am Wegesrand liegen typisch-bayerische Städte, die uns mit Augen- und Gaumenfreuden verwöhnen.

Durch Kiefersfelden bzw. über die **Inntalautobahn** beginnen viele ihre Urlaubsreise gen Süden. Schon die Römer hatten diese Region als guten Weg für eine **Alpenquerung** ausgemacht. Sowohl auf ihrer Inntalstraße als auch auf dem Fluss selbst blühte der Verkehr. Ganz in der Nähe wird heute Energie mit der größten **Wasserkraftschnecke** Deutschlands gewonnen. Sie setzt eine alte Tradition fort, denn schon im 15. Jahrhundert gab es am Gießenbach ein Wasserkraftwerk: Das **Wasserrad** können wir heute noch sehen. Historisches gibt es auch im **Blaahaus**, das sich der Geschichte des Ortes widmet.

Tipp: Das älteste deutsche Volkstheater mit Drehwänden wurde 1618 in Kiefersfelden gegründet. Seit 1618 gibt es hier schon die Ritterschauspiele auf einer Bühne, die seit 1833 in dieser Form existiert.

Kloster

Los geht´s in Kiefersfelden gen Norden. Über Nußdorf, a .I. und Raubling a. I. kommen wir nach Rosenheim. Rott a. I. markiert sozusagen die Halbzeit nach Wasserburg am Inn.

Von einem ecclesia Nuzdorf war im Jahre 788 zu lesen. Daraus entwickelte sich ein Ort, der heute „typisch bayerisch" daher kommt. Ähnlich ist es bei Raubling, das es in dieser Form erst seit der Gebietsreform 1978 gibt. Die ersten Spuren wurden hier aber schon von den Römern hinterlassen.

Rosenheim ist seit jeher ein wichtiger **Verkehrsknotenpunkt.** Ob es daher kommt, dass das Rosenheim von heute gleich über mehrere sehenswerte Plätze verfügt? Jedenfalls ist der **Max-Josefs-Platz** der Marktplatz von einst, der von tollen Bürgerhäusern umgeben ist. Auf der anderen Seite des **Mittertores** erstreckt sich der **Ludwigsplatz**, der einst Äußerer Markt genannt wurde. Daran, dass hier damals mit lebenden Fischen gehandelt wurde, erinnert der **Fischbrunnen.** Nicht beim ersten Bau, sondern erst 1641 wurde die **Kirche St. Nikolaus** mit dem für diese Gegend so typischen Zwiebelturm ausgestattet. Wer die weitläufige Fußgängerzone und die alten Fassaden ausreichend genossen hat, fährt hinaus in einen der **wunderschönen Parks.**

Die Namensfindung für Rott a. I. ist nicht kompliziert, denn an dieser Stelle mündet das Flüsschen Rott in den Inn. Das **Kloster** ist nicht zu übersehen, es geht bis auf das 11. Jahrhundert zurück. Die **Klosterkirche** ist wundervoll ausgestattet und findet in dem Hochaltar ihren Höhepunkt.

Wasserburg am Inn ist ein echter Traum – der Inn macht hier eine Schleife und umfließt die **Altstadt** fast vollständig. Über die **Rote Brücke** oder das **Brucktor** gelangt man ins Zentrum, das von der **Spitalkirche** überragt wird. Entlang der noch gut erhaltenen **Stadtmauer** können wir uns den **Roten Turm**, den **Hungerturm** oder den **Pulverturm** ansehen. Niederlassen tun wir uns dann am **Marktplatz**, um die **Marktkirche**, das **Alte Mauthaus** und das **Rathaus** in Ruhe zu geniessen. Die Marktkirche ist auch als **Frauenkirche** bekannt und hat im Inneren Kostbarkeiten des Barock zu bieten.

49

Inntal mit Schloss Neuburg

Weiter geht´s von Wasserburg a.I. via Gars a.I., Waldkraiburg und Mühldorf a.I. nach Neuötting. Ein Abstecher führt nach Altötting, ehe wir hinter der österreichischen Grenze Braunau a.I. erreichen.

Waldkraiburg entstand so richtig erst nach dem 2. Weltkrieg, als sich Vertriebene hier niederließen. Das wird auch im **Museum der Stadtgeschichte** dargestellt, während sich das **Glasmuseum** eher den zerbrechlichen Dingen widmet.

Wesentlich älter ist Mühldorf am Inn, auch wenn hier immer wieder Überschwemmungen für Verwüstungen sorgten. Am sogenannten Haberkasten finden wir noch Reste der **Stadtmauer**. Die **Altstadt** kommt bunt und einladend daher. In schlichtem Weiß hingegen ist das ehemalige **fürstbischöfliche Schloss** gehalten.

Als eine **karolingische Königspfalz** wurde der Ort Oetting im Jahre 748 erstmals erwähnt. Diese wurde zerstört und an zwei Orten wieder aufgebaut – so entstanden Alt- und Neuötting. Tolle **Schwibbögen** können wir am **Marktplatz** finden, während an der **Kirche St. Nikolaus** die Position des Turmes ins Auge fällt. Im Nachbarort Bergham präsentiert sich die **Tuffsteinkirche St. Nikolaus** über dem Hochufer des Inns besonders eindrucksvoll.

Ein kleiner Abstecher führt ins Zentrum von **Altötting**, das rund um das **Rathaus** von 1908 mit pittoresken Häuschen aufwartet. Einmalige Votivbilder finden wir im Rundgang der **Gnadenkapelle**.

Ein etwas weiterer Abstecher führt von Altötting über Burgkirchen nach Burghausen. Dem Namen entsprechend verfügt Burghausen über eine imposante **Burg** – sogar über die Längste Deutschlands, die nur über drei Zugbrücken anzugreifen war. Von dort schweift der Blick über das Dächermeer der Altstadt. Nicht weit entfernt stehen wir am Ende des Waldes unvermittelt vor der **Rokokokirche Marienberg**, die in den Innenräumen über eine reiche Ausstattung verfügt.

Dort, wo die Salzach in den Inn mündet, liegt Braunau am Inn. Das Pendant auf deutscher Seite heißt Simbach am Inn. Braunau ist den meisten aus traurigem Anlass bekannt – 1889 wurde hier Adolf Hitler geboren. Vor dem entsprechenden Haus ist ein **Gedenkstein** mit der Innschrift „Für Frieden Freiheit und Demokratie, nie wieder Faschismus, Millionen Tote mahnen" angebracht. Das **Braunau** von heute weiß durch einen schönen **historischen Stadtkern** zu gefallen: Das **Rathaus** hat eine außergewöhnliche Fassade, was auch für andere Gebäude der Stadt gilt.

Tipp: Volle 10 Tage dauert das Volksfest von Mühldorf am Inn, was immer wieder viele Besucher anzieht. Der Höhepunkt ist der „Internationale Schützen- und Trachtenzug".

Weiter geht´s von Braunau über Kirchdorf a.I., Suben, Schrading und Wernstein a.I. unserem Ziel Passau entgegen.

Der weiße Turm und das wuchtige Schiff der **Kirche Maria Himmelfahrt** von Kirchdorf am Inn sind weithin sichtbar. Auch das **Schloss Ritzing** und die **Kapelle Johannes Nepomuk** sind den Besuch allemal wert.

Kartentipp:

ADFC-Radtourenkarten 1:150.000 (siehe hintere Umschlagklappe):
Blatt 28 „Südtirol, Trentino, Gardasee"; Blatt 27 „Oberbayern Ost/ Chiemsee-Inn"

50 Isarradweg

Von Scharnitz bis Plattling oder Deggendorf

50 Touren Info

280 km, durchgehende Beschilderung. Keine nennenswerten Steigungen. Die Route führt meist abseits des Straßenverkehrs über separate Rad- oder Feldwege, daher perfekt für Familien. Bitte beachten: KEINE schmalen Reifen verwenden!

Start: Scharnitz

Ziel: Plattling oder Deggendorf

Info: Arge Iserradweg, Amt für Tourismus Landshut, Tel. 08025/9244952, www.isarradweg.de

Schon seit 1987 freuen sich Radwanderer, dass sie über den Isarradweg in den meisten Passagen nahezu autofrei von den Alpen quer durch Bayern bis zur Donau radeln können.

Wir starten die Tour inmitten der bayerisch-österreichischen Bergriesen in Scharnitz. Wer sich zuerst die Quelle ansehen mag, hat es von hier nicht mehr weit. Kleinere und größere Städte säumen unseren Weg und lassen uns niemals vergessen, durch welches Bundesland wir radeln. Als Höhepunkt der Reise rollen wir durch die „Hauptstadt mit Herz", wie sich München gerne nennt. Allein das wäre Grund genug, diese Reise zu unternehmen.

Scharnitz ist ein beliebter Urlaubsort für Sportbegeisterte. Vor allem Radler und Wanderer fühlen sich hier unterhalb des **Wetterstein- und Karwendelgebirges** wohl.

Tipp: Wer seinen „Inneren Schweinehund" besiegen möchte und eine entsprechende Ausrüstung zur Verfügung hat, kann rund um Scharnitz anspruchsvolle Mountainbiketouren auf rund 200 km gekennzeichneten Pisten unternehmen. Wer die Berge lieber zu Fuß erkundet, hat 450 km Wanderwege unter den Schuhen.

Los geht´s an der deutsch-österreichischen Grenze bei Scharnitz. Durch Mittenwald und am Sylvenstein-Stausee vorbei erreichen wir Bad Tölz. Bis in die Touristen-Metropole München ist es nun über Wolfratshausen nicht mehr weit.

Blick über München

Mittenwald ist ein typisch bayerischer Urlaubsort. Hier finden wir eine Fußgängerzone, in der wir wunderbar relaxen und die **Lüftelmalereien** an den Hauswänden in Ruhe betrachten können. Nicht nur Musikfreunde werden sich im **Geigenbaumuseum** an den teils wertvollen Instrumenten erfreuen.

Hohe Berge, gute Luft und wundervolle Aussichten bei Bergtouren bieten auch Wallgau und Lenggries, wobei wir uns auch bequem mit **Bergbahnen** und **Liften** in schwindelnde Höhen bringen lassen können. *Bad Tölz s. Tour 43.*

Um 1003 wurde in Wolfratshausen eine **Burg** erbaut, um die herum eine Stadt erwuchs, die uns heute mit vielen **historischen Gebäuden** empfängt. Dass von der Burg nichts mehr übrig ist, liegt daran, dass 1734 ein Blitz genau im Pulverturm einschlug.

München ist ohne Frage das Highlight dieser Radwanderung. Und was hat diese Stadt auch nicht alles zu bieten: Ob es mit dem **Oktoberfest** auf der Theresienwiese das größte Volksfest der Welt ist, ob es die auf der ganzen Welt rollenden Autos aus dem Hause BMW sind, ob es die Schickeria ist, die sich im Glanze der Modeläden spiegelt, ob es das **Hofbräuhaus** ist, in dem Gäste aus aller Welt dem Gerstensaft frönen – München ist „in". Der **Marienplatz** gilt mit seiner **Mariensäule** als Zentrum der Stadt – wer hätte nicht schon das hier stehende Rathaus mit seinem Glockespiel gesehen? Den besten Überblick über die Stadt – und bei gutem Wetter bis in die Alpen – haben wir vom Turm der **Peterskirche**, die im 11. Jahrhundert erbaut wurde und damit die älteste Pfarrkirche der Stadt ist.

Weiter geht´s von München über Garching, Neufahrn und Erding durchs Erdinger Moos. Mit Moosburg und Landshut erreichen wir zwei weitere reizvolle Städte.

Ismaning wird von seinem stolzen **Schloss** und den umliegenden Gärten geprägt. In der **Orangerie** ist das **Kallmann-Museum** untergebracht.

Bei Erding können wir das **Museum am Entenweiher** besuchen. Hier wurden diverse alte Bauten im Original wieder aufgebaut, die

50

Landshut

an anderer Stelle im Weg standen – dabei ist der Getreidekasten von 1581 das älteste Haus. Erding selbst wurde von den Wittelsbachern im Jahre 1228 gegründet – damals gab es hier eine Siedlung an der sich teilenden Sempt. Wo heute die Stiftungsbrauerei steht, ließ Herzog Otto II. eine Stadt bauen, die alsbald Anlass war, die gesamte Stadt mit einer Mauer zu umgeben.

Freising ist die **älteste Stadt Oberbayerns**. Rund 1000 Jahre lang war es der Sitz eines Bistums, ehe dieses nach München verlegt wurde. So gibt es freilich auch einen Dom der erhaben über dem Zentrum liegt und die pittoresken Altstadtgässchen bewacht. Das Innere wurde einst von den bekannten Barock-Künstlern, den Asam-Brüdern, ausgestaltet. Nirgendwo in Deutschland finden wir eine größere Sammlung kirchlicher Exponate als im hiesigen **Diözesanmuseum**.

Ein kurzer Abstecher führt nach **Weihenstephan**. Hier gibt es ein ehemaliges **Benediktinerkloster** zu sehen. Bekannter hingegen ist aber die älteste noch in Betrieb befindliche Brauerei der Welt, die in den Räumen des Klosters untergebracht ist. In der angegliederten Universität wird gelehrt und geforscht.

769 n. Chr. war es, als **Moosburg** als Sitz eines **Benediktinerklosters** erstmals erwähnt wurde. **St. Kastulus** und **St. Johannes** sind die Gotteshäuser, deren Türme heute die Silhouette von Moosburg prägen. Nicht versäumen dürfen wir es, durch die herrlichen **Altstadtgassen** zu schlendern und uns in einem der einladenden Biergärten niederzulassen. **Stadtplatz**, Herrenstraße und die Straße **„Auf dem Gries“** sind hierfür besonders gut geeignet.

Landshut fand seine erste Erwähnung im Jahre 1150, als es hier eine Siedlung an einer Isarbrücke gab. Wenig später, 1255, wurde es schon zur Hauptstadt des Herzogtums Niederbayern gekürt. Die Hauptstraße markiert die **Altstadt** Landshuts. Hier steht auch das sehenswerte **Rathaus** mit seinem prunkvollen Festsaal. Bewacht wird die Stadt von Burg **Trausnitz**, in der die Wittelsbacher Herzöge bis 1503 residierten. Rank und schlank präsentiert sich der hohe Turm der **Kirche St. Martin**.

Weiter geht´s von Landshut über Werth, Dingolfing und Landau nach Plattling zur Mündung in die Donau. Alternativ können wir auch in Deggendorf unsere Radreise beenden.

Herzog Ludwig der Kelheimer gründete einst die Stadt Landau an der Isar. Es erwuchs eine bayerische Kleinstadt, die uns heute mit wunderbaren **Barockfassaden** empfängt.

In Plattling wurde schon Kriemhild mit enormer Gastfreundschaft vom Passauer Bischof Pilgrim empfangen – so besagt zumindest die Nibelungensage.

Deggendorf s. Tour 48-2.

Tipp: Zur Ehrung der Erwähnung des Ortes in der Nibelungensage wird alle vier Jahre in Plattling das **Nibelungenfest** gefeiert. Dabei gibt es ein großes Freilufttheater sowie ein mittelalterliches Lager, das sich über den kompletten Stadtplatz erstreckt.

Kartentipp:
ADFC-Radtourenkarten 1:75.000 (siehe hintere Umschlagklappe):
Blatt 27 „Oberbayern Ost/Chiemsee-Inn“; Blatt 26 „Oberbayern West/München“